한국산업인력공단 최신 출제 기준에 따른

3D 프린터 개발산업기사 필기 문제집

NCS 국가직무능력표준

대분류	중분류	소분류	세분류
19 전기·전자	03 전자기기 개발	11 3D프린터 개발	01 3D프린터 개발

- 최신 출제 기준안을 기반으로 집필
- 각 단원별 필수핵심문제 정리 단기완성
- 최신 과년도 기출문제 수록 및 명료한 풀이
- 이해하기 쉬운 해설과 최신 출제경향 완전 분석

김진원 · 노수황 공저

메카피아

머리말

　3D프린터는 적층제조(AM) 방식으로 시제품을 제작하는 디지털 장비로 산업혁명을 일으킬 수단으로 부각되고 있다. 이에 맞추어 개인 맞춤형뿐만 아니라 이미 제조업을 비롯하여 다양한 산업 분야에서 활용되고 있으며 관련 소재의 개발도 가속화되고 있다.

　산업인력공단에서는 3D프린터 개발 산업기사를 신규 국가기술자격증으로 제정하였으며 시장의 요구사항을 토대로 3차원의 형상을 제작하기 위하여 제어회로, 기계장치, 제어 프로그램, 소프트웨어 프로그램 등을 사용하여 설계하고 개발할 수 있는 전문 인력 양성을 통해 우수한 기술 인력을 확보하고자 노력하고 있다.

　최근에는 소프트웨어 분야의 대기업 및 제조업체의 3D프린팅 시장 진출로 항공우주, 자동차, 의료, 패션, 군사, 전자, 유통 등 다양한 분야에서 관련 시장의 변화가 다원화되고 있다.

　자격증 취득 후 현재 산업계에서 3D프린터를 사용하여 시제품이나 기능성 제품을 생산할 수 있는 업종 및 3D프린터 개발 및 제조, 유지보수, 출력서비스 등 3D프린터가 활용되는 관련 산업 분야로 진출할 수 있을 것으로 보인다.

　본 서에서는 NCS 학습모듈의 내용 중 핵심적인 이론 부분을 토대로 새롭게 문제를 구성하였으며 현재 기개발된 학습모듈의 내용 중에서 부족하거나 미흡하다고 판단되는 부분을 보강하고자 노력하였으며, 필자가 관련 업종에 종사하면서 습득한 교육 경험과 실례들을 바탕으로 구성하였다.

책의 주요 구성은 시험 과목인 '3D프린터 회로 및 기구, 3D프린터 장치, 3D프린터 프로그램, 3D프린터 교정 및 유지보수'의 과목으로 구성되어 있으며, 각 과목별로 다양한 예상 문제를 풀어봄으로써 여러분을 합격의 길로 안내할 것이다.

앞으로 더욱 발전하여 3D프린팅 관련 산업계에서 인정받을 수 있는 권위있는 국가기술 자격증으로 거듭나길 기원하며, 전문 기술 인재 육성이 더욱 확대되길 고대하고, 자격 취득자의 취업 연계 등에 있어 큰 도움이 될 수 있길 바라는 바이다.

끝으로 필자가 운영하고 있는 아래 네이버 카페에 오시면 다양한 자격 정보를 열람할 수 있으며, 도서의 내용 중 궁금한 사항에 대해 질문하시면 성심껏 답변드리도록 하겠다.
〈저자 운영 카페〉

https://cafe.naver.com/automechas

끝으로 어려운 출판계 현실 속에서도 지속적인 투자를 하며 한권의 책으로 완성되기까지 많은 투자와 수고를 아끼지 않은 도서출판 메카피아의 임직원들과 일선 교육현장에서 후진 양성을 위해 고생하시는 모든 교강사님께 머리 숙여 깊은 감사를 드리며, 부족한 부분은 온오프라인을 통하여 수험생 여러분의 조언과 건의에 경청하도록 하겠다.

2020년 8월 저자 올림

Contents

PART 01
3D프린터 회로 및 기구-예상문제 · 15

PART 02
3D프린터 장치-예상문제 · 63

PART 03
3D프린터 프로그램-예상문제 · 103

PART 04
3D프린터 교정 및 유지보수-예상문제 · · · · · · · · · · · · · · · · · · 147

〈모의고사〉

제1회 모의고사 · · · · · · · · · · · · · · · · · · · 192

제2회 모의고사 · · · · · · · · · · · · · · · · · · · 207

〈기출문제 및 풀이〉

2018년 3D프린터개발산업기사 · · · · · · · · · · · · · · · 222

2019년 3D프린터개발산업기사 · · · · · · · · · · · · · · · 244

출제기준-(필기)

직무분야	전기·전자	중직무분야	전자	자격종목	3D프린터개발산업기사	적용기간	2020.01.01.~ 2020.12.31.
○ 직무내용 : 3D프린터 개발을 위한 산업 동향 및 관련 지식을 기반으로 기구, 제어회로, 구동장치, 제어프로그램 등을 설계하고 3D프린터를 테스트 및 안전관리 등의 직무 수행							
필기검정방법	객관식		문제수	80		시험시간	2시간

필기과목명	문제수	주요항목	세부항목	세세항목
3D프린터 회로 및 기구	20	1. 회로개발	1. 설계조건 분석	1. 설계계획 수립 2. 설계조건 분석 3. 기구도면의 이해
			2. 제어회로 설계	1. 설계조건 2. 전자회로 3. 전자부품의 특성, 용량, 규격
			3. 설계신뢰성 확보	1. 검사용 지그의 활용 2. 신뢰성 분석
		2. 기구개발	1. 기구 검토	1. 3D프린터 기구 구조
			2. 기구설계	1. 2D스케치 2. 3D엔지니어링 객체 형성 3. 개체조립
			3. 기구 안정성 확보	1. 안전성 시험항목의 종류 2. 검사 방법의 이해
		3. 소재관리	1. 소재 선정	1. 소재의 규격 및 종류 2. 소재의 사용 적합성 3. 소재의 성능
			2. 소재물성 관리	1. 소재의 기술자료 2. 소재의 재료관리방안 3. 소재의 위험성
			3. 소재물성 테스트	1. 소재의 물성 2. 물성테스트 시험항목의 이해

필기과목명	문제수	주요항목	세부항목	세세항목
3D프린터 장치	20	1. 빌드장치 개발	1. 노즐 설계	1. 3D프린터 노즐의 구조 이해 2. 노즐의 종류 이해 및 선정 3. 노즐 도면의 이해와 설계
			2. 광학모듈 설계	1. 3D프린터 광학모듈의 구조 이해 2. 광학모듈의 종류 이해 및 선정 3. 광학모듈 도면의 이해와 설계
			3. 하이브리드 시스템 설계	1. 하이브리드 구성의 이해 2. 하이브리드형 노즐의 종류 이해 및 선정 3. CNC구조의 이해와 연동 매커니즘 이해 4. 하이브리드형 3D프린터 도면의 이해와 설계
			4. 레이저 장치	1. 레이저 장치와 원리 2. 레이저 장치의 문제점 등
		2. 구동장치 개발	1. 이송장치 개발	1. 이송장치의 이해 2. 구동부품의 종류 및 선정 3. 동작해석 프로그램의 이해
			2. 수평인식장치 개발	1. 자동수평방식의 이해 2. 센서의 종류 및 특성
			3. 소재사용장치 개발	1. 소재 재사용 제어 방식 2. 제어방식 핵심부품의 종류 및 특성

필기과목명	문제수	주요항목	세부항목	세세항목
3D프린터 프로그램	20	1. 제어 프로그램 개발	1. 제어프로그램 개발계획 수립	1. 3D프린터 제어 프로세스 2. 3D프린터 하드웨어 3. 마이크로 프로세서 4. 데이터 통신
			2. 제어프로그램 개발	1. 제어 알고리즘 2. 시스템 인테그레이션 3. G-코드 개요
			3. 제어프로그램 검증	1. G-코드 명령어 2. G-코드 프로그래밍 3. 프로그램 디버깅
		2. 응용 소프트웨어 개발	1. 프로그램 호환성 검토	1. 프로그래밍 언어 및 종류 2. C 언어 3. 프로그램의 개요
			2. 사용자인터페이스 프로그램 개발	1. G-코드와 M-코드 2. 보조 프로그램 3. 인터페이스 디자인 4. 3D프린터 기술방식
			3. CAM 시뮬레이션(적층 시뮬레이션)	1. CAM 시뮬레이터 2. CAD/CAM

출제기준 – 필기

필기과목명	문제수	주요항목	세부항목	세세항목
3D프린터 교정 및 유지보수	20	1. 품질보증	1. 성능개선	1. 성능검사항목 선정 2. 성능검사항목의 이해 3. 성능검사항목 선정기준
			2. 신뢰성 검증	1. 신뢰성시험 항목 2. 신뢰성시험 방법 및 합격기준
			3. 규격인증 진행	1. 항목별 안전 규격의 이해 2. 항목별 안전 규격의 기준 설정 3. 장비구조별 인증 절차 및 기준 4. 계측장비 활용 및 관리 5. 인증규격을 활용한 제품 설계
		2. 3D프린팅 안전관리	1. 안전수칙확인	1. 장비 및 소재의 위해요소
			2. 예방점검 실시	1. 장비 및 소재의 점검 항목
			3. 대책수립	1. 위해 및 안전관리 사고 사례 분석 및 예방대책
			4. 장비유지관리	1. 장비의 유지보수관리

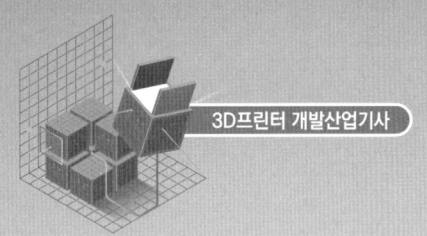

출제기준-(실기)

직무분야	전기·전자	중직무분야	전자	자격종목	3D프린터개발산업기사	적용기간	2020.01.01.~ 2020.12.31.

○ 직무내용 : 3D프린터 개발을 위한 산업 동향 및 관련 지식을 기반으로 기구, 제어회로, 구동장치, 제어프로그램 등을 설계하고 3D프린터를 테스트 및 안전관리 등의 직무 수행
○ 수행준거 : 1. 3D프린터 설계하고 테스트위해 조립을 하고, G코드 파일과 비교하여 오류가 없는지를 확인할 수 있다.
           2. 기구설계프로그램을 활용하여 2D 또는 3D로 설계 구체화를 할 수 있다.
           3. 3D프린터에 대한 제어프로그램의 성능을 검토하고, CAM 시뮬레이터를 활용하여 이상여부를 판단할 수 있다.
           4. 3D프린터 유지보수를 위한 점검을 통한 장비 보전을 하고 고장부위를 정비하거나 유지 및 보전할 수 있다.

실기검정방법	복합형	시험시간	4시간 정도 (필답형 2시간, 작업형 2시간)

실기과목명	주요항목	세부항목	세세항목
3D프린터 개발실무	1. 회로개발	1. 설계조건 분석	1. 신규개발계획에 따라 결정된 3D프린터의 기구검토를 토대로 회로물의 크기와 설계의 제약조건을 확인할 수 있다. 2. 제약조건을 고려하여 회로설계에 필요한 부품의 특성, 용량, 규격 등을 확인하고 적합한 부품을 선정할 수 있다. 3. 선정된 부품을 활용하여 회로의 성능을 구현하기 위하여 각 회로부품에 대한 성능검토를 실시할 수 있다. 4. 검토된 성능이 회로도에서 요구하는 규격과 일치하는지를 확인함으로써 설계조건을 분석할 수 있다.
		2. 제어회로 설계	1. 3D프린터의 기능을 효과적으로 수행하기 위한 제어회로를 설계하기 위하여 각각의 기능별 블록도를 구성하고 회로도를 작성할 수 있다. 2. 작성된 회로도를 기반으로 설계조건을 고려하여 인쇄회로기판(PCB)을 설계하고 부품실장을 진행할 수 있다. 3. 설계조건을 고려하여 제작된 제어회로가 사용목적에 맞게 동작하는지 계측장비를 통해 검토할 수 있다.
		3. 설계신뢰성 확보	1. 제작된 검사용 지그를 활용하여 제어를 요구하는 각각의 기능에 대한 전기적 동작검사를 수행할 수 있다. 2. 동작검사 결과를 바탕으로 문제점을 파악하고 설계를 개선함으로써 제어회로설계에 대한 신뢰성을 확보할 수 있다
	2. 기구개발	1. 기구검토	1. 개발계획서에서 선정된 조형방식의 3D프린터개발에 적합한 기구의 구조를 파악할 수 있다. 2. 신규개발부품과 표준부품을 사용할 때의 성능, 일정, 비용 등을 비교분석하여 부품을 선정하고 부품의 목록을 작성할 수 있다. 3. 디자인 시안, 기구설계 방향 및 부품수급 계획을 토대로 기구개발 계획을 수립할 수 있다.

실기과목명	주요항목	세부항목	세세항목
		2. 기구설계	1. 내부 또는 외주를 통해 제작된 3D프린터 디자인 시안을 바탕으로 기구구조를 검토하고 부품을 배치할 수 있다. 2. 제작 시 생산성 향상을 위하여 작업자의 효율적인 생산 및 검사를 고려한 설계를 할 수 있다. 3. 설계된 안에 따라 기구설계프로그램을 활용하여 2D 또는 3D로 설계를 구체화할 수 있다. 4. 필요 시 기구시뮬레이션프로그램을 활용하여 설계에 대한 동작 및 구조에 대한 점검을 실시하고 시제품을 제작할 수 있다.
		3. 기구안정성 확보	1. 제작된 기구물이 요구하는 설계조건을 만족시키는지 확인하기 위하여 안정성시험항목을 선정할 수 있다. 2. 안정성시험항목에 따른 검사방법을 결정하고 검사용 장비를 파악할 수 있다. 3. 안정성검사 결과를 바탕으로 문제점을 파악하고 설계를 개선함으로써 기구안정성에 대한 신뢰성을 확보할 수 있다.
	3. 구동장치 개발	1. 이송장치 개발	1. 개발계획서에서 선정된 조형방식의 3D프린터개발에 적합한 이송장치를 검토할 수 있다. 2. 이송장치를 개발하기 위하여 각각의 구동부품을 선정하고 부품의 목록을 작성할 수 있다. 3. 선정된 부품을 적용하여 이송장치를 설계하고 동작해석 프로그램을 활용하여 동작 상태를 점검할 수 있다. 4. 점검 결과 문제점이 발생할 경우 해결방안을 도출하고 수정할 수 있다. 5. 수정된 이송장치 설계도면을 토대로 이송장치 시제품을 제작할 수 있다.
		2. 수평인식장치 개발	1. 조형장치와 조형받침대가 수평을 이루기 위하여 다양한 자동수평인식방식을 검토하고 선정할 수 있다. 2. 선정된 자동수평인식방식을 3D프린터에 적용하기 위하여 거리측정센서를 선별하고 장단점을 분석할 수 있다. 3. 선정된 거리측정센서와 센서구조물이 포함된 자동수평인식장치를 개발할 수 있다. 4. 개발된 자동수평인식장치를 테스트용 3D프린터에 적용하여 정확도, 인식속도 등을 점검하고 규격을 만족시킬 수 있다.
		3. 소재사용장치 개발	1. 소재재사용이 가능한 3D프린터의 경우 조형 후 잔여 소재를 재사용하기 위하여 소재재사용 제어방식을 검토할 수 있다. 2. 검토된 소재재사용 제어방식을 3D프린터에 적용하기 위해 펌프, 집진장치, 필터 등의 핵심부품을 분류하고 장단점을 분석할 수 있다. 3. 분석된 장단점을 토대로 소재재사용장치의 효율을 높일 수 있는 부품을 선별할 수 있다. 4. 선별된 부품을 활용하여 소재 재사용장치를 개발하고 테스트용 3D프린터에 적용하여 재사용에 대한 효율성을 점검할 수 있다.

실기과목명	주요항목	세부항목	세세항목
	4. 제어 프로그램 개발	1. 제어프로그램 개발계획수립	1. 개발계획서에서 결정된 3D프린터의 성능을 구현하기 위하여 제어프로그램을 통해 구동할 3D프린터의 하드웨어 구성요소를 선정할 수 있다. 2. 선정된 구성요소의 기능을 구현하기 위하여 제어프로그램의 개발도구 및 운영체제와 같은 개발환경을 구축할 수 있다. 3. 구축된 개발환경에서 구성요소를 구현하기 위한 제어프로그램 개발계획을 수립할 수 있다.
		2. 제어프로그램 개발	1. 제어프로그램 개발계획에 따라 3D프린터를 제어하기 위하여 각각의 구성요소에 대한 입력 및 출력 신호를 파악하고 제어알고리즘을 구성할 수 있다. 2. 인터페이스, 온도제어, 모터제어, 센서의 입력 등의 구성요소에 대한 제어프로그램과 필요한 라이브러리를 구현할 수 있다. 3. 구현된 각각의 라이브러리와 장치드라이버를 하나의 시스템으로 통합함으로써 제어프로그램을 개발할 수 있다.
		3. 제어프로그램 검증	1. 프로그램을 검증하기 위하여 개발된 제어프로그램을 테스트용 3D프린터에 적용할 수 있다. 2. 검토결과 문제점이 발생될 경우 디버깅 도구를 사용하여 문제점을 개선할 수 있다 3. 최종적으로 검증된 내용을 보고서로 작성하고 유관부서에 배포하여 정보를 공유할 수 있다.
	5. 응용 소프트웨어 개발	1. 프로그램 호환성 검토	1. 개발하고자 하는 3D프린터에서 요구하는 파일포맷의 호환성을 위하여 활용할 수 있는 다양한 프로그램을 선정할 수 있다. 2. 3D프린터를 구동하기 위해 공통적으로 활용되는 G코드와 M코드의 호환성을 검토하고 최적의 프로그램을 선정할 수 있다. 3. 선정된 프로그램을 활용하여 테스트용 3D프린터를 구동시키고 프로그램의 적용여부를 결정할 수 있다.
		2. 사용자 인터페이스 프로그램 개발	1. 3D프린터의 사용자인터페이스 규격을 결정하기 위하여 3D프린터의 소재, 기능, 성능 및 작동방법을 구현하기 위한 버튼 및 디스플레이에 대한 항목을 유관부서와 협의할 수 있다. 2. 협의된 내용에 따라 3D프린터 응용프로그램의 사용자인터페이스 디자인을 진행할 수 있다. 3. 입수된 디자인 자료를 바탕으로 프로그램 코딩을 수행하고 테스트용 3D프린터에서 시험을 진행한 후 도출된 문제점을 개선할 수 있다.
		3. CAM 시뮬레이션	1. 개발하고자 하는 3D프린터의 G코드와 M코드를 검증하기 위한 CAM시뮬레이터를 개발할 수 있다. 2. CAM 시뮬레이터를 활용하여 개발된 3D프린터를 통해 출력되는 과정과 노즐의 이동경로를 검토하여 이상여부를 판단할 수 있다. 3. 3D프린터 출력 중 출력보조물이 정상적으로 출력되고 있는지 확인할 수 있다. 4. 이상여부가 발견되었을 경우 원인을 분석하고 각 개발단계별로 피드백하여 문제점을 개선할 수 있다.

실기과목명	주요항목	세부항목	세세항목
	6. 소재관리	1. 소재선정	1. 개발계획서에서 결정된 3D프린터의 방식에 대한 성능을 구현하기 위해서 요구되는 소재를 선정하기 위한 계획을 수립할 수 있다. 2. 소재를 선정하기 위하여 수립된 계획에 따라 지역별, 제품별, 제조사별 기술동향, 제품라인업, 가격동향, 판매물량, 시장점유율 등의 조사항목을 결정할 수 있다. 3. 소재에 대한 선정조사를 수행하기 위하여 온라인, 인적네트워크, 전문조사기관의 발간자료와 같은 조사경로를 결정할 수 있다. 4. 결정된 조사경로를 통하여 소재를 선정하여 결과보고서를 작성하고 개발방향에 적용할 수 있다.
		2. 소재물성 관리	1. 선정된 소재의 물성관리를 위해서 소재업체로부터 제공된 기술자료를 수집할 수 있다. 2. 수집된 기술자료를 운용지침, 시험항목, 기술기준으로 분류하고 적정성을 검토할 수 있다. 3. 기술기준의 적정성 결과를 토대로 소재물성검토보고서를 작성할 수 있다.
		3. 소재물성 테스트	1. 소재의 물성테스트를 방향을 결정하기 위하여 3D프린터에 적용된 시험항목을 파악할 수 있다. 2. 시험항목을 토대로 테스트하기 위한 시험기관, 시험절차, 시험방법을 선정하고 시험에 필요한 자료를 입수할 수 있다. 3. 결정된 소재를 테스트용 3D프린터에 적용하여 소재를 사용하여 출력을 함으로써 소재의 문제점을 파악할 수 있다. 4. 소재의 규격, 성능, 특장점과 테스트를 통해 도출한 문제점을 검토하여 개발에 반영할 수 있도록 테스트 결과보고서를 작성할 수 있다.
	7. 3D프린팅 안전관리	1. 안전수칙확인	1. 산업안전보건법에 따라 3D프린팅의 안전수칙을 준수할 수 있다. 2. 산업안전보건법에 따라 안전보호구를 준비하고 착용할 수 있다. 3. 안전사고 행동 요령에 따라 사고 시 행동에 대비할 수 있다. 4. 3D프린터의 안전수칙을 숙지하여 장비에 의한 사고에 대비할 수 있다.
		2. 예방점검 실시	1. 안전사고 예방을 위하여 3D프린팅 작업환경을 정리·정돈하여 관리할 수 있다. 2. 안전사고 예방을 위하여 3D프린터 관련 설비를 점검할 수 있다. 3. 안전사고 예방을 위하여 3D프린터 관리 지침을 만들고 점검할 수 있다.
		3. 대책수립	1. 작업자의 안전을 위하여 안전사고 예방수칙과 행동지침을 숙지할 수 있다. 2. 숙지한 행동지침을 현장 근무자들에게 안내할 수 있다. 3. 사고원인, 결과, 재발방지에 대한 사후대책 보고서를 작성할 수 있다.
		4. 장비유지관리	1. 장비에 필요한 것과 필요하지 않은 것을 구분하여 불필요한 것을 제거할 수 있다. 2. 장비, 공구, 치공구를 정리 정돈하여 항시 운용 가능한 상태를 유지할 수 있다. 3. 작업 전·후 기계, 지그, 측정기를 깨끗이 청소할 수 있다. 4. 일일 장비 점검을 실시하여 시작 전에 장비 이상 유무를 확인할 수 있다.

3D프린터 회로 및 기구
- 예상문제 -

001 3D프린터 구동 기구에 대해 잘못 설명한 것은?

① 3D프린터의 기구의 구조와 크기 및 특징들을 정확히 분석하고 이해할 수 있어야 요구하는 성능을 만족하는 전자 회로를 설계할 수 있게 된다.
② 3D프린터 개발 단계에서 이러한 공간 이동에 대한 이송 방식 즉 기구가 결정이 되면 설계된 기구를 정확하게 구동할 수 있는 회로 설계 조건을 결정하게 된다.
③ 공간 이동을 위해서 최소 2개 이상의 구동축이 필요하며 통상 제어를 간단히 하기 위해 각 축을 X,Y로 하나씩 일대일 매칭을 시키는 방식을 채택하고 있다.
④ 각 층의 형상을 2차원 평면 운동을 하는 기구 구동부에 재료 분사 노즐을 장착하여 재료를 분사하면서 3차원 프린팅을 수행하게 된다.

[해설]
3차원 모션 즉 공간 이동을 위해서 최소 3개 이상의 구동축이 필요하며 통상 제어를 간단히 하기 위해 각 축을 X,Y,Z로 하나씩 일대일 매칭을 시키는 방식을 채택하고 있다.

002 3D프린터의 기구 구조를 움직이도록 하기 위해서는 모터와 같이 전기 에너지를 기계적인 에너지로 변환하는 (   )가 필요하며, 특히 3D프린터에서는 정해진 위치로의 정확한 이송을 위해 위치 제어 기능을 필요로 한다. (   ) 안에 들어갈 단어는 무엇인가?

① 액츄에이터
② 시뮬레이터
③ 이배큐에이터
④ 이니시에이터

003 모터만 의미하는 것이 아니라 지령을 받고 이를 수행하는 시스템을 무엇이라고 하는가?

① 스테핑 모터 시스템
② 듀얼모터 시스템
③ DC 모터 시스템
④ 서보모터 시스템

[해설]
서보모터 시스템은 지령을 받아 동작하는 부위와 이를 자체적으로 감지하여 피드백 제어 시스템까지 포함하고 있다.

004 서보모터 시스템(closed-loop control)의 기본 구성이 아닌 것은?

① 모터
② 드라이브
③ 위치 센서
④ 온도 센서

005 제어신호의 흐름에서 신호처리 과정을 순서대로 바르게 나타낸 것은?

① 입력부 - 제어신호변환기 - 제어부 - 출력부
② 입력부 - 제어부 - 제어신호변환기 - 출력부
③ 제어부 - 입력부 - 출력부 - 제어신호변환기
④ 제어부 - 입력부 - 제어신호변환기 - 출력부

006 DC 서보모터에 대한 설명은?

① 가격이 싸고 소형화가 용이하다.
② 구조가 견고하다.
③ 고속 회전이 용이하다.
④ 회로가 복잡하다.

해설
DC 서보모터는 가격이 싸고 제어 회로가 간단하여 소형화가 용이하지만 고속 회전이 어렵다는 단점이 있다.

007 AC 서보모터에 대한 설명이 다른 것은?

① 구조가 견고하다.
② 고속 회전이 용이하다.
③ 제어 회로가 복잡하다.
④ 가격이 싸다.

해설
AC 서보모터는 구조가 견고하고 고속 회전이 용이하지만 제어 회로가 복잡하고 가격이 비싸다는 단점이 있다.

008 제어하는 시스템으로서, 부여된 목표 입력에 대한 빠른 추종 응답 특성을 갖는다. 정밀한 움직임이 가능하도록 모터에 공급되는 전력을 서보모터에 적합한 형태로 변환시켜 공급하는 역할을 하는 것은?

① 스테핑 모터 시스템
② 듀얼모터 시스템
③ DC 모터 시스템
④ 서보모터 시스템

009 3D프린터 하드웨어 구성에서 Electronics Part에 속하지 않는 것은?

① Controller
② End Stops
③ Firmware
④ Heated Sensor

해설
펌웨어는 컴퓨팅과 공학분야에서 특정 H/W를 장치에 포함된 S/W로, S/W를 읽어 실행하거나, 수정되는 것도 가능한 장치를 의미한다.

010 위치 센서에 대한 설명이 잘못된 것은?

① 위치 센서에는 광학식 엔코더, 자기식 엔코더. 레졸버 등이 있다.
② 광학식은 말 그대로 광원을 이용하여 위치 정보를 검출한다. 회전 디스크와 투광용 광원, 수광 소자로 구성된다.
③ 자기식은 자기 디스크을 이용하여 위치 정보를 검출하며, 자기 디스크와 자기 저항 소자로 구성되어 있다.
④ 레졸버는 회전자 각도에 대응하는 전압이 권선에 발생하도록 되어 있는 위상 변압기로서, 스테이터, 로터, 회전 트랜스로 구성되어 있다.

해설

자기식은 자기 드럼을 이용하여 위치 정보를 검출하며, 자기 드럼과 자기 저항 소자로 구성되어 있다.

011 위치 센서에서 광학식 구성 요소가 아닌 것은?

① 회전 디스크 ② 투광용 광원
③ 수광 소자   ④ 자기 저항 소자

012 시스템의 출력을 입력에 피드백하지 않고 기준 입력만으로 제어 신호를 만들어서 출력을 제어하는 방식을 무엇이라고 하는가?

① 오픈루프 제어 방식
② 서보모터 시스템
③ 듀얼모터 시스템
④ DC모터 시스템

해설

개루프 제어 방식이라고도 하며, 시스템의 출력을 입력에 피드백하지 않고 기준 입력만으로 제어 신호를 만들어서 출력을 제어하는 방식이다.

013 오픈루프 제어 방식에서 구동축이 회전하면서 구동축과 로터가 함께 회전한다. 로터의 원주에는 일정한 간격으로 영구 자석이 이처럼 배열되어 있다. 회전 제어가 약 1.5° 까지 정밀 제어가 가능한 구성요소는?

① 회전 디스크 ② 스테핑 모터
③ 수광 소자   ④ 자기 저항 소자

014 바인더 제팅 공정 설명이 잘못된 것은?

① 베드 위에 놓인 분말을 이용하는 것은 분말 융접 기술과 매우 유사하다.
② 분말을 결합하여 단면을 만들기 위해서 레이저 등의 열에너지를 사용하여 분말을 소결시킨다.
③ 사용 가능한 재료는 폴리머, 금속, 세라믹 등이지만 이 중 일부만이 상용화된 장비에서 사용이 가능하다.
④ 기구 구조는 Power Bed Fusion과 비슷한 기구 구조를 가지고 있다.

[해설]

분말 융접 기술에서는 분말을 결합하여 단면을 만들기 위해서 레이저 등의 열에너지를 사용하여 분말을 소결시키거나 녹이는 반면에, 접착제 분사에서는 접착제를 분말에 선택적으로 분사하여 분말들을 결합시켜 단면을 성형하고 이를 반복하여 3차원 형상을 만든다.

015 제1각법과 제3각법의 설명으로 틀린 것은?

① 제1각법은 투상면의 앞쪽에 물체를 놓고 투상한다.
② 제3각법은 투상면의 뒤쪽에 물체를 놓고 투상한다.
③ 제3각법은 정면도를 기준으로 하여 평면도를 정면도의 위쪽에 배치한다.
④ 제1각법은 정면도를 기준으로 하여 우측면도를 정면도의 우측에 배치한다.

[해설]

제1각법은 정면도의 좌측에 우측에서 본 그림을 배치한다.

016 오픈루프 제어 방식(Open-loop control)에 대한 설명은?

① 시스템의 출력을 입력에 피드백하지 않고 기준 입력만으로 제어 신호를 만들어서 출력을 제어하는 방식이다.
② 모터만 의미하는 것이 아니라 지령을 받고 이를 수행하는 시스템이다.
③ 지령을 받아 동작하는 부위와 이를 자체적으로 감지하여 피드백 제어 시스템까지 포함하고 있다.
④ 모터- 드라이브- 위치 센서로 구성되어 있다.

[해설]

②③④-서보모터 시스템

017 별도의 제어 회로 구성 때문에 상대적으로 센서가 없이도 입력 펄스만으로 정해진 각도를 손쉽게 동작할 수 있는 것은?

① 전자 모터   ② 스테핑 모터
③ DC 모터   ④ 서보모터

[해설]

시스템과 별도의 제어 회로 구성 때문에 상대적으로 센서가 없이도 입력 펄스만으로 정해진 각도를 손쉽게 동작할 수 있는 스테핑 모터가 3D프린터에서 널리 사용되고 있다. 하지만 큰 토크가 요구되거나 정밀한 제어가 요구되는 산업용이나 대용량의 3D프린터에서는 DC 모터가 사용되기도 한다.

018 탄소와 수소가 CnH2n+2 형으로 결합된 형태로 공유 결합에 의해 결합되어 있다. 이에 기인하여 명명한 것은?

① 포화 탄화수소
② 불포화 탄화수소
③ 고분자 탄화수소
④ 다중 탄화수소

019 바인더 제팅 공정과 유사한 별도의 서포트 재료가 없는 공정은 무엇인가?

① SLA 방식 공정
② FDM 방식 공정
③ SLS 방식 공정
④ 압전 제팅 방식 공정

020 제어를 위한 회로 설계 구성이 비교적 간단하여 프린터에 주로 사용되며, 3D프린터 헤드를 움직이기 위한 작동기이다. 무엇에 대한 설명인가?

① 전자 모터　② 스테핑 모터
③ DC 모터　　④ 서보모터

021 스테핑 모터 사양에서 모터가 여자 상태에서 정지해 있을 때 출력 샤프트에 가해지는 외부 토크에 반하여 발생되는 최대 토크를 무엇이라고 하는가?

① 홀딩 토크　② 디텐트 토크
③ 폴아웃 토크　④ 폴인 토크

022 모터가 무여자 상태에서 정지해 있을 때 출력 샤프트에 가해지는 외부 토크에 반하여 발생되는 최대 토크를 무엇이라고 하는가?

① 홀딩 토크　② 디텐트 토크
③ 폴아웃 토크　④ 폴인 토크

023 스테핑 모터 사양에서 잘못 설명 된 것은?

① 폴인 특성 : 입력 주파수와 그 주파수에서 모터 구동을 시작할 수 있는 최대 토크 사이의 관계.
② 폴아웃 특성 : 입력 주파수와 모터 구동 시작 후 풀인 특성 영역으로부터 서서히 증가되는 입력주파수와 모터 회전을 동기시킴으로써 얻어지는 최대 토크 사이의 관계.
③ 스텝 각도 정도 : 이론 스텝 각도와 실제 측정 각도와의 차이
④ 최대 응답(연속) 주파수 : 무부하 상태에서 모터가 입력 신호에 동기되어 움직이고 멈출 때의 최대 주파수

> **해설**
> - 홀딩토크 : 모터가 여자 상태에서 정지해 있을 때 출력 샤프트에 가해지는 외부 토크에 반하여 발생되는 최대 토크.
> - 디텐트 토크 : 모터가 무여자 상태에서 정지해 있을 때 출력 샤프트에 가해지는 외부 토크에 반하여 발생되는 최대 토크.
> - 폴인 특성 : 입력 주파수와 그 주파수에서 모터 구동을 시작할 수 있는 최대 토크 사이의 관계.
> - 폴아웃 특성 : 입력 주파수와 모터 구동 시작 후 풀인 특성 영역으로부터 서서히 증가되는 입력 주파수와 모터 회전을 동기시킴

으로써 얻어지는 최대 토크 사이의 관계.
- 최대 자기동 주파수 : 무부하 상태에서 모터가 입력 신호에 동기되어 움직이고 멈출 때의 최대 주파수.
- 스텝 각도 정도 : 이론 스텝 각도와 실제 측정 각도와의 차이.
- 최대 응답(연속) 주파수 : 무부하 상태에서 최대값이 서서히 가까워지고 있는 자기동 주파수와 동기되어 회전할 때의 최대 주파수.
- 회전 속도 : 스텝 모터의 회전 속도는 일반적으로 pps로 나타낸다.

024 스테핑 모터 사양에서 잘못 설명된 것은?

① 최대 자기동 주파수 : 무부하 상태에서 모터가 입력 신호에 동기되어 움직이고 멈출 때의 최대 주파수.
② 스텝 각도 정도 : 이론 스텝 각도와 실제 측정 각도와의 차이.
③ 최대 응답(연속) 주파수 : 무부하 상태에서 최대값이 서서히 가까워지고 있는 자기동 주파수와 동기되어 회전할 때의 최대 주파수.
④ 회전 속도 : 스텝 모터의 회전 속도는 일반적으로 ppm으로 나타낸다.

해설

pps로 나타낸다.
pps : 초(sec)당 입력 펄스 수

025 다음 설명에 해당되는 플라스틱 종류는?

· 착색, 광택처리, UV 코팅 등이 가능
· 열 수축 현상 때문에 정밀한 조형 모델 구현 곤란
· 표면조도를 개선하려면 후처리가 필요하며 가열 시 냄새가 남

① PC ② ABS
③ PVA ④ HDPE

026 스테핑 모터 구동방식에서 각 스테핑 모터 상(phase)의 권선에 인가한 입력 전원이 항상 같은 극성을 갖게끔 구동시키는 방식은 무엇인가?

① 유니폴라 방식
② 바이폴라
③ 2상 여자 방식
④ 1-2상 여자 방식

해설

- 유니폴라 : 각 스테핑 모터 상(phase)의 권선에 인가한 입력 전원이 항상 같은 극성을 갖게끔 구동시키는 방식.
- 바이폴라 : 스테핑 모터의 동일권에 입력 펄스의 극성을 바꿔 주는 방식. 두 개의 극성을 동시에 여자시킴으로써 자력의 강도가 높아져 저속에서는 높은 토크를 얻을 수 있는 장점이 있음.
- 2상 여자 방식(full step) : 스테핑 모터 4상 중 2개 상이 함께 입력 전원을 받아들이는 방식
- 1-2상 여자 방식(half step) : 순차적으로 1상과 2상을 반복해서 펄스를 인가하는 방식
- 4상 여자 방식(4 phases on) : 8선 스테핑 모터 사용 시 4상 펄스를 이용하여 구동하는 방식
- 3-4상 여자 방식(3-4 phases on) : 1-2상 여자 방식과 같이 3상과 4상을 교대로 입력하는 방식이며, 보다 높은 분해능을 얻을 수 있고 진동이 적은 장점.

027 스테핑 모터 구동방식에서 스테핑 모터의 동일권에 입력 펄스의 극성을 바꿔주는 방식. 두 개의 극성을 동시에 여자시킴으로써 자력의 강도가 높아져 저속에서는 높은 토크를 얻을 수 있는 장점이 있는 방식은 무엇인가?

① 유니폴라방식
② 바이폴라
③ 2상 여자 방식(full step)
④ 1-2상 여자 방식(half step)

028 스테핑 모터 구동방식이 아닌 것은?

① 1-2상 여자 방식(half step)
② 4상 여자 방식(4 phases on)
③ 3-4상 여자 방식(3-4 phases on)
④ 3상 여자 방식(3 phases on)

029 전자 회로 내의 전압, 전류의 변화를 설명하는 법칙은 무엇인가?

① Kirchoff 법칙
② 옴 법칙
③ 플레밍의 법칙
④ 쿨롱의 법칙

030 Kirchoff 법칙의 설명 중 잘못된 것은?

① Kirchoff에는 전압의 법칙과 전류의 법칙 두 가지가 있다.
② 전압의 법칙은 하나의 닫힌 회로에 모든 전압의 합은 0이 된다.
③ 한 노드에 흐르는 모든 전류의 합은 1이다.
④ 복잡한 회로 내의 특정 부품에 걸리거나 유도되는 전압, 전류 값 등을 파악할 수 있어서 회로 설계 및 부품 교체 시 부품들의 허용 동작 용량의 범위 안에 선택 제작하도록 할 수 있다.

[해설]

한 노드에 흐르는 모든 전류의 합은 0이다

031 다음 중 각각의 용어에 대한 설명으로 틀린 것은?

① 수지는 초기의 고분자 재료가 식물이나 나무에서 추출된 것에 기인한 용어이다.
② 포화 탄화수소는 탄소와 수소가 결합된 형태로 공유결합에 의해 결합되어 있다.
③ 불포화 탄화수소는 포화 탄화수소에서 인접한 수소원자 중 일부가 빠져나가고 대신 탄소 원자 간에 4중 또는 5중 결합을 갖는 경우에 해당된다.
④ 고분자는 일반적으로 분자량이 10000 이상인 큰 분자를 말하며, 분자량이 낮은 단량체가 분자결합으로 수없이 많이 연결되어 이루어진 높은 분자량의 분자를 의미한다.

[해설]

불포화 탄화수소는 포화 탄화수소에서 인접한 수소 원자 중 일부가 빠져나가고 대신 탄소 원자 간에 2중 또는 3중 결합을 갖는 경우($CnH2n$ 형 혹은 $CnHn$ 형)에 해당된다. 이러한 형태를 단량체라고 부르며 고분자를 구성하는 가장 기본적인 분자 구조에 해당한다.

032 다음 그림은 무슨 법칙인가?

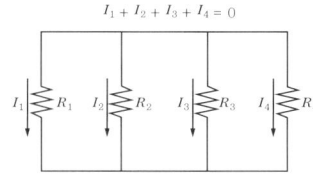

① Kirchoff 의 전류의 법칙
② 옴 법칙
③ 플레밍의 법칙
④ 쿨롱의 법칙

[해설]
한 노드에 흐르는 모든 전류의 합은 0이다

033 회로도의 소자와 아트웍에서 다루는 PADS의 부품 라이브러리와 서로 매칭시켜 주는 과정으로 쉽게 표현하면 도면 상의 부품을 실제 사용되는 부품 값으로 정확히 지정하는 과정을 무엇이라고 하는가?

① 풋프린트   ② 아웃프린트
③ 인프린트   ④ 3D프린트

[해설]
전자 회로는 인쇄회로기판(PCB) 제조 공정 이전까지 몇 단계의 제작 공정이 필요하다. 우선 요구 사항에 기반하여 전자 회로를 Orcad와 같은 디자인 툴을 사용하여 회로도를 작성하면 풋프린트 매칭 과정으로 넘어간다.

034 실제 PCB에 부품의 위치와 각 도선을 어떻게 연결하고 배치할 것인지를 설계하는 과정을 무엇이라고 하는가?

① 풋프린트   ② Artwork
③ DRC   ④ 3D프린트

[해설]
Artwork란 실제 PCB에 부품의 위치와 각 도선을 어떻게 연결하고 배치할 것인지를 설계하는 과정이다. PADS와 같은 소프트웨어 툴을 사용하여 제작하고자 하는 회로의 크기를 정하고, 부품을 배치하며, 배선을 연결하는 과정으로 진행한다.

035 3D프린터의 주요 부품 중 다음 그림에 해당하는 부품은?

① 감속장치   ② 익스트루더
③ 스테핑 모터 ④ 핫엔드 노즐

036 전자회로 제작과정 순서가 맞게 된 것은?

① 회로도설계 - 풋프린트 - DRC체크 - 넷리스트생성 - Artwork - PCB제작
② 회로도설계 — DRC체크 - 풋프린트 - 넷리스트생성 - Artwork - PCB제작
③ DRC체크 - 풋프린트 - 넷리스트생성 - Artwork - 회로도설계 - PCB제작
④ 회로도설계 — DRC체크 - 넷리스트생성 - Artwork - 풋프린트 - PCB제작

037 PCB 기판에 부품을 접합하는 방법에 대한 설명 중 잘못된 것은?

① 전통적으로 납땜을 통해 기판의 동판과 부품의 리드선을 경화 고정을 시킨다.
② 동, 은, 금으로 갈수록 비싸며, 단면, 양면, PCB로 갈수록 비싸다.
③ 동기판의 경우 인두기를 오래 대고 있으면 동 부분이 금방 떨어지고 납도 잘 붙지 않기 때문에 사용하기 힘들다.
④ PCB 기판은 소자끼리 연결하는 부분 모두가 기판에 새겨져 단면, 양면 기판을 납땜할 때처럼 와이어나 연납을 이용해 이을 필요가 있다.

[해설]
PCB 기판은 소자끼리 연결하는 부분 모두가 기판에 새겨져 단면, 양면 기판을 납땜할 때처럼 와이어나 연납을 이용해 이을 필요가 없고 소자부분만 납땜을 한다.

038 3D프린터의 주요 부품 중 다음 그림에 해당하는 부품을 무엇이라고 하는가?

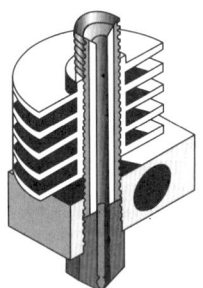

① 감속장치　② 익스트루더
③ 콜드엔드　④ 핫엔드

039 납땜에 대한 설명으로 잘못된 것은?

① 기판과 소자 사이의 공간이 보이게 한다.
② 무연납의 경우 녹는점이 높아 전용 인두기를 사용하지 않으면 납땜이 쉽지 않고 납땜하고 난 뒤에도 깨끗하지 못하므로 초보자가 사용하기엔 적합하지 않다.
③ 단면 기판은 한쪽엔 소자를 놓고 한쪽은 납땜을 하는 부분으로 구성되어 있으며 가장 많이 사용한다.
④ 양면 기판은 앞뒤가 다 납땜이 가능하도록 구성되어 있으며 앞뒤로 납땜을 하여 사용할 경우 사용한다.

[해설]
기판과 소자 사이의 공간이 보이는 납땜은 잘못된 납땜이다. 기판에 소자를 납땜하고 테스트 동작을 할 때, 소자에 DMM(Digital MultiMeter)를 이용하여 디버깅을 하면서 소자를 건드리거나 하면 소자의 다리에 힘이 가해져 소자 다리가 휘게 된다.

040 멀티미터에 대한 설명 중 잘못된 것은?

① 멀티테스터라고도 한다.
② 전압, 전류, 전기 저항을 측정하는 능력을 기본적으로 가진다.
③ 휴대 장치로, 측정 대상의 기본적인 결점을 찾기 위한 벤치 기구로 유용하게 사용할 수 있는 계측기가 될 수 있다.
④ 산업과 가구용 장치의 넓은 범위에 있어 전기적인 문제뿐만 아니라, 기계적인 문제점들을 점검하기 위하여 사용될 수 있다.

[해설]
전기적인 문제들을 점검하기 위하여 사용될 수 있다.

정답 | 37. ④ 38. ④ 39. ① 40. ④

041 멀티미터로 저항 측정에 대한 설명 중 잘못된 것은?

① 멀티미터 내부의 전지를 이용하여 외부의 프로브에 연결된 저항에 전압을 인가하여 측정한다.
② 저항을 측정할 때는 회로에서 분리하여 저항 단독으로 연결해야 한다.
③ 회로에서 연결된 상태로 저항에 전압이 걸려 전류가 흐르고 있을 때, 멀티미터의 프로브를 연결하면 멀티미터의 전압 인가와 외부 회로 전압 인가가 중복되어 정확한 측정이 가능하다.
④ 회로에 연결된 저항은 전원이 없어 동작하지 않더라도 다른 부품이 저항치(다른 저항과 병렬 동작)를 갖기 때문에 회로에 연결된 상태로 저항을 측정하면 정확하지 않다.

[해설]
중복되어 정확한 측정이 불가능하다.

042 멀티미터로 전압 측정 방법중 멀티미터 내부의 저항(고 임피던스)을 거쳐 전압을 내리고 이것을 무빙코일과 연결하여 전류가 흐르게 하는 측정방법을 무엇이라고 하는가?

① 아날로그 방식
② 디지털 방식
③ 복합 방식
④ 프롤록 방식

[해설]
디지털 방식 : 멀티미터 내부의 저항(고 임피던스)을 거쳐 전압을 내리고 내부 저항에 걸린 전압을 ADC를 통해 수치화 한다.

043 3D프린팅 소재의 물성시험을 결정하기 위한 주요 표준에 해당되지 않는 것은?

① DIN(독일표준규격)
② ISO(국제표준화협회)
③ IEC(국제전기기술위원회)
④ ASTM(미국재료시험협회)

044 멀티미터로 전류 측정에 대한 설명 중 잘못된 것은?

① 대상의 위치에 대상과 병렬로 측정기를 연결한다.
② 전선에 흐르는 전류를 측정하기 위해 전선에 프로브를 대면 저항이 0인 두 지점에 연결한 결과가 되어 전압이 나타나지 않기 때문에 측정이 불가능하다.
③ 측정 위치에 삽입된 측정기는 매우 낮은 임피던스 값을 가져야 대상 회로에 영향이 적다.
④ 과전류를 방지하기 위해 내부에 휴즈를 사용하여 보호한다.

[해설]
대상의 위치에 대상과 직렬로 측정기를 연결한다.

정답 | 41. ③ 42. ① 43. ③ 44. ①

045 H-bridge 회로를 잘못 설명한 것은?

① 4개의 스위칭 소자로 구성되어 있고, 외형상 4개의 스위칭 소자가 붙어 있는 모습이 알파벳 H와 유사하다.
② 작은 전압으로 큰 전압이나 전류로 증폭할 수 있는 증폭 기능과 전류 방향을 전환할 수 있는 방향전환이 있어서 보통 DC 모터나 Stepper 모터 등 모터의 드라이버로 활용된다.
③ 전자석 시스템 등 전류 제어 회로에서 많이 사용되는 회로이다.
④ 4개의 TR을 사용하며 양단에 서로 방향을 교차시켜 스위치 신호에 따라 각각 switch on과 Off를 동작시켜 전류의 흐름을 생성시킨다.

[해설]

4개의 스위칭 소자로 구성되어 있고, 외형상 2개의 스위칭 소자가 붙어 있는 모습이 알파벳 H와 유사하다.

046 dual MC33926 board 핀 기능 중 맞게 연결된 것은?

① VIN : 접지
② GND : 전류 측정값 센서 출력
③ VDD : 회로 구동 전원 3-5V
④ FB : 전원 5-28V

[해설]

VIN : 모터 전원 5-28V
GND : 접지
FB : 전류 측정값 센서 출력

047 검사용 지그에 대한 설명이 틀린 것은?

① 검사용 지그는 전자, 전기 PCB 제품 및 부품 등의 조정 및 검사를 하기 위해 제작한다.
② 검사용 지그는 PCB 회로의 검사를 사람의 손으로 하는 게 좋다.
③ 회로의 전기 전도 포인트 및 부품의 기능 여부를 확인해야 PCB 개발 및 제작이 정상적으로 수행되었는지 확인하는 작업에 검사용 지그가 필요하다.
④ 검사용 지그는 설계 요건에 따라 다르게 개발되고 제작되어야 한다.

[해설]

PCB 회로의 검사를 사람의 손으로 하기는 힘든 점이 있다.

048 계측 장비에 대한 설명이 잘못된 것은?

① 정밀 수준기 : 제품의 수직을 측정할 때 사용된다.
② 벨트텐션미터 : 장력을 측정하여 적절한 장력 값인지 확인할 수 있다.
③ 가우스미터 : 자석이나 기계 장치 내부의 자력을 측정하는 장비이다.
④ 경도계 : 제품의 경도를 측정하는 장비이다.

[해설]

정밀 수준기는 제품의 수평을 측정할 때 사용된다.

049 검사용 지그 설계에 대한 설명이 잘못 된 것은?

① 검사용 지그의 구조는 크게 바디, 핀 보드, 누름 판으로 구성되어 있다.
② 검사용 지그의 부품은 대부분 아연 도금을 한다.
③ 이송 부위와 구동 부위에는 베어링을 사용하여 이송이 용이하도록 한다.
④ 각 부품 및 볼트 너트는 부식을 최소화하여 설계해야 한다.

> **해설**
> 검사용 지그의 부품은 대부분 니켈 도금

050 측정이나 계측은 실험이나 테스트를 통하여 수량적으로 표시된 것이다. 일반적으로 측정 장치의 파라미터에 의해 측정 수치를 결정하는 경우가 많다. 수치를 알고 있는 단계를 ( )이라고 하며, 데이터나 제어계 등의 시스템에서 측정을 ( )이라고 구별한다.

① 측정, 계측   ② 계측, 측정
③ 정량, 측정   ④ 계량, 계측

051 전기 계측에 대한 설명이 잘못된 것은?

① 전자 계측은 전자적 방법인 고임피던스, 일방향의 증폭, 정류 작용 방식으로 하였다.
② 바늘로 표시된 값을 읽어서 측정하는 것이 디지털 측정, 숫자로 측정 결과를 나타내는 것이 아날로그 측정이다.
③ 측정에 필요한 에너지가 측정 대상에서 측정기로 공급되는 측정을 수동 측정이라 하고, 계측기에서 피측정 에너지가 공급되는 측정을 능동 측정이라 한다.
④ 여러 종류의 지그 중 용도에 맞는 지그를 선택하여 전자 회로 성능 분석을 실시해야 한다.

> **해설**
> 바늘로 표시된 값을 읽어서 측정하는 것이 아날로그 측정, 숫자로 측정 결과를 나타내는 것이 디지털 측정이다.

052 조형 방식에 따른 기구 구조에서 X방향의 구동축에 Jetting 헤드부와 광학부가 부착되어 Jetting 된 광경화성 수지 및 왁스의 재료를 광 에너지를 이용하여 경화하여 구조물을 제작하게 되는 방식은?

① Material jetting
② Vat photopolymerization
③ Powder Bed Fusion
④ Binder Jetting

053 조형 방식에 따른 기구 구조에서 Vat(수조) 안에 광경화성 재료가 담겨져 있고 엘리베이터의 플랫폼이 Vat에 담겨져 구조물을 제작하는 방식은?

① Material jetting
② Vat photopolymerization
③ Powder Bed Fusion
④ Binder Jetting

정답 | 49. ② 50. ① 51. ② 52. ① 53. ②

054 Power Bed Fusion과 비슷한 기구 구조를 가지고 있다. 이 3D프린팅 방식의 기구 구조는 바인더(교결제)를 분사하는 방식으로 분사하여 파우더를 접착시켜 구조물을 제작하는 방식은?

① Material jetting
② Vat photopolymerization
③ Directed Energy Deposition
④ Binder Jetting

055 다음 검사용 장비 중 자석이나 기계장치 내부의 자력을 측정하는 장비는?

① 가우스 미터
② 암페어 미터
③ 벨트텐션 미터
④ 마이크로 미터

[해설]
자기력선속밀도 측정 기구라고도 하며 자기력선속밀도의 단위가 가우스(G)이기 때문에 가우스미터라고 칭한다. 보통 2~3만 가우스까지 자기력선속밀도를 측정할 수 있다.

056 고에너지 레이저와 일렉트론 빔 또는 플라즈마 아크를 사용하기 때문에 안전에 따른 기구 구조를 검토해야 한다. 그리고 이송 장치 및 재료 공급 장치 등을 잘 고려하여 구조를 파악해야 하는 방식은?

① Material jetting
② Vat photopolymerization
③ Directed Energy Deposition
④ Binder Jetting

057 Sheet Lamination방식을 설명한 것은?

① 고에너지 레이저와 일렉트론 빔 또는 플라즈마 아크를 사용하기 때문에 안전에 따른 기구 구조를 가진다.
② 일반적으로 레이저를 사용하여 판재를 절단하는 구조를 가진다.
③ 재료 이송 장치, 바인더 이송 장치, 구조물 제작 플랫폼 이송 장치 등을 잘 고려하여 설계해야 한다.
④ Vat 안에 광경화성 재료가 담겨져 있고 엘리베이터의 플랫폼이 Vat에 담겨져 구조물을 제작하는 방식이다.

[해설]
① Directed Energy Deposition
③ Binder Jetting
④ Vat photopolymerization

058 3D프린터 부품 선정에 있어서 잘못 된 것은?

① 3D프린터의 기구부를 개발할 때에 기구부의 설계를 기반으로 부품을 선정해야 한다.
② 부품은 표준 부품과 신규 개발 부품이 있다.
③ 3D프린터의 기구부를 제작하기 위해서는 형상과 기술 방식에 따라 표준 부품과 신규 개발 부품을 써서 개발해야 한다.
④ 표준 부품과 신규 개발 부품을 사용하느냐에 따라 3D프린터의 신뢰성 및 품질에 영향을 주지 않는다.

[해설]
품질에 영향을 준다.

059 다음 설명에 해당하는 소재는?

- 전기 절연선, 치수안정성이 좋고 내충격성도 뛰어난 편이라 전기 부품 제작에 가장 많이 사용되는 재료이다.
- 연속적인 힘이 가해지는 부품에 부적당하지만 일회성으로 강한 충격을 받는 제품에 주로 쓰인다.

① ABS ② PLA
③ Nylon ④ PC

060 ISO의 표준화 단계가 아닌 것은?

① 예비 단계 ② 제안 단계
③ 위원회 단계 ④ 전달단계

[해설]

ISO의 표준화 단계는 예비 단계, 제안 단계, 준비 단계, 위원회 단계, 질의 단계, 승인 단계, 발간 단계가 있다.

061 3D프린터의 종류와 사용소재의 연결이 옳지 않은 것은?

① FDM → 열가소성 수지(고체)
② SLA → 광경화성 수지(액상)
③ SLS → 열가소성 수지(분말)
④ DLP → 열경화성 수지(분말)

[해설]

DLP → 광경화수지

062 한국 산업 표준분류(KS)에서 제품 표준이란 무엇인가?

① 제품의 향상, 치수, 품질 등을 규정한 것
② 시험, 분석, 검사 및 측정방법, 작업 표준을 규정한 것
③ 용어, 기술, 단위, 수열 등을 규정한 것
④ 제품 수량에 대한 규정

[해설]

- 제품 표준 : 제품의 향상, 치수, 품질 등을 규정한 것
- 방법 표준 : 시험, 분석, 검사 및 측정방법, 작업 표준을 규정한 것
- 전달 표준 : 용어, 기술, 단위, 수열 등을 규정한 것

063 3D프린터용 플라스틱 소재 중 PLA(Poly lacticacid)에 대한 설명으로 틀린 것은?

① 옥수수 전분을 기반으로 한 바이오 플라스틱(생분해성)으로 인체에 무해하다.
② 3D프린터 소재 중 융점이 가장 낮다.
③ 열 수축 현상이 적어 큰 사이즈 출력물에도 적합하다.
④ 인장 강도, 내마모성, 내열성이 우수하다.

[해설]

인장 강도, 내마모성, 내열성 우수한 것은 PA

정답 | 59. ④ 60. ④ 61. ④ 62. ① 63. ④

064 신규 개발 부품에 대한 설명으로 틀린 것은?

① 3D프린터를 제작할 때에 대부분 표준 부품을 사용하지만 구조적, 기술적으로 표준 부품이 아닌 신규 개발 부품을 사용해야 할 상황이 존재한다.
② 새로운 3D프린터를 제작하면 기존의 기술 방식보다 더 나아진 구조 및 형상을 가지게 되는데, 이러한 조건을 만족하려면 새로운 신규 개발 부품의 사용이 불가피하다.
③ 신규 사용 부품은 기존의 표준 부품보다 성능 및 디자인은 우수하지만 품질 및 신뢰성은 검증이 되지 않은 단점이 있다.
④ 신규 개발 부품은 개발 과정을 거쳐 대부분 가공을 통해 제작되는 부품이기 때문에 기존의 부품보다 싸다.

해설
기존의 부품보다 약 5~10배 비싸다.

065 아래 그림과 같은 구조를 가지는 방식은?

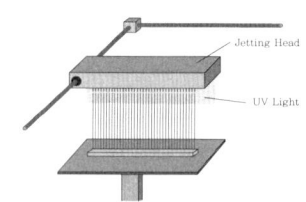

① Material jetting 방식
② Vat photopolymerization 방식
③ Powder Bed Fusion 방식
④ Binder Jetting 방식

066 아래 그림과 같은 구조를 가지는 방식은?

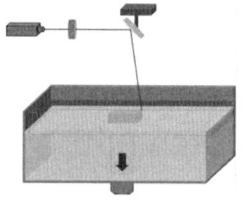

① Material jetting 방식
② Vat photopolymerization 방식
③ Powder Bed Fusion 방식
④ Binder Jetting 방식

067 아래 그림과 같은 구조를 가지는 방식은?

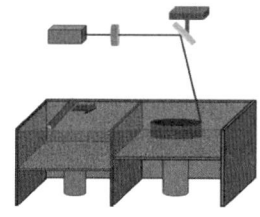

① Material jetting 방식
② Vat photopolymerization 방식
③ Powder Bed Fusion 방식
④ Binder Jetting 방식

068 아래 그림과 같은 구조를 가지는 방식은?

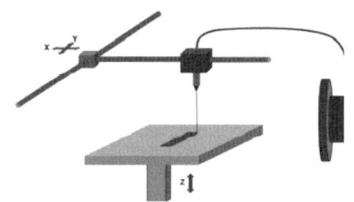

① Material jetting 방식
② Vat photopolymerization 방식
③ Powder Bed Fusion 방식
④ Material Extrusion 방식

069 측정값에 편차를 주는 것과 같은 어떠한 원인에 의해 생기는 오차는?

① 과실 오차
② 이론 오차
③ 계통 오차
④ 우연 오차

070 DC 서보모터 설명으로 맞는 것은?

① 제어성이 좋기 때문에 일반 사용자가 사용하기 좋다
② 교류 전원으로 작동하는 모터를 말한다.
③ 일반적으로 고가의 장비에 많이 사용한다.
④ 고도의 정밀 이송이 요구되는 장비에 사용된다.

[해설]

② ③ ④ AC 서보모터

071 AC 서보모터 설명으로 맞는 것은?

① 일반적인 저가형 3D프린터에 많이 사용되고 있다.
② 모터와 드라이버로 구성되어 있고 보통 0~180도의 회전각을 가지며, 펄스폭을 통해 비교적 정밀한 위치 제어가 가능하다
③ 제어성이 좋기 때문에 일반 사용자가 사용하기 좋다
④ 브러쉬 및 유지 부품이 없고 고속에 큰 토크를 낼 수 있어 응답 특성이 빠르고 무게당 토크가 크므로 소형 및 경량화할 수 있다.

[해설]

① ② ③ DC 서보모터

072 3D프린터를 구성하는 주요 부품이 아닌 것은?

① 구동부
② 토출부
③ 재료 투입부
④ 가공부

[해설]

3D프린터를 구성하는 주요 부품은 구동부, 토출부, 재료 투입부가 있다.

073 구동부 부품에 대한 설명이 아닌 것은?

① 구동부의 이송 방식은 모터와 이송 스크류 및 벨트를 사용하여 토출부를 이송한다.
② 토출부의 이송은 3D프린팅을 하면서 재료를 가공하기 위한 수단이다.
③ 3D프린터의 이송 방식은 벨트, 스크류, 자석 극성을 이용한 리니어모터, 빛 이송을 위한 갈바노 미터 등이 있다.
④ Laser의 이송에는 빛의 반사 및 스테이지 이송의 방법을 사용하여 이송한다.

[해설]
④-토출부 부품

074 소자의 연결에 대한 설명으로 옳은 것은?

① 두 개의 저항을 직렬 연결하면 전체 저항은 감소한다.
② 두 개의 저항을 직렬 연결하면 각 저항의 전압은 같다.
③ 두 개의 커패시터를 직렬 연결하면 전체 용량은 감소한다.
④ 두 개의 인덕터를 직렬 연결하면 전체 인덕턴스는 감소한다.

075 다음 중 도면에서 선이 겹칠 경우 표시하는 우선순위가 가장 높은 선은?

① 숨은선   ② 중심선
③ 무게중심선 ④ 치수보조선

076 도면에서 2종류 이상의 선이 같은 장소에 겹치게 될 경우 선의 우선 순위로 맞는 것은?

① 외형선, 숨은선, 절단선, 중심선, 무게중심선, 치수보조선
② 외형선, 절단선, 숨은선, 중심선, 무게중심선, 치수보조선
③ 외형선, 숨은선, 중심선, 절단선, 무게중심선, 치수보조선
④ 외형선, 숨은선, 절단선, 무게중심선, 중심선, 치수보조선

077 회로에 사용되는 정현파의 주기가 10ms 일 때 주파수는 얼마인가?

① 1 Hz   ② 10 Hz
③ 100 Hz ④ 1 kHz

[해설]
$$f = \frac{1}{T} = \frac{1}{10*10^{-3}} = 0.1[kHz]$$

078 측정자가 눈금을 잘못 읽었거나 기록자가 잘못 기록하여 일어나는 경우 등 측정자의 부주의에 의해 발생하는 오차는?

① 과실오차 ② 이론오차
③ 기기오차 ④ 우연오차

079 토출부 부품에 대한 설명이 잘못된 것은?

① Jetting 헤드는 필라멘트를 압출하는 장치이다.
② 토출부에 Laser를 장착하여 재료를 가공하는 시스템은 "벡터기반 광조형 시스템"이 있다.
③ Lamp 및 LED를 이용하여 구조물을 제작할 때에는 빛의 이송 방식에 따라 기구 구조가 달라진다.
④ 압출 방식의 헤드는 보통 모듈로 구성되어 있다.

해설

Jetting 헤드는 광경화성 수지를 분사하는 장치로서 기존의 잉크젯 프린터의 기술을 응용하여 시스템에 적용한 것이다.

080 기구 설계 및 시뮬레이션 프로그램이 아닌 것은?

① 카티아　　② 오토캐드
③ 솔리드웍스　④ 포토샵

081 3D프린터의 부품배치에 대한 설명 중 맞는 것은?

① Material Extrusion 방식 : 베드의 Z축 이송을 위한 모터와 스윕암 이송을 위한 모터가 사용된다. 레이저를 이용하여 재료를 소결시키기 때문에 레이저와 레이저의 빛을 반사하기 위해서 갈바노미터 미러가 사용된다.
② Vat photopolymerization 방식 : 광경화를 위한 레이저가 필수적으로 사용되며, 빛이 통과되는 렌즈와 레이저가 반사되어 수지를 비추는 갈바노미터 미러가 사용된다. 스윕암 이송을 위한 모터와 베드 Z축 이송을 위한 모터가 사용된다.
③ Powder Bed Fusion 방식 : 노즐의 XY평면 이송과 베드의 Z축 이송을 위한 스테핑모터가 3개 사용되며, 재료 압출을 위한 별도의 모터도 필요하다. 재료 압출을 위한 고온의 열이 사용되기 때문에 쿨링팬이 존재한다.
④ Directed Energy Deposition 방식 : 재료를 경화시키기 위한 자외선 램프가 사용되고 jetting이 이송을 위한 모터와 베드 Z축 이송을 위한 모터가 사용된다.

해설

① Powder Bed Fusion 방식
③ Material Extrusion 방식
④ Material Jetting 방식

082 레이저가 필수적으로 사용되며, 빛이 통과되는 렌즈와 레이저가 반사되어 수지를 비추는 갈바노미터 미러가 사용된다. 스윕암 이송을 위한 모터와 베드 Z축 이송을 위한 모터가 사용되는 방식은?

① Vat photopolymerization 방식
② Binder Jetting 방식
③ Directed Energy Deposition 방식
④ Material Jetting 방식

083 재료 분말과 에어를 공급하는 장치와 재료 분말을 녹이기 위한 레이저가 사용된다. 레이저를 이송하기 위한 모터가 이용되는 방식은?

① Vat photopolymerization 방식
② Binder Jetting 방식
③ Directed Energy Deposition 방식
④ Material Jetting 방식

084 프린팅 방식별 설계를 구체화에서 프린팅 헤드가 X, Y축으로, 히팅 베드는 Z축으로 이송하도록 설계해야 하고, 모터의 위치는 이송이 가능하고 기능에 제약이 되지 않는다면 어디라도 상관없는 방식은?

① Material Extrusion 방식
② Binder Jetting 방식
③ Directed Energy Deposition 방식
④ Material Jetting 방식

085 그림과 같은 회로에서 a, b 양단의 전압 Vab는 몇 V인가?

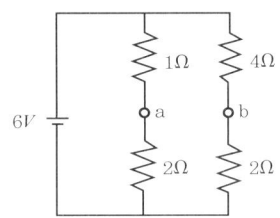

① 1
② 2
③ 3
④ 6

> [해설]
> Va=6V x 2/(1+2)=4V
> Vb=6V x 2/(4+2)=2V
> 따라서 Vab=4-2=2V

086 헤드가 X, Y축으로 이송하여 플라스틱, 레진 등의 파우더가 담긴 영역에 접착제를 분사할 수 있도록 설계한다. 접착제에 의해 굳어진 파우더 위로 또 다른 파우더 층을 쌓기 위해, 굳어진 파우더가 담긴 부분과 파우더를 보충해 주는 영역이 Z축으로 이송되고 파우더 보충을 위한 롤러가 X축으로 이송되도록 설계해야 하는 방식은?

① Material Extrusion 방식
② Binder Jetting 방식
③ Directed Energy Deposition 방식
④ Material Jetting 방식

087 제품에 대한 물리적 상태를 양적으로 측정하기도 하고, 제품을 제어하기 위한 방법, 장치를 측정하는 시험 방식을 무엇이라고 하는가?

① 반복 정밀도에 대한 안정성 시험
② 위치 정밀도에 대한 안정성 시험
③ 계측에 대한 안정성 시험
④ 재질의 재료에 대한 안정성 시험

> [해설]
> – 넘어짐에 대한 안정성 시험 : 수직력과 수평력을 가하여 넘어짐의 힘을 측정하는 시험이다.
> – 반복 정밀도에 대한 안정성 시험 : 동일 측정자가 해당 측정 제품을 동일한 방법과 장치, 장소에서 동작을 하여 측정하였을 때 차이가 나는 정도를 시험하는 방식이다.
> – 위치 정밀도에 대한 안정성 시험 : 제품에 대한 모터의 위치, 베드의 높이, 나사의 구멍 등 위치 정밀도가 일정한지 측정하는 시험이다.
> – 재질의 재료에 대한 안정성 시험 : 제품 제작에 이용된 재질의 안정성 시험을 실시할 수도 있다. 재질의 충격 시험 및 비파괴 초

음파 탐사 장비 등을 이용하여 제품의 강도
나 내부 결함 등을 시험한다.
- 사용 환경에 대한 안정성 시험 : 사용되는
 환경에 대한 시험으로서, 고온/저온에 대한
 온도 시험이나 열충격 등에 대해서 실시되
 는 안정성 시험이다.

088 동작 검사용 지그 제작에 대한 설명이 잘못된 것은?

① 전자, 전기 PCB 제품 및 부품 등의 조정 및 검사를 하기 위해 제작한다.
② PCB 개발 및 제작이 정상적으로 수행되었는지 확인하는 작업에 검사용 지그가 필요하다.
③ 설계 요건에 따라 다르게 개발되고 제작되어야 한다.
④ 검사용 지그의 부품은 대부분 아연 도금을 한다.

[해설]

검사용 지그의 부품은 대부분 니켈 도금

089 그림과 같은 회로에서 a, b 양단의 전압 Vab는 몇 V인가?

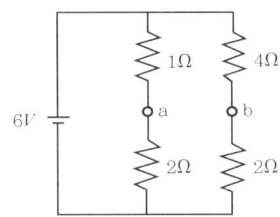

① 1 ② 2
③ 3 ④ 6

[해설]

$Va = \frac{1}{1+2} \times 6 = 2$, $Va = \frac{1}{1+2} \times 6 = 2$,
3-2=1

090 반복 정밀도에 대한 안정성 시험설명 중 맞는 것은?

① 동일 측정자가 해당 측정 제품을 동일한 방법과 장치, 장소에서 동작을 하여 측정하였을 때 차이가 나는 정도를 시험하는 방식이다.
② 제품에 대한 모터의 위치, 베드의 높이, 나사의 구멍 등 위치 정밀도가 일정한지 측정하는 시험이다.
③ 제품에 대한 물리적 상태를 양적으로 측정하기도 하고, 제품을 제어하기 위한 방법, 장치를 측정하는 시험 방식이다.
④ 사용되는 환경에 대한 시험으로서, 고온/저온에 대한 온도 시험이나 열충격 등에 대해서 실시되는 안정성 시험이다.

[해설]

② 위치 정밀도에 대한 안정성 시험
③ 계측에 대한 안정성 시험
④ 사용 환경에 대한 안정성 시험

091 제품을 계측하기 위한 여러 장비들이 있다. 계측 장비가 아닌 것은?

① 정밀 수준기
② 벨트텐션미터
③ 가우스미터
④ V블럭

[해설]

- 정밀 수준기 : 제품의 수평을 측정할 때 사용된다.
- 벨트텐션미터 : 벨트 장력 측정, 자동차, 와이어, 케이블 등 산업에서 텐션 측정이 필요한 곳에 사용된다.
- 가우스미터 : 자석이나 기계 장치 내부의 자력을 측정하는 장비이다.
- 경도계 : 제품의 경도를 측정하는 장비로서, 강하게 눌러 표면의 영구 변형을 확인하거나, 반발력을 측정하는 방법을 이용하여 재료의 기계적 굳기를 측정하는 장비이다.
- 베어링 진단기 : 베어링 마모 상태와 같은 작동 상태를 진단하거나 베어링 내부의 윤활유 상태를 진단할 수 있는 장비이다.
- 코팅 두께 측정기 : 제품에 코팅된 코팅의 두께를 측정하는 장비이다.
- 토크 미터 : 동력이 사용되는 제품에 토크를 측정하는 장비이다.
- 진동 측정기 : 검사하는 제품에서 발생하는 진동을 측정하는 장비이다.

092 강하게 눌러 표면의 영구 변형을 확인하거나, 반발력을 측정하는 방법을 이용하여 재료의 기계적 굳기를 측정하는 장비는 무엇인가?

① 정밀 수준기
② 경도계
③ 가우스미터
④ V블럭

093 사용 장비로는 레이저 스캐너, 레이저인터페로미터, 3차원 측정기 같은 장비들이 존재하며, 이를 이용하여 2차원·3차원 치수 측정, 표면 분석, 반복·위치 정밀도 측정, 이송 속도 측정 등을 하는 검사는?

① 정밀 측정 검사 ② 재료 시험 검사
③ 소재 분석 검사 ④ 환경 시험 검사

[해설]

- 재료 시험 검사 : 제품에 사용된 재료에 대해 강도, 인장, 마모 등 재료 성질을 알아보기 위해 인장 시험, 굽힘 시험, 비틀림 시험, 경도 시험, 피로 시험 등을 진행한다.
- 소재 분석 검사 : 재료에 대한 미세 조직 분석, 화학 성분 분석, 나노 구조 분석 등을 실시한다.
- 환경 시험 검사 : 검사할 제품에 대한 내식성, 내구성 등 환경 적응에 대한 검사를 실시한다.

094 초음파 변위 센서에 설명이 다른 것은?

① 초음파 송신부에서 음파를 조형 받침대로 발사하고 피측정물에서 반사된 음파가 수신부까지 돌아오기까지 걸린 시간을 계산하여 거리를 측정하는 방식이다.
② 초음파 송수신 시간을 측정함으로써 거리를 구하는 방식이다
③ 피측정물의 재질과 관계없이 사용할 수 있으며 3D프린터에서도 측정 거리와 상관없이 사용이 가능하다.
④ 측정 방식상 정밀한 측정이 가능하여 고정밀을 요구하는 3D프린터에서는 사용이 적합하다.

[해설]
측정 방식상 정밀한 측정이 불가능하여 고정밀을 요구하는 3D프린터에서는 사용이 부적합하다.

095 검사용 지그제작 시 유의 사항으로 옳은 것은?

① 모터와 드라이버는 고전압, 고전류에 노출되므로 주의해야 한다.
② 센서는 외부 노이즈에 강하므로 극성만 주의하여 연결한다.
③ 결손의 오류는 전원을 인가하여 동작 상태를 확인한 후 수정하면 된다.
④ 온도센서는 모터의 과열을 측정하기 위해 사용하므로 모터에 부착하여 결선한다.

[해설]
- 결선의 오류 시 심각한 파손 및 화재의 위험이 있으니 안전에 유의해야 한다.
- 센서류는 외부 노이즈나 충격에 약하므로 취급에 주의를 기울여야 한다.

096 제품이 명시된 기간 동안 주어진 환경과 운용 조건에서 요구되는 기능을 수행할 수 있는 능력을 무엇이라고 하는가?

① 신뢰성
② 적합성
③ 명시성
④ 조립성

097 신뢰성 시험 목적이 아닌 것은?

① 제품의 신뢰성 보증 : 제품의 확정, 생산 라인의 합격 및 불합격 판정 등
② 신설계, 신부품, 신프로세스, 신재료의 평가 : 안전 여유도, 내환경성, 잠재적 약점 등
③ 조립시의 문제점 발견
④ 사고 대책 : 사고 재현, 고장 해석, 대책 효과의 확인 등

[해설]
신뢰성 시험 목적
- 제품의 신뢰성 보증 : 제품의 확정, 생산 라인의 합격 및 불합격 판정 등
- 신설계, 신부품, 신프로세스, 신재료의 평가 : 안전 여유도, 내환경성, 잠재적 약점 등
- 시험법의 검토 : 가속 수명 시험의 방법과 그 가속률, 스트레스의 종류와 수준, 샘플 수와 시험시간, 랜덤 샘플링 시험 방법의 선정 등
- 안정상 문제점의 발견
- 사고 대책 : 사고 재현, 고장 해석, 대책 효과의 확인 등
- 고장 분포의 결정 : 신뢰성 예측, 설계, 시험의 기초 자료
- 신뢰성 데이터 수정

098 신뢰성 시험의 분류에서 수명 특성에 따른 분류가 아닌 것은?

① 스크리닝 시험(초기 고장 모드)
② 고장률 시험(우발 고장 모드)
③ 수명 시험(마모 고장 모드)
④ 가속 시험

해설

- 수명 특성에 따른 분류
  · 스크리닝 시험(초기 고장 모드) : 초기 고장을 제거하기 위해 실시하는 시험, 디버깅이라고도 함.
  · 고장률 시험(우발 고장 모드) : 제품의 안전기에 있는 고장률 또는 평균 수명을 구하는 시험
  · 수명 시험(마모 고장 모드) : 재료의 열화로 인한 제품 고장이 그 대상이다. 내구성 시험
- 주요 인자에 따른 분류
  · 수명 시험 : 어떤 규정 조건하에서 아이템의 수명에 관해 수행되는 시험
  · 환경 시험 : 아이템에 대한 환경의 영향을 조사하는 시험
- 시험 스트레스 수준에 따른 분류
  · 정상 수명 시험 : 기준 또는 사용 조건하에서 시험.
  · 가속 시험 : 시험 시간을 단축할 목적으로 기준 조건보다 엄격한 조건에서 실시하는 시험

099 시험 시간을 단축할 목적으로 기준 조건보다 엄격한 조건에서 실시하는 시험을 무엇인가?

① 스크리닝 시험(초기 고장 모드)
② 고장률 시험(우발 고장 모드)
③ 수명 시험(마모 고장 모드)
④ 가속 시험

100 다음 회로에 대한 설명으로 틀린 것은?

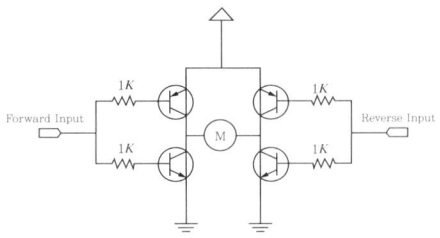

① 4개의 스위칭 소자로 구성되어 있고, 외형상 2개의 스위칭 소자가 붙어 있는 모습이 알파벳 H와 유사하여 통상 H-bridge회로로 통해진다.
② 큰 전압으로 작은 전압이나 전류로 변환하는 기능과 전류 방향을 전환할 수 있는 방향 전환이 있어서 보통 DC 모터나 Stepper 모터 등 모터의 드라이버로 활용된다.
③ 전자석 시스템 등 전류 제어 회로에서 많이 사용되는 회로이다.
④ 4개의 TR을 사용하며 양단에 서로 방향을 교차시켜 스위치 신호에 따라 각각 switch on과 Off를 동작시켜 전류의 흐름을 생성시킨다.

해설

작은 전압으로 큰 전압이나 전류로 증폭할 수 있는 증폭 기능

정답 | 98. ④ 99. ④ 100. ①

101 초음파 센서에서 초음파의 특징으로 적합하지 않은 것은?

① 초음파의 속도는 전파보다 빠르다.
② 초음파의 파장이 짧다.
③ 매질이 다양하다.
④ 사용이 용이하다.

[해설]
초음파의 속도는 전파보다 느리다.

102 정상적인 환경보다 가혹한 환경을 조성하여 제품의 고장을 가속하여 시험하는 것을 무엇이라고 하는가?

① 스크리닝 시험(초기 고장 모드)
② 고장률 시험(우발 고장 모드)
③ 수명 시험(마모 고장 모드)
④ 가속 수명 시험

103 가속 수명 시험 시 가장 대표적으로 사용되는 스트레스 방법으로서, 말 그대로 정해 놓은 일정 수준의 스트레스를 지속적으로 부과하는 것을 무엇이라고 하는가?

① 일정 스트레스
② 계단식 스트레스
③ 점진적 스트레스
④ 주기적 스트레스

[해설]
- 계단식 스트레스 : 계단식으로 일정 간격을 두어 일정 간격마다 더 높은 스트레스가 부과되는 방식
- 점진적 스트레스 : 단계적으로 스트레스 강도를 높이는 것이 아닌, 연속적으로 스트레스 강도를 증가시키는 방법
- 주기적 스트레스 : 실사용에서 제품이 받는 스트레스가 주기적인 형태

104 계단식 스트레스에 대한 설명으로 맞는 것은?

① 정해 놓은 일정 수준의 스트레스를 지속적으로 부과하는 것이다.
② 일정 간격을 두어 일정 간격마다 더 높은 스트레스가 부과되는 방식이다.
③ 연속적으로 스트레스 강도를 증가시키는 방법이다.
④ 실사용에서 제품이 받는 스트레스이다.

105 주기적 스트레스를 나타내는 그림은?

①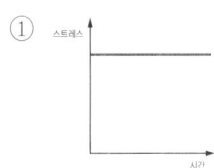

②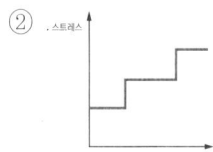

③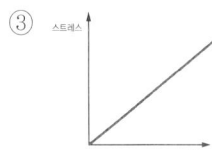

④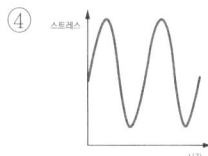

정답 | 101. ① 102. ④ 103. ① 104. ② 105. ④

106 각각의 용어에 대한 설명 중 잘못된 것은?

① 플라스틱 : 재료에 변형이 영구히 남는 소성 변형에서 기반한 용어
② 고분자 : 일반적으로 분자량이 10000 이상인 큰 분자
③ 고무 : 분자 결합으로 수없이 많이 연결되어 이루어진 높은 분자량의 분자
④ 수지 : 초기의 고분자 재료가 식물이나 나무에서 추출된 것에 기인한 용어

해설

- 플라스틱 : 재료에 변형이 영구히 남는 소성 변형에서 기반한 용어
- 고분자 : 일반적으로 분자량이 10000 이상인 큰 분자를 말하며, 분자량이 낮은 단량체가 분자 결합으로 수없이 많이 연결되어 이루어진 높은 분자량의 분자를 의미. 중합체
- 수지 : 초기의 고분자 재료가 식물이나 나무에서 추출된 것에 기인한 용어

107 다음 회로에 대한 설명으로 틀린 것은?

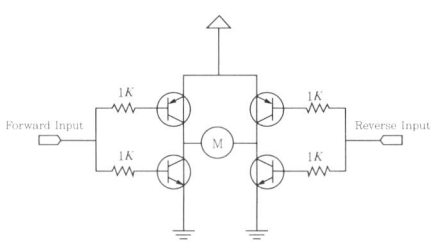

① B-bridge 회로이다.
② DC 모터와 스테핑 모터 모두 사용할 수 있다.
③ 정회전, 역회전, 정지 기능을 수행할 수 있다.
④ 작은 전압으로 트랜지스터를 스위칭 할 수 있다.

해설

4개의 스위칭 소자로 구성되어 있고, 외형상 2개의 스위칭 소자가 붙어 있는 모습이 알파벳 H와 유사하여 통상 H- bridge회로로 통해지며, 작은 전압으로 큰 전압이나 전류로 증폭할 수 있는 증폭 기능과 전류 방향을 전환할 수 있는 방향 전환이 있어서 보통 DC 모터나 Stepper 모터 등 모터의 드라이버로 활용

108 다음 용어의 설명 중 잘못된 것은?

① 포화 탄화수소는 탄소와 수소가 CnH2n+2 형으로 결합된 형태로 공유 결합에 의해 결합되어 있다
② 포화 탄화수소는 n의 개수에 따라 아래 그림과 같이 메탄(CH4), 에탄(C2H6), 프로판(C3H8) 등으로 명명된다.
③ 불포화 탄화수소는 포화 탄화수소에서 인접한 수소 원자 중 일부가 빠져나가고 대신 탄소 원자 간에 2중 또는 3중 결합을 갖는 경우(CnH2n 형 혹은 CnHn 형)에 해당된다.
④ 불포화 탄화수소는 다량체라고 부르며 고분자를 구성하는 가장 기본적인 분자 구조에 해당한다.

해설

단량체(Monomer)

109 열가소성 플라스틱의 설명이 다른 것은?

① 재활용이 불가능하며 전체 수지 사용량의 약 90%를 차지하나 열 안정성이 떨어져 고온에서는 사용이 제한적이다.
② 열가소성 플라스틱은 여러 번 재가열에 의해 성형이 가능한 수지
③ 가열 및 냉각에 의해 용융 및 고화가 가역적으로 되풀이되는 물리적 변화를 보인다.
④ 열가소성 플라스틱은 결정 구조에 따라 반결정성 플라스틱과 비결정성 플라스틱으로 구분된다.

해설

재활용이 가능한 장점

110 회로 도면에서 수정 발진기를 나타내는 부품 기호는?

①  ②

③ 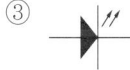 ④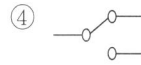

111 반결정성 플라스틱 특성이 아닌 것은?

① 용융점이 존재하며 용융점에 이르면 급격한 부피 변화가 나타난다.
② 냉각시 수축율이 크다.
③ 인장강도는 높고, 충격강도는 낮다.
④ 폴리스티렌(PS), 아크릴(PMMA), 폴리카보네이트(PC), ABS, PVC, MPPO 등이 있다.

해설

나일론(PA), 아세탈(POM), PET, PBT, 폴리에틸렌(PE), 폴리프로필렌(PP) 등

112 비결정성 플라스틱의 특성이 맞는 것은?

① 급격한 부피 변화가 없어 성형시 수축율이 적다.
② 냉각시 수축율이 크다.
③ 인장강도는 높고, 충격강도는 낮다.
④ 나일론(PA), 아세탈(POM), PET, PBT, 폴리에틸렌(PE), 폴리프로필렌(PP) 등이 있다.

해설

② ③ ④ 반결정성 플라스틱

113 서보모터 시스템의 제어방식은?

① 아날로그 제어
② 시퀀스 제어
③ 개루프 제어
④ 폐루프 제어

해설

모터만 의미하는 것이 아니라 지령을 받고 이를 수행하는 시스템을 서보모터 시스템이라 칭한다.

114 서보모터 시스템에서 정밀한 움직임이 가능하도록 모터에 공급되는 전력을 서보모터에 적합한 형태로 변환시켜 공급하는 역할을 하는 것은?

① 모터
② 위치 센서
③ 드라이브
④ 동작 센서

115 비결정성 플라스틱은?

① 나일론(PA)
② 아크릴(PMMA)
③ 아세탈(POM)
④ 폴리에틸렌(PE)

116 망구조로 연결되어 보다 강한 분자결합을 보이고 있다. 이 중 망구조가 강하게 형성된 고분자를 무엇이라고 하는가?

① 열경화성 플라스틱
② 엘라스토머
③ 비결정성 플라스틱
④ 반결정성 플라스틱

117 열경화성 플라스틱은 한번 열을 가해 성형을 하고 나면 다시는 재가열에 의해 성형을 할 수 없는 수지로 분자간 화학반응에 의한 (   )을 형성한다. (   ) 안에 들어갈 단어는?

① 가교결합
② 중합반응
③ 축합반응
④ 화학결합

118 엘라스토머에 해당되는 설명은?

① 액체 상태로 존재하다가 특정 파장의 빛에 노출되면 경화되는 특성을 갖는 플라스틱이다.
② 엘라스토머는 상온에서 높은 탄성을 나타내는 물질로 천연 고무를 모사하여 인공적으로 합성한 합성고무이다.
③ 이중 망구조가 강하게 형성된 고분자이다.
④ 결정을 포함하지 않고 일정한 분자 배열을 이루지 않는다.

119 다음 그림과 같이 정교하게 가공된 직선형 레일을 접촉점이 한 점으로 된 볼이 구르면서 블록을 직선으로 이송시키는 장치는?

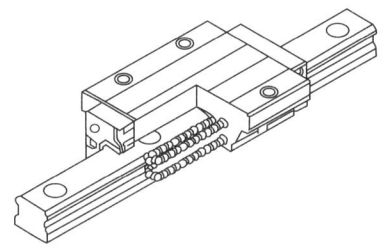

① 서포터
② 커플링
③ LM 가이드
④ 타이밍 벨트

> **해설**
>
> 3D프린터의 모터 구동을 위해서는 이송 가이드가 있어야 한다. 이송 방식에 따른 모터의 구동에 의해 구동축이 이송되는데, 이송 가이드는 원형 이송 가이드와 LM 이송 가이드가 있다.

120 이송 장치의 위치를 인식하기 위하여 사용이 되며 위치 검출 방식에 따라서 분류하는 장치는?

① 직선 이송 가이드
② 엔코더
③ 볼 스크류
④ 서포터

121 액체 상태로 존재하다가 특정 파장의 빛에 노출되면 경화되는 특성을 갖는 플라스틱을 무엇이라고 하는가?

① 열경화성 플라스틱
② 엘라스토머
③ 비결정성 플라스틱
④ 광경화성 수지

122 광경화성 플라스틱은 주로 광중합형 3D 프린터의 소재로 사용되는데 이에 해당되지 않는 3D프린터는?

① 수조 광경화(Vat Photopolymerization) 방식
② DLP (Digital Light Processing)방식
③ 재료 분사(Material Jetting) 방식
④ 재료 압출형(FDM, FFF)방식

123 액상의 광경화성 수지가 담겨 있는 수조에 레이저가 원하는 단면에 따라 스캐닝을 수행하여 단면을 경화시키고, 이를 반복하여 적층함으로써 3차원 입체 형상을 제작하는 방식은?

① 수조 광경화(Vat Photopolymerization) 방식
② DLP (Digital Light Processing)방식
③ 재료 분사(Material Jetting) 방식
④ 재료 압출형(FDM, FFF)방식

124 수백개 이상의 미세 노즐 구멍을 가진 헤드가 원하는 단면에 해당되는 노즐에서 광경화성 수지 액적이 토출되며, 토출된 수지 액적은 헤드와 함께 이송하는 자외선 램프에서 조사된 자외선에 의해 경화되어 단면을 제작하는 방식이다. 이 때 광경화성 수지는 해당 자외선 파장에서 경화되는 수지가 사용돠는 방식은?

① 수조 광경화(Vat Photopolymerization) 방식
② DLP (Digital Light Processing)방식
③ 재료 분사(Material Jetting) 방식
④ 재료 압출형(FDM, FFF)방식

125 고온/저온에 대한 온도 시험이나 열 충격 등에 대해서 실시되는 안정성 시험을 무엇이라고 하는가?

① 반복 정밀도 시험
② 위치 정밀도 시험
③ 넘어짐 안정성 시험
④ 사용환경 안정성 시험

정답 | 120. ② 121. ④ 122. ④ 123. ① 124. ③ 125. ④

126 빔 프로젝터와 유사하게 수조 안으로 빛을 조사하여 조사된 부분에 해당하는 광경화성 수지를 면(面) 단위로 경화시키고, 이를 반복하여 적층함으로써 3차원 입체 형상을 제작하는 방식의 프린터이다. 이때 프로젝터에는 자외선(UV)을 사용하며, 광경화성 수지 역시 해당 UV 파장에서 경화되는 수지가 사용되는 방식은?

① 수조 광경화(Vat Photopolymerization) 방식
② DLP (Digital Light Processing)방식
③ 재료 분사(Material Jetting) 방식
④ 재료 압출형(FDM, FFF)방식

127 다음 설명 중 잘못된 것은?

① 재료 압출형(FDM, FFF) 프린터는 열가소성 플라스틱을 사용하는 방식으로 층간 해상도가 일반적으로 0.01 ~ 0.02mm에 해당한다.
② 개인용 재료 압출형(FDM, FFF) 프린터에서는 현재 PLA, ABS 등의 범용 플라스틱 필라멘트가 일반적으로 사용되며, 높은 연성이 필요한 경우 TPU 필라멘트가 사용되고 있다.
③ 광경화성 수지는 액체 상태로 존재하다가 특정 파장의 빛에 노출되면 경화되는 특성을 갖는 플라스틱이다. 주로 아크릴계 고분자에 광 개시제를 첨가하여 제조한다.
④ 광경화성 플라스틱은 주로 광중합형 3D프린터의 소재로 사용되는데, 대표적인 공정으로는 수조 광경화 방식, DLP, 재료 분사형 방식 등이 있다.

[해설]

층간 해상도가 일반적으로 0.1 ~ 0.2mm에 해당한다.

128 높은 연성이 필요한 경우 사용되는 필라멘트는?

① PLA   ② PC
③ TPU   ④ ABS

[해설]

높은 연성이 필요한 경우 TPU 필라멘트가 사용되고 있다.

129 범용 플라스틱이 아닌 것은?

① Polyethylene (PE)
② Polypropylene (PP)
③ Polystyrene (PS)
④ 폴리아미드(PA)

[해설]

기능성 플라스틱 : 폴리아미드(PA), 폴리아세탈(POM), 폴리카보네이트(PC), 폴리부틸렌테레프탈레이트(PBT), 변성 폴리페닐렌옥사이드(MPPO)

130 동일 측정자가 해당 측정 제품을 동일한 방법과 장치, 장소에서 동작을 하여 측정하였을 때 차이가 나는 정도를 시험하는 것은?

① 반복 정밀도 시험
② 위치 정밀도 시험
③ 넘어짐 안정성 시험
④ 사용 환경 안정성 시험

해설

- 넘어짐에 대한 안정성 시험 : 제품에 대해 수직력과 수평력을 가하여 넘어짐의 힘을 측정하는 시험이다
- 위치 정밀도에 대한 안정성 시험 : 제품에 대한 모터의 위치, 베드의 높이, 나사의 구멍 등 위치 정밀도가 일정한지 측정하는 시험이다.
- 사용 환경에 대한 안정성 시험 : 사용되는 환경에 대한 시험으로서, 고온/저온에 대한 온도 시험이나 열충격 등에 대해서 실시되는 안정성 시험이다.

131 범용 플라스틱 중 Polyethylene (PE)에 해당되는 설명이 아닌 것은?

① 강도, 내수성, 전기 절연성이 우수하고 내충격도 크며 저온 유연성도 좋음
② 내산, 내알칼리성을 가지고 있으나 석유계의 용제나 톨루엔, 벤젠 등의 탄화수소계의 용제에는 약함
③ 식품 용기, 우유병, 영유아 장난감, 요구르트병 등
④ 내열성이 낮아 열을 가하면 쉽게 변형되고, 유해물질이 나옴

해설

전자레인지에 사용가능하고 규정하고있는 폴리프필렌(PP)과 폴리에틸렌(PE)은 내열성이 높아 열을 가해도 변형되거나 유해물질이 나오지 않는다.

132 범용 플라스틱 중 Polyvinyl chloride (PVC)에 해당되는 설명은?

① 무색 투명하게 제조 가능하며 선명한 착색이 자유로움
② 연화 온도가 낮고(95℃ 부근) 내열성이 아주 높음
③ 내산, 내알칼리성이 매우 불량함
④ 용도: 투명 용기, 카세트테이프/CD 케이스, 요구르트병, 전자 제품 하우징 등

해설

② ③ ④ Polystyrene (PS)

133 1933년에 미국의 Rohm & Hass사에 의해 상용화되어 내후성이 우수하며 열 또는 일광에서 변색되거나 퇴색되지 않으며 기계 가공성이 우수하며 가격 저렴한 플라스틱은?

① Polyvinyl chloride (PVC)
② Polymethyl mathacrylate (PMMA)
③ Polystyrene (PS)
④ PLA (Polylactic acid)

134 하중을 제거해도 원래 상태로 되돌아오지 않는 성질은?

① 탄성   ② 소성
③ 연성   ④ 취성

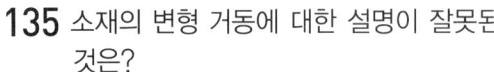

135 소재의 변형 거동에 대한 설명이 잘못된 것은?

① 탄성변형은 하중을 제거하면 원래 상태로 되돌아오는 변형으로 응력과 변형률은 반비례 관계를 유지한다.
② 소성변형은 하중을 제거해도 원래 상태로 되돌아오지 않고 영구 변형이 남는 경우로 응력과 변형율은 비선형적 관계를 유지한다.
③ 연성 재료는 소성 변형이 큰 재료로 항복 응력 이후 특정 부위가 얇아진다.
④ 취성 재료는 소성 변형이 거의 없고 탄성 변형을 지속하다 바로 파단이 발생한다.

[해설]

선형(비례) 관계

136 고기능성 플라스틱에 대한 설명이 아닌 것은?

① 인장 강도 100MPa 이상, 150℃ 이상의 내열성
② 내열성이나 강도, 내마모성이 뛰어나 기계나 자동차, 항공기, 전자 기기의 부품 등에 쓰이는 공업용 플라스틱으로 금속(경금속) 대체를 목적으로 개발.
③ 내수성, 난연성이 우수하고 산, 알칼리에 안정
④ 폴리이미드(PI), 폴리페닐렌설파이드(PPS), 폴리아미드이미드(PAI), 폴리에테르 에테르케톤(PEEK), 폴리에테르이미드(PEI), 액정폴리에스테르(LCP)

[해설]

③ 범용 플라스틱 중 Polyvinyl chloride (PVC)

137 다음 플라스틱의 특징에 관한 설명 중 틀린 것은?

① 산과 알칼리에 약하다.
② 고온에서 물리적 성질이 저하된다.
③ 오염이 잘 안되어 위생적이다.
④ 내후성이 낮고 자외선에 약하다.

[해설]

산, 알칼리, 화학 약품에 안전

138 재료에서 옷을 만들 수 있는 재료로 다른 재료에 비해 충격 내구성이 뛰어난 재료는 무엇인가?

① PLA   ② ABS
③ 나일론   ④ 목재

139 열가소성 플라스틱으로 우리 주변의 흔한 플라스틱이고, 비교적 저렴하고 고온에서 잘 견디는 프린팅 재료는 무엇인가?

① PLA   ② PC
③ PVC   ④ ABS

140 옥수수와 사탕수수 같은 작물로 만들어졌으며, 3D프린터에서 많이 사용하며, 강도가 단단하며, 표면에 광택이 있는 특징이 있고, 친환경 소재이지만 유연성이 떨어져 후가공이 어렵다는 단점이 있는 재료는 무엇인가?

① PLA   ② PC
③ PVC   ④ ABS

141 PLA 소재 플라스틱의 특징이 아닌 것은?

① 옥수수 전분을 이용해 만든 재료로서 무독성 친환경적 재료이다.
② 열 변형에 의한 수축이 적어 다른 FDM 방식 재료에 비해 출력이 용이하다.
③ 경도가 다른 플라스틱 소재에 비해 강한 편이며 쉽게 부서지지 않는다.
④ 우리가 일상적으로 사용하는 플라스틱의 소재이기 때문에 가전 제품, 자동차 부품, 파이프, 안전장치, 장난감 등 사용 범위가 넓다.

142 고분자 화합물로 폴리아세트산비닐을 가수 분해하여 얻어지는 무색 가루이다. 물에는 녹고 일반 유기용매에는 녹지 않는 재료는?

① PLA　　② PC
③ PVC　　④ PVA

143 주로 쓰이는 재료인 ABS와 PLA의 중간 정도의 강도를 지닌다. 신장률이 뛰어나 3D프린터로 출력 시 끊어지지 않고 적층이 잘되며, 고유의 접착성을 가지고 있어서 히팅베드 면에 접착이 우수한 재료는?

① PC　　② HIPS
③ PVC　　④ PVA

144 내마모성이 우수한 고무와 플라스틱의 특징을 고루 갖추고 있어 탄성, 투과성이 우수하며 마모에 강하다. 탄성이 뛰어나 휘어짐이 필요한 부품 제작에 주로 사용되나 가격이 비싼 편인 재료는?

① PLA　　② HIPS
③ TPU　　④ PVA

145 열가소성 수지의 특징으로 틀린 것은?

① 열안정성이 우수하여 강성이 필요한 곳에 많이 사용된다.
② 여러 번 재가열에 의해 성형이 가능한 수지이다.
③ 용융점이 존재하며 용융점에 이르면 급격한 부피변화가 나타난다.
④ 결정구조에 따라 결정성 수지와 비결정성 수지로 구분된다.

> **해설**
> ① 열경화성 플라스틱
> 열경화성 수지는 열을 가하여 경화성형하면 다시 열을 가해도 형태가 변하지 않는 수지

146 폴리에틸렌(PE)의 일반적인 설명 중 맞는 것은?

① 충격에 약해 잘 부서진다.
② 산, 알칼리, 알코올, 물에 매우 약하다.
③ 접착성·인쇄성이 매우 좋다.
④ 열가소성 수지이다.

정답 | 141. ④　142. ④　143. ②　144. ③　145. ①　146. ④

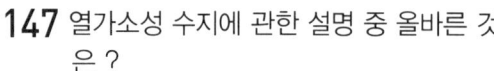

147 열가소성 수지에 관한 설명 중 올바른 것은?

① 가열하면 유동성을 가지며 가소성을 나타낸다.
② 가열하면 유동성은 없으나 가소성을 나타낸다.
③ 가열하면 유동성은 있으나 가소성이 없다.
④ 가열하여도 유동성과 가소성이 없다.

148 플라스틱 소재의 변형 거동에 관한 설명이 틀린 것은?

① 탄성변형은 하중을 제거하면 원래 상태로 되돌아 오는 변형이다.
② 소성변형은 하중을 제거해도 원래 상태로 되돌아 오지 않고 연구 변형된다.
③ 연성재료는 소성변형이 큰 재료로 항복응력 이후 특정 부위가 얇아진다.
④ 취성재료는 탄성 변형이 거의 없고 소성변형을 천천히 지속하다 파단이 발생한다.

[해설]
취성 재료는 소성 변형이 거의 없고 탄성 변형을 지속하다 바로 파단이 발생한다.

149 3D프린팅 재료 중 부타디엔, 스티렌, 아크릴로 니트릴의 장점을 복합시켜 만든 열가소성 플라스틱으로서 우리 주변의 흔한 플라스틱이고, 비교적 저렴하고 PLA보다 고온에서 잘 견디는 플라스틱은?

① ABS   ② PVA
③ PVC   ④ PC

150 멀티미터의 사용법에 대한 설명으로 틀린 것은?

① 전압 측정을 위해서는 대상과 병렬로 프로브를 연결한다.
② 전류 측정을 위해서는 대상과 직렬로 프로브를 연결한다.
③ 전류 측정 시 프로브를 병렬로 연결하면 쇼트현상이 발생할 수 있다.
④ 저항 측정을 위해서는 회로에 연결된 상태에서 측정한다.

[해설]
회로에서 연결된 상태로 저항에 전압이 걸려 전류가 흐르고 있을 때, 멀티미터의 프로브를 연결하면 멀티미터의 전압 인가와 외부 회로 전압 인가가 중복되어 정확한 측정이 불가능하다.

151 3D프린팅 재료 중 옥수수와 사탕수수 같은 작물로 만들며, 모든 FFF(FDM)방식의 3D프린터에서 사용, 강도가 단단하며, 표면에 광택이 있는 특징을 가지는 재료는 무엇인가?

① ABS   ② PLA
③ PVC   ④ PC

152 ASTM에서 규정하는 대표적인 7가지 3D 프린팅 기술방식에 속하지 않는 것은?

① 광중합방식(PP : Photo Polymerization)
② 재료분사방식(MJ : Material Jetting)
③ 재료압출방식(ME : Meterial Extrusion)
④ 플라스틱분사방식(PJP : Plastic Jet Printing)

153 대표적인 수용성 플라스틱 폴리머로 출력물 재료보다는 출력물을 받쳐주는 서포트에 사용되며 따뜻한 물에 쉽게 녹아 서포트를 제거하는 과정이 비교적 쉬운 듀얼 압출기의 3D프린터에 사용하기 적합한 소재는?

① PVA 필라멘트
② PLA 필라멘트
③ ABS 필라멘트
④ HIPS 필라멘트

154 3D프린터용 플라스틱 소재 중 PLA (Polylactic acid) 특성은?

A. 옥수수 전분 기반 바이오 플라스틱(생분해성)으로 인체에 무해
B. 3D프린터 소재 중 융점이 가장 낮음(180~230℃)
C. 열 수축 현상이 일어나 정밀한 제품 출력이 어려움 (베드 가열 필요)
D. 내구성이 떨어지고 표면 처리 및 도장 등 후공정이 어려움
E. 작업 시 냄새가 심해 환기 필요

① A, B, D
② A, C, D
③ A, B, E
④ B, C, E

해설

C,E : ABS의 특징

155 융점 270~300℃, 유리 전이 온도 150℃이며 개인용 프린터에서는 작업이 불가하여 산업용 프린터에서 사용 가능한 재료는?

① PC-ABS
② PEI (Ultem9085)
③ PVA
④ PC

156 SLS 방식 3D프린터 사용 시 공기와 반응하여 폭발 가능성이 높아 단일 금속으로 사용하기 어려운 것은?

① 철
② 구리
③ 백금
④ 마그네슘

157 3D프린터 방식 중 Material Jetting에 포함되는 적층 기술이 아닌 것은?

① Polyjet ② SLS
③ Inkjet   ④ Thermojet

[해설]

SLS-Powder Bed Fusion

158 적정 온도를 지키지 않고 노즐 온도를 설정할 땐 노즐 막힘 현상, 필라멘트 끊김 현상이 일어날 수 있으니, 출력 시 노즐 온도 설정을 소재에 맞게 적정 온도로 설정하여야 한다. PLA의 적정 노즐 설정 온도는 얼마인가?

① 180~230℃
② 220~250℃
③ 240~260℃
④ 250~305℃

[해설]

- ABS : 노즐 온도는 210~260℃로 설정
- PC : 노즐 온도는 270~300℃로 설정

159 스테핑 모터의 회전 속도를 나타내는 단위는?

① pps ② lps
③ cpm ④ spm

160 3D프린터로 출력하고자 하는 대상 제품에 따른 소재 선정 시 검토해야 할 항목으로 거리가 먼 것은?

① 출력물의 강도
② 출력물의 연성
③ 출력물의 체결성
④ 출력물의 해상도

161 소재에 따른 노즐 온도가 다른 것은?

① PLA : 180~230℃
② ABS : 210~260℃
③ PC : 215~250℃
④ PVA : 220~230℃

[해설]

PC : 250~305℃

162 멀티미터의 설명 중 잘못된 것은?

① 여러 가지의 측정 기능을 결합한 전자 계측기이다
② 전형적인 멀티미터는 전압, 전류, 전기 저항을 측정하는 능력을 기본적으로 가진다.
③ 아날로그 멀티미터와 디지털 멀티미터의 두 분류가 있다.
④ 낮은 정확도가 단점이다.

[해설]

실무 작업에서 유용하고 매우 높은 정확도로 측정할 수 있다.

163 최적의 소재를 선정하기 위해서 필요한 소재의 물성과 가장 거리가 먼 것은?

① 강성 ② 강도
③ 내충격성 ④ 내화학성

[해설]

강성, 강도, 내충격성, 인성, 비중, 단가 등

164 최적의 소재를 선정하기 위해서 요구되는 다양한 소재의 물성 설명 중 잘못된 것은?

① 밀도 대비 강성(비강성)은 재료의 밀도(비중)를 고려한 상대적인 값으로, 금속으로 구현할 수 있는 강성을 동일한 질량의 고분자로 구현할 수 있으면 동일한 효과를 얻을 수 있다
② 재료의 강도는 재료의 인장 강도로 정의되며, 밀도 대비 강도(비강도)는 재료의 밀도(비중)을 고려한 상대적인 값이다.
③ 다양한 재료의 물성에 대한 평가 기준의 수립에 많은 어려움이 수반된다.
④ 재료 선정 과정을 체계화하기 위해 Flow Chart를 사용하여 주어진 조건을 만족하는 최적의 재료를 선정하기 위한 방법이 사용되고 있다.

[해설]

재료 선정 과정을 체계화하기 위해 Material Selection Chart를 사용하여 주어진 조건을 만족하는 최적의 재료를 선정하기 위한 방법이 사용되고 있다.

165 전기 기구/전자 제품 안전성 테스트(UL)에 대한 설명이 잘못된 것은?

① 미국 보험 회사들이 전기 기구나 전자 제품의 안전도를 평가하기 위한 목적으로 시작한 테스트이다.
② 전기 기구나 전자 제품에 사용되는 플라스틱 소재에서는 필수적으로 제공되고 있다.
③ 세계에서 가장 널리 사용되는 절연성 평가 기준으로 시편을 전기가 통하는지 평가한다.
④ 플라스틱의 장기 내열 온도를 평가하는 항목이 있다.

[해설]

난연성 평가

166 MTTR(Mean Time to Repair)에 해당하는 것은?

① MTTR = MTBF − MTTF
② MTTR = MTBF + MTTF
③ MTTR = MTBF × MTTF
④ MTTR = MTBF ÷ MTTF

167 3D프린터 구성에서 토출부에 해당하는 부품이 아닌 것은?

① 레이저
② 익스트루더
③ 리니어모터
④ 마이크로프로세서

[해설]

– 구동부 부품 : 모터, 이송 방식, 이송 가이드
– 토출부 부품 : Laser, Lamp(LED), 압출 방식 헤드, Jetting 헤드

정답 | 163. ④ 164. ④ 165. ③ 166. ① 167. ④

168 3D프린터 구성에서 구동부에 해당하는 부품은?

① 레이저
② 익스트루더
③ 리니어모터
④ DC 서보모터

169 소재 선정 결과 보고서 작성에 필요한 사항이 아닌 것은?

① 성능 요구 사항
② 3D프린터 사용 인원수
③ 국내에서 판매되는 소재 현황 조사
④ 국내에서 판매되는 소재 물성 조사

170 노즐 온도는 180~230℃로 설정해 주어야 하며, 베드 히팅이 없어도 출력이 가능한 재료는?

① PLA
② PEI (Ultem9085)
③ PVA
④ PC

171 멀티미터의 사용법에 대한 설명으로 틀린 것은?

① 저항을 측정할 때는 회로에서 분리하여 저항 단독으로 연결해야 한다.
② 회로에 연결된 저항은 전원이 없어 동작하지 않더라도 다른 부품이 저항치(다른 저항과 병렬 동작)를 갖기 때문에 회로에 연결된 상태로 저항을 측정하면 정확하지 않다.
③ 전류 측정 시 대상의 위치에 대상과 병렬로 측정기를 연결한다.
④ 전류 측정 시, 측정 위치에 삽입된 측정기는 매우 낮은 임피던스 값을 가져야 대상 회로에 영향이 적다.

［해설］

대상의 위치에 대상과 직렬로 측정기를 연결한다.

172 소재의 기본 물성 중 물리적 성질이 아닌 것은?

① 비열   ② 비중
③ 용융점   ④ 수축률

［해설］

① 열적 성질

173 플라스틱 소재가 용융(혹은 연화)된 상태에서의 흐름성의 척도를 나타내기 위한 값은?

① 용융점
② 수축률
③ 유동 지수
④ 열팽창 계수

174 3D프린터로 출력하고자 하는 대상 제품에 따른 소재 선정 시 검토해야 할 설명이 잘못된 것은?

① 대상 제품이 높은 강도(200MPa 이상)나 내열 온도(300℃ 이상)를 요구하는 경우 플라스틱 소재로는 한계가 있으며, 금속 소재를 사용해야 한다.
② 대상 제품의 출력 해상도(적층 두께)가 0.05mm 이하일 경우 열가소성 플라스틱을 사용하는 재료 압출형 프린터로는 출력이 불가하며 광경화성 수지를 사용한 수조 광경화(SLA) 혹은 DLP 방식의 프린터를 사용해야 한다.
③ 대상 제품에 요구되는 강도가 100MPa 이상이거나 내열 온도가 100℃ 이상인 경우 범용 플라스틱을 사용하는 개인용 프린터로는 출력이 불가하며, 고강도 플라스틱(PC, PEI 등)출력을 지원하는 산업용 프린터를 사용해야 한다.
④ 높은 취성을 필요로 하는 경우 Flexible 재료를 사용해야 하며, 현재 TPU 필라멘트가 개인용 프린터로 출력 가능하다.

[해설]
높은 연성을 필요로 하는 경우 Flexible 재료를 사용

175 전기기구/ 전자 제품 안정성 테스트(UL 인증 기준)에서 플라스틱 소재의 필수적인 평가 항목이 아닌 것은?

① 난연성   ② 착화온도
③ 전기적 특성   ④ 장기적 내열 특성

[해설]
UL(Underwriter's Laboratory) 테스트는 미국 보험 회사들이 전기 기구나 전자 제품의 안전도를 평가하기 위한 목적으로 시작한 테스트

176 1g의 물질을 1℃ 높이는 데 필요한 열량으로, 비열이 클수록 재료를 가열할 때 더 많은 열을 필요로 함을 의미하는 것은?

① 열 팽창 계수   ② 비열
③ 열전도도   ④ 인장 특성

[해설]
- 열 팽창 계수 : 재료가 가열되거나 냉각되면 재료 고유의 화학/물리적 구조에 의하여 팽창되거나 수축하게 된다. 열 팽창 계수는 재료의 온도에 따른 길이의 변화를 나타내는 물성으로 단위 길이당, 온도 1℃ 변화당 재료의 길이 변화율로 환산하여 나타낸다.
- 열전도도 : 물체의 분자로부터 열에너지의 이동을 의미하며, 두께 1m의 재료 양면에 1℃의 온도차가 있을 때, 재료의 표면적 1m2를 통해 1시간에 한쪽에서 다른 쪽 면으로 전도되는 열량을 의미한다. 단위는 kcal/m2hr℃ or cal/cm2sec℃ 등을 사용한다.

177 다음 물성 중 기계적 성질에 해당하는 것은?

| A. 인장 특성 | B. 굴곡 특성 |
| C. 열전도도열 | D. 팽창 계수 |

① A, B   ② A, C
③ B, C   ④ B, D

[해설]
C, D 열적 성질

정답 | 174. ④ 175. ② 176. ② 177. ①

178 재료가 받는 여러 가지 특성을 측정하는 시험 항목으로서 플라스틱의 기계적 물성 시험 중 가장 일반적인 항목으로 소재의 탄성 계수, 항복 강도, 인장 강도, 연신율(tensile elongation) 등을 얻을 수 있는 것은?

① 인장 특성   ② 굴곡 특성
③ 충격 특성   ④ 휨 특성

179 트랜지스터의 설명으로 틀린 것은?

① 바이폴라 트랜지스터(BJT)는 NPN형만 존재한다.
② 트랜지스터를 증폭기로 사용할 때의 동작영역은 활성영역이다.
③ 전계효과 트랜지스터 (FET)는 BJT보다 열영향이 적고 잡음에 강하다.
④ 트랜지스터를 스위치로 사용할 때는 포화영역과 차단영역을 사용한다.

[해설]

NPN 또는 PNP

180 부품을 실장하기 위해 사용하는 납땜에 대한 설명으로 틀린 것은?

① 기판과 와이어 사이에 공간이 없게 납땜한다.
② 기판과 소자 사이의 공간이 최소화되게 납땜한다.
③ 동기판에 비해 은기판과 금기판이 전기전도율이 높다.
④ 무연납의 경우 녹는점이 낮아서 초보자가 사용하기 쉽다.

[해설]

무연납의 경우 녹는점이 높아 전용 인두기를 사용하지 않으면 납땜이 쉽지 않고, 납땜하고 난 뒤에도 깨끗하지 못하므로 초보자가 사용하기엔 적합하지 않다.

181 부품을 실장하기 위해 사용하는 납땜에 대한 설명으로 틀린 것은?

① 기판 종류는 단면, 양면, PCB가 있고 납땜하는 부분이 동, 은, 금 등으로 되어 있는 기판이 있다.
② 은기판과 금기판은 납이 잘 붙고 동기판에 비해 잘 떨어지지 않는다.
③ 양면 기판은 앞뒤가 다 납땜이 가능하도록 구성되어 있으며 앞뒤로 납땜을 하여 사용할 경우 사용한다.
④ PCB 단면, 양면 기판을 납땜할 때처럼 와이어나 연납을 이용해 이어야 한다.

[해설]

PCB 기판은 소자끼리 연결하는 부분 모두가 기판에 새겨져 단면, 양면 기판을 납땜할 때처럼 와이어나 연납을 이용해 이을 필요가 없고 소자 부분만 납땜을 한다.

182 단위 면적(A)당 부과되는 하중(F)의 크기로 『$\sigma = F / A$』의 식으로 계산하는 인장 특성은?

① 변형률   ② 응력
③ 탄성   ④ 취성

183 훅의 법칙이 성립되는 구간은?

① 비례한도   ② 탄성한도
③ 항복점   ④ 인장강도

184 납땜에 대한 설명으로 틀린 것은?

① 기판과 와이어 사이에 공간이 남도록 납땜을 하여야 한다.
② 소자 다리가 휘면 빼곡이 납땜하였을 경우 옆의 다른 소자에 닿아 쇼트를 발생시킬 수도 있다.
③ 무연납의 경우 녹는점이 높아 전용 인두기를 사용하지 않으면 납땜이 쉽지 않다.
④ PCB 기판은 소자끼리 연결하는 부분 모두가 기판에 새겨져 단면, 양면 기판을 납땜할 때처럼 와이어나 연납을 이용해 이을 필요가 없고 소자 부분만 납땜을 한다.

185 다음 기하공차의 종류는?

① 원통도   ② 진원도
③ 진직도   ④ 평면도

해설

기호	명칭	기호	명칭
—	직진도 공차	//	평행도 공차
▱	평면도 공차	⊥	직각도 공차
○	진원도 공차	∠	경사도 공차
⌭	원통도 공차	⊕	위치도 공차
⌒	선의 윤곽도 공차	◎	동축도 공차
⌓	면의 윤곽도 공차	═	대칭도 공차

186 다음 기하공차의 종류 중 모양공차에 해당되는 것은?

① ↗   ② ⊕
③ //   ④ ○

187 길이 200 cm의 정사각형 봉에 8 ton의 인장하중이 작용할 때 정사각형의 한 변의 길이는?(단, 봉의 허용응력은 500 kgf/cm² 이다.)

① 4cm   ② 6 cm
③ 8cm   ④ 10cm

해설

8000/(A×A)=500, A=4

정답 | 183. ① 184. ① 185. ④ 186. ④ 187. ①

188 직렬 연결된 두 저항에 직류 전원이 다음 회로에서 전류가 I= 100mA 일 R의 전력 규격으로 적절한 것은?

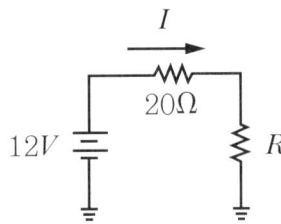

① $\frac{1}{8} W$ ② $\frac{1}{4} W$

③ $\frac{1}{2} W$ ④ $1 W$

[해설]

$\frac{V_1 - V_2}{R_1} = I$, $\frac{12 - V_2}{20} = 0.1$ $V_2 = 10$

$P = VI = 10 \times 0.1 = 1$

189 다음 달링턴 회로에서 전류 K의 값은?

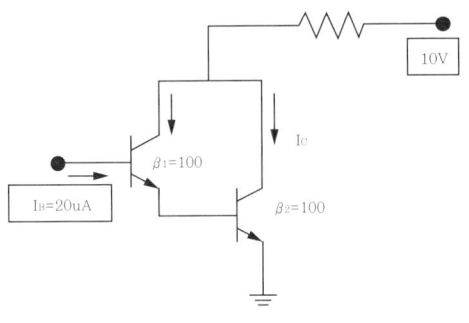

① 10mA ② 20mA
③ 100mA ④ 200mA

[해설]

$100 \times 100 = 10000$, $10000 \times 0.02 = 200$

190 물체에 하중을 작용시키면 물체 내부에는 하중에 대응하는 저항력이 발생한다. 이 저항력을 무엇이라 하는가?

① 응력 ② 변형률
③ 프와송의 비 ④ 탄성

191 다음 중 기하공차의 기호 설명이 잘못된 것은?

① 평면도 : ▱
② 원통도 : ⌀
③ 대칭도 : ⌰
④ 위치도 : ⊚

[해설]

위치도 : ⌖

192 신뢰성 평가에 사용하는 용어의 설명으로 틀린 것은?

① MTBR : 고장수리 후 다음 고장 수리까지의 시간
② MTBF : 고장에서 다음 고장까지의 시간으로 시스템의 평균 고장 시간 산출
③ MTTR : 제품에 고장이 발생한 경우 고장에서 수리되는데까지 소요되는 시간
④ MTTF: 고장 평균시간으로 주어진 시간에서 고장 발생까지의 시간으로 수리 후 다음 고장까지의 시간

193 충격 특성의 단위는?

① kcal/m²hr℃
② kcal/kg℃
③ 무단위
④ kJ/m²

> **해설**
> 충격 하중에 의해 재료를 파괴하는 데 필요한 에너지를 재료의 단위 면적당으로 나눈 수치

194 하중을 제거하면 원래 상태로 되돌아오는 변형은?

① 탄성 변형
② 소성 변형
③ 취성 변형
④ 인성 변형

195 ( ) 안에 들어갈 단어는?

> 소성 변형이 큰 재료로 (A) 이후 특정 부위가 얇아지며 응력이 일시적으로 감소하는 (B)이 발생하고, 이후 변형이 지속되다가 파단이 발생한다.

① A : 항복 응력, B : 네킹
② A : 인장 응력, B : 브레이킹
③ A : 항복 응력, B : 킥킹
④ A : 압축 응력, B : 네킹

196 신뢰성 평가에 사용하는 용어에서 주어진 시간에서 고장 발생까지의 시간으로 수리 후 다음 고장까지의 시간을 의미하며, 수리 불가능한 제품의 평균 고장 시간을 산출할 때 사용하는 용어는?

① MTTF
② MTBR
③ MTTR
④ MTTF

197 플라스틱의 점탄성 거동에 대한 설명이 틀린 것은?

① 금속이나 세라믹 등의 소재는 탄성 영역에서 Hooke의 법칙으로 표현할 수 있는 완전 탄성체(고체)로 정의할 수 있다.
② 고분자 재료는 고체로서의 탄성체적 성질과 함께 유체로서의 점성체의 성질을 함께 갖고 있는 점탄성적인 특성을 갖고 있어서 보다 복잡한 변형 특성을 보인다.
③ 점탄성 관련 물성은 일반적으로 제공되는 소재의 물성표에 제공이 된다.
④ 점탄성 관련 물성은 물성을 얻기 위해서는 별도의 물성 시험을 수행해야 한다.

> **해설**
> 물성표에는 일반적으로 탄성체적 물성만 표현

정답 | 193. ④ 194. ① 195. ① 196. ④ 197. ③

198 기계적 물성 테스트 중에서 단단하고 무름의 정도를 나타내는 수치 시험은?

① 압축 시험   ② 굴곡 시험
③ 경도 시험   ④ 인장 시험

해설
- 인장 시험 : 인장 시험기를 통하여 시험편의 주요 길이 방향 축을 따라 시험편이 파단될 때까지 또는 응력(하중)이나 변형(신장률)이 어떤 예정된 값에 도달할 때까지 일정한 속도로 신장되는 동안 시험편에 의해 지탱되는 하중과 신장률을 측정한다.
- 굴곡 시험 : 플라스틱의 굴곡 강도와 굴곡 탄성률을 측정하기 위한 시험이다.
- 압축 시험 : 원통형 시험편이 파괴될 때까지 하중 또는 압축 변형량이 규정한 값에 도달할 때까지 시험편의 주축을 따라 일정한 속도로 압축하며 시험 중에 시험편이 지지하는 하중을 측정한다.

199 키르히호프의 법칙에 대한 설명으로 틀린 것은?

① 전자 회로 내의 전압, 전류의 변화를 설명하는 것이 Kirchoff 법칙이다.
② Kirchoff에는 전압의 법칙과 전류의 법칙 두 가지가 있다.
③ 전압의 법칙은 하나의 닫힌 회로에 모든 전압의 합은 0이 된다.
④ 노드에 들어오거나 나가는 전류의 값을 모두 더하면 1이 되는 것이다.

해설
노드에 들어오거나 나가는 전류의 값을 모두 더하면 0이 되는 것이다.

200 온도가 증가하면 저항이 감소하는 음(-)의 온도계수를 갖고 있어 온도 감지 센서로 응용할 수 있는 부품은?

① 광전도 셀
② 서미스터
③ 광 다이오드
④ 버렉터 다이오드

201 빛 에너지를 전기 에너지로 변환하는 광전변환기의 일종. 황화납과 같이 빛을 받으면 전도성이 높아지는 반도체 물질을 이용하여 빛을 검출하고 그 강도를 측정하는 부품?

① 광전도 셀
② 서미스터
③ 광 다이오드
④ 버렉터 다이오드

202 하중(10N, 50N)과 승온 속도(50℃/시간, 120℃/시간)의 4종류의 시험에서 시편의 표면으로부터 침상 압자가 1mm 침투하였을 때의 온도는?

① 유리 전이 온도
② 비카트 연화 온도
③ 열 변형 온도
④ 열 전도

해설
- 유리 전이 온도 : 유리 전이가 일어나는 온도 범위의 중간 지점
- 열 변형 온도 : 고분자 소재가 비정상적으로 큰 변형이 발생되는데, 이 때의 온도

203 다음 설명 중 틀린 것은?

① 물질안전 보건자료(MSDS)는 화학 물질을 안전하게 사용하고 관리하기 위하여 필요한 정보이다.
② 안전 Data Sheet라고도 한다.
③ 플라스틱은 화학 물질로 분류되기 때문에 소재 제조 업체에서는 MSDS 자료를 제공하고 있다.
④ 폭발성, 산화성, 인화성/고인화성, 금속성 소재에만 국한된다.

해설

MSDS 적용 대상 소재
- 물리적 위험 소재 : 폭발성, 산화성, 인화성/고인화성, 금속성 소재
- 건강 장해 소재 : 독성/고독성, 유해, 부식성, 자극성, 과민성, 발암성, 변이원성 소재
- 환경 유해 소재 : 생식독성 소재(환경 호르몬 유발)

204 신뢰성 시험의 필요성이 대두한 이유가 아닌 것은?

① 제품의 기능이 날로 다양해지고 복잡해져 사용 과정에서 고장이 발생할 가능성이 높아짐
② 예상되는 불량은 조기에 검출하여 초기 고장 기간부터 마모 고장 단계까지 시장 불량률의 감소를 꾀하기 위하여 신뢰성 시험이 요구됨
③ 새로운 소재가 출현으로 내구성이 증가되는 경우가 많음
④ 기술 개발 속도가 빨라짐에 따라 기존의 품질 관리 기법으로는 제품의 품질을 보장하는 데 한계가 있음

해설

초기 품질은 우수하나 내구성이 저하되는 경우가 많음

205 키르히호프의 법칙에 대한 설명으로 틀린 것은?

① 하나의 폐회로를 따라 모든 전압을 대수적으로 합하면 0이다.
② 노드에 들어오는 전류는 나가는 전류의 2배가 된다.
③ 노드에 들어오고 나가는 모든 전류의 대수적인 합은 0이다.
④ 하나의 폐회로를 따라 모든 전압강하의 합은 전체 전원전압의 합과 같다.

해설

노드는 하나의 지점에 여러 갈래의 도선이 지나가는 지점을 뜻하며, 이들 노드에 들어오거나 나가는 전류의 값을 모두 더하면 0이 되는 것이다.

206 MSDS 작성 항목이 아닌 것은?

① 화학 제품과 회사에 관한 정보
② 구성 성분의 명칭 및 함유량
③ 응급조치 요령
④ 안전 관리자에 대한 인적사항

207 전기 기구/전자 제품 안전성 테스트(UL) 설명이 아닌 것은?

① 미국 보험 회사들이 전기 기구나 전자 제품의 안전도를 평가하기 위한 목적이다.
② 미국지역에서만 통용이 되고 있다..
③ 전기 기구나 전자 제품에 사용되는 플라스틱 소재에서는 필수적으로 제공되고 있다
④ 난연성 평가, 전기적 특성 평가, 장기적 내열 특성 평가 등이 있다.

[해설]
타 지역에서도 널리 사용

208 플라스틱 소재의 온도에 따른 특성 변화에 대한 설명이 아닌 것은?

① 플라스틱 재료는 일반적으로 온도가 높아질수록 연성이 증가하고, 온도가 낮아질수록 취성이 증가한다.
② 온도가 증가하면 항복 강도가 낮아지는 대신 연신율이 증가하는 반면, 온도가 감소하면 항복 강도는 높아지나 연신율이 감소한다.
③ 영하 15도의 경우는 항복점없이 바로 파손이 발생하는 저온 취화 현상을 보인다.
④ 상온에서 영하로 떨어지는 경우 강도 저하가 크다.

[해설]
영하 25도의 경우

209 성능 개선 보고서 작성에 대한 내용이 아닌 것은?

① 성능 시험 문제점 현상 기술
② 성능 시험 문제점 원인 분석
③ 성능 시험 문제점 개선 방안 도출 및 검증
④ 성능 시험자의 능력 분석

210 3D프린팅 출력물의 직교 이방성 특성에 대한 설명이다. ( )들어갈 용어는?

> 강성과 열 전달률과 같은 물체의 고유한 특성치가 물체 내에서 임의 방향으로 동일한 값을 가지면 (A)이라고 부르고, 그렇지 않은 경우를 통틀어 (B)이라고 정의한다.

① A: 등방성, B : 이방성
② A: 이방성, B : 등방성
③ A: 등방성, B : 개방성
④ A: 이방성, B : 개방성

211 오차의 종류 중 계통 오차에 속하지 않는 것은?

① 우연 오차
② 이론적 오차
③ 기계적 오차
④ 개인적 오차

정답 | 207. ② 208. ③ 209. ④ 210. ① 211. ①

212 참값이 50[V]인 전압을 측정하였더니 51.4[V]였다. 이때의 오차 백분율은?

① 1.3[%] ② 1.4[%]
③ 1.5[%] ④ 2.8[%]

해설

(51.4-50)/50 = 0.028

213 다음 부품 심볼의 이름은?

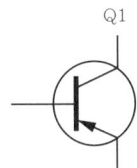

① 실리콘 제어 정류기(silicon control rectifier)
② NMOS FET(field effect transistor)
③ PNP 트랜지스터(transistor)
④ 트라이액(triac)

214 다음 기호는 어느 전자 부품의 기호인가?

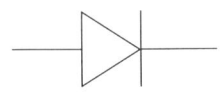

① 저항 ② FET
③ 다이오드 ④ 트랜지스터

215 회로망에서 임의의 접속점으로 흘러 들어오고 흘러나가는 전류의 대수합은 0이다"라는 법칙은?

① 옴의 법칙
② 키르히호프의 법칙
③ 패러데이의 법칙
④ 가우스의 법칙

216 지름 15mm, 표점거리 150mm인 연강재 시험편을 인장시켰더니 152mm가 되었다면 연신율은?

① 6.28% ② 9.86%
③ 2.66% ④ 1.30%

해설

(152-150)/150 = 0.013 = 1.30%

217 한 변의 길이 12 mm인 정사각형 단면 봉에 축선 방향으로 144 kgf의 압축하중이 작용할 때 생기는 압축 응력값은?

① 4.75 kgf/mm^2
② 1 kgf/mm^2
③ 0.75 kgf/mm^2
④ 12 kgf/mm^2

해설

144 / (12x12) = 1

정답 | 212. ④ 213. ③ 214. ③ 215. ② 216. ④ 217. ②

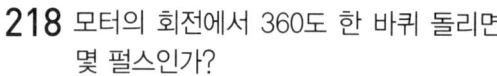

218 모터의 회전에서 360도 한 바퀴 돌리면 몇 펄스인가?

① 100펄스 ② 200펄스
③ 300펄스 ④ 400펄스

해설

1펄스당 1.8도 회전이므로 360도 한 바퀴 돌려면 360/1.8 = 200펄스이다.

219 아래 회로에서 전체 전류세기는?

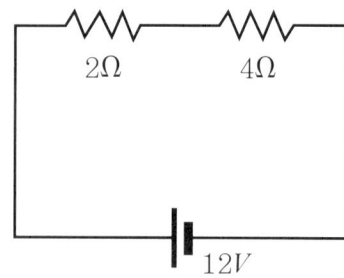

① 1A ② 2A ③ 3A ④ 4A

해설

전체저항 2+4=6, 전체전류 12/6=2

PART 02

3D프린터 장치
- 예상문제 -

001 이송 장치의 구성 요소가 아닌 것은?

① 동력 발생 장치
② 동력 전달 장치
③ 직선 이송 가이드와 엔코더
④ 치공구 장치

해설

동력 발생 장치, 동력 전달장치, 직선 이송 가이드와 엔코더 등으로 구성

002 FDM 방식 3D프린터의 부품 중 노즐에 관한 설명으로 옳은 것은?

① 액체 상태의 재료를 사용할 수 있다.
② 재료의 액적을 형성하여 분사시킨다.
③ 토출 후 UV광선을 이용하여 경화시킨다.
④ 열가소성 수지를 용융시켜 밀어서 토출한다.

003 광학 모듈 설계시 전사 방식에서의 광원 및 광학계의 구조에 대한 설명이 틀린 것은?

① 레이어를 형성하기 위해서 광 패턴을 형성하고 이를 광경화성 수지 표면에 초점을 맞춰서 한꺼번에 한층을 형성한다.
② 광원의 파장대는 사용한 재료의 광개시제의 반응 파장대 내에 있어야 한다.
③ 광의 파장대가 작을수록 광의 오차, 즉 색수차가 발생한다
④ 특정 영역의 파장대만 추출하기 위해서 필터를 많이 사용한다.

해설

광의 파장대가 넓으면 넓을수록 발생한다.

004 다음 그림과 같이 회전축에 있는 슬릿을 이용하여 측정하는 방식의 엔코더는?

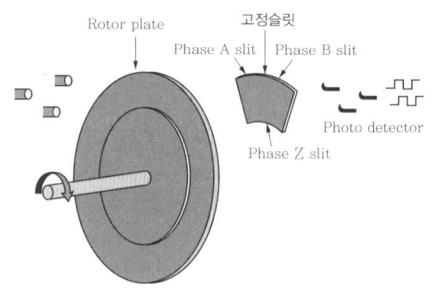

① 광학식 엔코더
② 기계식 엔코더
③ 자기식 엔코더
④ 정전용량식 엔코더

해설

엔코더는 이송 장치의 위치를 인식하기 위하여 사용이 되며 위치 검출 방식에 따라서 기계식, 광학식, 자기식, 정전 용량식 등이 있다.

005 동력발생 장치의 설명 중 잘못된 것은?

① 3D프린터에 적합한 동력발생 장치는 전기 에너지를 운동 에너지로 바꾸는 전동기, 즉 전기 모터로 여겨진다.
② 대부분의 모터는 왕복운동을 하며, 기구학적인 동력전달 장치와의 결합을 통해서 직선운동으로 변환이 가능하다.
③ 모터의 기본 원리는 자기장과 전류 흐름에 따른 힘의 발생을 이용하는 것이다.

정답 | 1. ④ 2. ④ 3. ③ 4. ① 5. ②

④ N, S극 사이에서 발생하는 자기장 내부에 위치한 도체에 전기가 흐르면 플레밍의 왼손 법칙에 따른다.

> [해설]
> 모터는 회전운동

006 전류 및 자기장의 수직 방향으로 생기는 힘을 이용하는 것으로 영구 자석 사이에 전기 코일을 감은 전자석을 위치시키고 전기를 공급하여 회전자를 움직이게 한다. 모터의 회전력은 전류의 세기, 코일이 감긴 수 등에 비례한다는 법칙은 무엇인가?

① 플레밍의 왼손 법칙
② 플레밍의 오른손 법칙
③ 뉴턴의 법칙
④ 패러데이 법칙

007 클로즈드 루프 제어방식으로 위치 피드백을 통하여 정밀한 위치, 속도, 가속도 제어가 가능한 모터는 무엇인가?

① 서보 모터
② 스테핑 모터
③ 선형 모터
④ 회전 모터

008 광학 모듈 설계시 고려해야할 사항으로 틀린 것은?

① 주사방식에서는 전 영역에 고르게 초점이 생성될 수 있도록 초점렌즈를 사용한다.
② 가공전체 영역에서 초점면의 재료 표면과 일치시키기 위해서 특수 렌즈를 사용한다.
③ 액상소재 성형을 위한 광학 모듈 설계에서 광원의 파장대는 액상 소재의 광 개시제의 파장보다 커야 한다.
④ 전사방식의 광원은 램프광을 많이 사용하고, 광의 파장대가 넓으면 넓을수록 광의 오차가 많이 발생한다.

> [해설]
> 주사 방식 광조형 공정과 마찬가지로 광원의 파장대는 사용한 재료의 광 개시제의 반응 파장대 내에 있어야 한다.

009 오픈 루프 제어 방식으로 위치 피드백이 없으며, 대신 한 번의 전기 신호(pulse)로 매우 작은 각도로 회전하는 스텝(step) 운동을 하며, 연속적으로 전기 신호를 여러 번 보냄으로써 원하는 만큼의 회전량을 만들어 내는 모터는 무엇인가?

① 서보 모터
② 스테핑 모터
③ 선형 모터
④ 회전 모터

010 고정자와 회전자가 원통 형상이 아닌 평면 형상이다. 즉, 고정자와 회전자를 서로 평행한 평면으로 구성을 하고 전류를 흘러 보냄으로써 구동을 하게 되는 모터는 무엇인가?

① 서보 모터
② 스테핑 모터
③ 선형 모터
④ 회전 모터

011 서보 모터 설명에 해당하는 것은?

① 오픈 루프 제어 방식으로 위치 피드백이 없다.
② 클로즈드 루프 제어 방식으로 위치 피드백을 통하여 정밀한 위치, 속도, 가속도 제어가 가능하다
③ 고정자와 회전자가 원통 형상이 아닌 평면 형상이다.
④ 비교적 고가이지만 대형 이송 장치에 많이 사용이 되며 백래쉬가 없기 때문에 고정밀 제어가 가능하다.

[해설]

①-스테핑 모터, ③ ④- 선형 모터

012 3D프린터의 이송장치 부품에 해당하지 않는 것은?

① 엔코더
② 기어, 벨트
③ 볼 스크루
④ 필라멘트 압출기

013 스테핑 모터에 대한 설명 중 잘못된 것은?

① 클로즈드 루프 제어방식으로 위치 피드백을 통하여 정밀한 위치, 속도, 가속도 제어가 가능하다.
② 한 번의 전기 신호로 매우 작은 각도로 회전하는 스텝운동을 한다.
③ 연속적으로 전기 신호를 여러 번 보냄으로써 원하는 만큼의 회전량을 만들어 낸다.
④ 비교적 작은 이송력이 필요할 경우에 많이 사용이 되며, 제어가 비교적 간단하며 분해능이 높고 정회전 및 역회전이 용이하여 저가형의 3D프린터에 많이 사용이 된다.

[해설]

①-서보 모터

014 3D프린터 방식 중 구동 장치의 XZ축 이송방식이 필요한 것은?

① 제팅방식   ② FDM
③ SLA   ④ SLS

015 동력 전달 장치 중 나선형 홈이 파진 긴 축이며, 이에 대응하는 고정측 너트 사이에 강구, 즉 볼을 삽입하여 구름 접촉을 통한 부드러운 이송을 구현하는 것은?

① 볼 스크류
② 직선 이송 가이드
③ 스테핑 모터
④ 기어

016 동력 전달 장치 설명 중 잘못된 것은?

① 원형 운동을 직선 운동으로 변환을 하여야 하며, 이러한 운동의 변환은 동력 전달 장치로 구현된다.
② 3D프린터에서 주로 많이 쓰이는 동력 전달 장치는 볼 스크류와 기어/벨트조합이다.
③ 모터의 회전축에 기어를 결합하고 벨트 체결을 통해서 직선 운동을 회전 운동으로 전환할 수 있다.
④ 기어비와 모터 축의 회전 속도에 따라서 직선 이송 속도를 조절할 수 있다.

해설

모터의 회전축에 기어를 결합하고 벨트 체결을 통해서 회전 운동을 직선 운동으로 전환할 수 있다.

017 모터로부터 발생하는 동력으로 정밀 직선 이송을 구현하기 위해서 원형 혹은 다각형 단면모양을 하는 것은?

① 동력 발생 장치
② 동력 전달 장치
③ 엔코더
④ 직선 이송 가이드

018 로봇 기반 하이브리드 3D프린터의 특징으로 틀린 것은?

① 유연성이 낮아 특정한 제품의 제조에만 활용이 가능하다.
② 로봇이 절삭 공구 등을 활용할 경우 후처리등도 가능하다.
③ 로봇은 부품의 이송, 중간 조립 등 다양한 용도로 활용할 수 있다.
④ 틀 매거진 등을 이용하여 CNC 공작기계와 같이 헤드를 교환할 수 있다.

해설

FDM 등과 같은 장비로 구조물을 제작하고 동시에 로봇으로 전자 부품 등을 가공 중에 pick-and-place 방식으로 실장할 수도 있다.

019 3D프린터 방식 중 구동 장치의 XY축 동시에 이송제어가 필요한 것은?

① DLP   ② FDM
③ SLA   ④ SLS

020 직선 이송 가이드에 대한 설명은?

① 전기 에너지를 운동 에너지로 바꾸는 전동기이다
② 정확한 직선 이송뿐만 아니라, 이송 대상의 하중을 지탱하는 역할도 동시에 수행한다.
③ 이송 장치의 위치를 인식하기 위하여 사용이 된다.
④ 전기 에너지에 의해서 회전자의 회전에 따른 원형운동을 한다.

해설

①-동력발생장치 ③-엔코더 ④-동력전달장치

021 이송 장치의 위치를 인식하기 위하여 사용이 되는 것은?

① 동력 발생 장치
② 동력 전달 장치
③ 엔코더
④ 직선 이송 가이드

022 엔코더는 이송 장치의 위치를 인식하기 위하여 사용이 되며 위치 검출 방식에 따른 종류가 아닌 것은?

① 기계식   ② 광학식
③ 자기식   ④ 전기식

[해설]
기계식, 광학식, 자기식, 정전 용량식

023 모터의 회전축과 연결이 되어 있으며 모터의 회전량을 광학, 자장, 정전 용량 등의 방식으로 측정하는 것은?

① 로타리 엔코더
② 선형 엔코더
③ 전기식
④ 기계식

024 서보모터 시스템의 위치센서가 아닌 것은?

① 광학식 엔코더
② 자기식 엔코더
③ 비광학식 엔코더
④ 레졸버

025 오픈루프 제어 방식 설명이 잘못된 것은?

① 시스템의 출력을 입력에 피드백하지 않고 기준 입력만으로 제어 신호를 만들어서 출력을 제어하는 방식이다.
② 기본 구성은 입력값이 들어가는 제어기와 제어 대상이 되는 플랜트로 구성된다.
③ 스테핑 모터는 회전 제어가 약 15°까지 제어가 가능하다.
④ 영구 자석이 구동축을 중심으로 배치되어 있는데 외부 제어 회로로부터 전류를 받아 영구 자석이 작동한다.

[해설]
1.5° 까지 정밀 제어가 가능하다.

026 액적을 생성하여 연속적인 분사에 의해 원하는 단면 형상을 제작하는 제팅 방식의 노즐 기술이 아닌 것은?

① 압전 제팅   ② 버블 제팅
③ 열팽창 제팅 ④ 파우더 제팅

[해설]
잉크 카트리지의 액추에이터에 의해서 매우 작은 잉크 방울, 즉 액적이 생성이 되고, 이의 연속적인 분사에 의해서 원하는 단면 형상을 제작할 수 있다.

027 이송 방향으로 이송축의 커버 등의 외부 구조물에 주로 부착이 되어있는 매우 미세한 장치로를 광학, 자기, 정전 용량 등의 방식으로 읽어 내는 것은?

① 로타리 엔코더
② 선형 엔코더
③ 전기식
④ 기계식

028 센서에 대한 설명으로 잘못된 것은?

① 상대 좌표를 읽을 수 없는 엔코더의 경우 이송 장치의 시작 위치를 세팅하기 위해서 홈 센서를 사용한다.
② 가공이 시작되면 제일 먼저 이송 장치는 홈 센서로 이동하여 모든 좌표를 초기화하고 난 다음에 입력 좌표값대로 이동하게 된다.
③ 이송축의 역방향 이송, 즉 – 방향으로 이송을 하여 홈 센서에 의해서 이송 장치가 검출이 되고, 그 위치 혹은 정방향으로 일정 위치를 이동하여 홈 위치를 세팅하게 된다.
④ 많이 쓰이는 센서로는 정전류, 자계, 광학식 근접 스위치 등이 있다.

해설

① 절대좌표

029 토출 혹은 박판 가공방식에 이용되는 이송방식은?

① XY축 동시 제어
② XY축 개별 제어
③ XZ축 이송 방식
④ Z축 이송 방식

030 다음 중 빠른 위치 제어를 위한, 주사 장치의 성능을 결정하는 구성요소가 아닌 것은?

① 회전 속도
② 가감속 제어
③ 모터의 정밀도
④ 레이저 빔의 위치

해설

빠른 위치 제어를 위해서 모터의 정밀도, 회전 속도 및 가감속 제어가 주사 장치의 성능을 결정하게 된다.

031 제팅 방식의 경우 한 번에 하나의 축만 이동하여 동시 제어가 필요없는 이송방식은?

① XY축 동시 제어
② XY축 개별 제어
③ XZ축 이송 방식
④ Z축 이송 방식

032 선택적 소결 방식(SLS)에서 이송방식은?

① XY축 동시 제어
② XY축 개별 제어
③ XZ축 이송 방식
④ Z축 이송 방식

정답 | 28. ① 29. ① 30. ④ 31. ② 32. ③

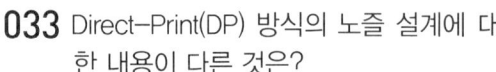

033 Direct-Print(DP) 방식의 노즐 설계에 대한 내용이 다른 것은?

① 노즐 팁의 내경은 필라멘트의 크기를 결정하며, 외경은 토출된 필라멘트와 간섭을 일으켜 형상 변화를 초래한다.
② 사용할 재료의 점도가 높을 경우에는 비교적 큰 노즐을 사용해서 막힘을 방지해야 한다.
③ 노즐 팁의 길이는 성형물과의 간섭 정도에 따라서 설계해야 한다.
④ 노즐 팁은 금속 혹은 플라스틱으로 되어 있으며 주로 단면이 타원 형상이다.

[해설]
단면이 원 형상이다.

034 SLA 방식 3D프린터에서 소재의 재사용에 대한 설명으로 틀린 것은?

① 일반적으로 가공시 경화되지 않은 재료는 특별한 절차 없이 재사용이 가능하다.
② 이미 사용하여 경화된 재료도 액화시켜 다시 사용 가능하다.
③ 점도가 상승된 경우에는 새로운 수지를 혼합하여 활용이 가능하다.
④ 수지가 오랜 시간 외부 공기와 빛에 노출될 경우 서서히 경화되므로 보관상 주의하여 사용한다.

[해설]
한 번 제작된 형상은 다시 액상으로 전환이 되지 않고, 사용한 재료는 재활용이 불가능하다.

035 제팅 방식 3D프린터에서 소재의 재사용에 대한 설명으로 틀린 것은?

① 광경화성 재료를 사용하며, 제팅된 2차원 단면 형상이 자외선 램프로 경화가 된다.
② 제팅 공정은 주로 모델 재료와 서포트 재료 두 가지가 사용이 된다.
③ 서포트 재료는 모델 재료를 지지하기 위해서 사용이 되며 가공이 끝난 후 세척 과정을 통해서 제거가 된다. 이렇게 제거된 서포트 재료는 재사용이 가능하다.
④ 재료는 카트리지에 보관이 되며, 각 카트리지가 3차원 프린터에 장착이 되어서 사용된다.

[해설]
재사용이 불가능하다

036 다른 센서에 비해서 측정 시간이 빠르며, 1마이크로미터 이하의 매우 높은 해상도를 갖고 있다. 이 중 삼각 측량법이 가장 먼저 개발되었으며 가장 많이 사용된다. 또한 가격도 가장 저렴한 방식은?

① 광학식 변위 센서
② 자기 저항식 변위 센서
③ 정전 용량형 변위 센서
④ 초음파 변위 센서

037 볼록 및 오목 렌즈의 조합으로 구성할 수 있으며, 보통 두 개의 렌즈 사이의 거리를 조정함으로써 빔의 직경(D')의 크기를 조절할 수 있는 장치는?

① 마스크　　② 초점렌즈
③ 반사경　　④ 빔 익스팬더

038 광조형(Stereolithography 혹은 Vat photopolymerization)에서 이송방식은?

① XY축 동시 제어
② XY축 개별 제어
③ XZ축 이송 방식
④ Z축 이송 방식

039 한 번의 단위 신호로 움직일 수 있는 최소 이송 거리를 무엇이라고 하는가?

① 이송 분해능　　② 이송 정밀도
③ 반복 정밀도　　④ 백래쉬

040 특정 거리 이동에 대한 명령, 즉 입력 신호가 들어왔을 때 실제 이동된 위치와 입력 위치 사이의 오차를 무엇이라고 하는가?

① 이송 분해능　　② 이송 정밀도
③ 반복 정밀도　　④ 백래쉬

041 일정한 두 위치를 반복적으로 이동하였을 때 위치 간에 발생하는 오차의 최대치를 무엇이라고 하는가

① 이송 분해능　　② 이송 정밀도
③ 반복 정밀도　　④ 백래쉬

042 두 물체가 맞물려서 돌아갈 때 맞물리는 부분에 발생하는 공간 혹은 이러한 공간으로 인해서 방향 전환 시 이송이 이루어지지 않는 현상을 무엇이라고 하는가?

① 이송 분해능　　② 이송 정밀도
③ 반복 정밀도　　④ 백래쉬

043 전사방식 3D프린터의 광학계에서 미세한 마이크로미러가 특정 방향으로 회전하면서 빛의 반사 경로를 제어하는 패턴 생성기를 무엇이라고 하는가?

① CCD　　② DMD
③ LCD　　④ LMD

해설

LCD는 액정들의 배치를 제어해서 특정 셀에서 빛을 투과시키거나 막을 수 있으며, 이를 이용해서 광 패턴을 형성할 수 있다. 이와는 달리, DMD에서는 매우 미세한 마이크로미러가 특정 방향으로 회전하면서 빛의 반사 경로를 제어할 수 있다.

044 이송 분해능에 대한 설명이 잘못된 것은?

① 한 번의 단위 신호로 움직일 수 있는 최소 이송 거리를 의미한다.
② 해상도라고도 한다.
③ 이송 장비의 주요 성능에 해당하며, 분해능이 높을수록 저가이며 정밀 이송을 할 수 있다.
④ 분해능 및 이송 정밀도와 반복 정밀도를 동시에 고려해서 성능을 판단해야 한다.

[해설]
분해능이 높을수록 고가

045 디퓨저를 통과하는 유체의 입구 유속(V_{in})과 출구유속(V_{out})사이의 관계로 옳은 것은?

① $V_{in} = V_{out}$ ② $V_{in} \geq V_{out}$
③ $V_{in} > V_{out}$ ④ $V_{in} < V_{out}$

046 이송 정밀도에 대한 설명으로 잘못된 것은?

① 보통 이송 거리당 오차량으로 표시한다.
② 제어기의 성능, 축 및 가이드의 직진도 등에 의해서 영향을 받으며 보통 이송 거리에 반비례하여 오차값이 증가한다.
③ 3D프린터를 선정할 시에 필요 이상의 긴 축 및 높은 정밀도로 설계할 경우 비용 문제가 발생한다.
④ 정밀도가 높을수록 원하는 위치에 이송 장치가 이동할 확률이 높아지게 된다.

[해설]
비례하여 오차값이 증가한다.

047 반복 정밀도 설명 중 잘못된 것은?

① 반복 정밀도는 비록 원하는 위치와는 오차가 있지만 연속적으로 비슷한 크기의 오차를 가지는 것을 나타내고 있다.
② 반복 정밀도가 높을수록 고품질의 제품을 프린팅할 수 있으나, 고가의 이송 장치가 필요하다.
③ 반복 정밀도는 단반향 반복 정밀도와 양방향 반복 정밀도로 구분된다.
④ 3D프린터는 XY축 상에서 끊임없이 단방향으로 이송을 하므로 단방향 반복 정밀도를 고려해야 한다.

[해설]
양방향으로 이송을 하므로 양방향 반복 정밀도를 고려해야 한다.

048 백래쉬에 대한 설명으로 틀린 것은?

① 두 물체가 맞물려서 돌아갈 때 맞물리는 부분에 발생하는 공간 혹은 이러한 공간으로 인해서 방향 전환 시 이송이 이루어지지 않는 현상을 일컫는다.
② 기어와 벨트에서는 양쪽의 기어들이 맞물리는 부분에서 발생한다
③ 기계 장비에서 존재하며, 일정한 크기로 일관성있게 발생할 경우에는 제어가 어렵다.
④ 이송 정밀도 및 반복 정밀도에 영향을 미치므로 장비 설계 시에 요구되는 정밀도에 부합하게끔 백래쉬 사양이 정해져야 한다.

해설

제어가 용이하다.

049 3D프린터의 성능을 좌우하며 모터의 사양을 기초로 하여 결정해야 하는 것은?

① 이송 속도
② 이송 하중
③ 반복 정밀도
④ 백래쉬

050 FDM 방식 3D프린터 동작 중 수평맞춤이 안 되었을 때의 고장 증상으로 볼 수 없는 것은?

① 노즐이 베드와 거리가 멀어서 필라멘트가 토출이 되지 않는 증상
② 노즐 팁이 조형 받침대에 충돌하여 부러지거나 긁히는 증상
③ 필라멘트가 가공 진행 방향 대비 측면방향으로 찌그러지는 증상
④ 일부 영역은 가공이 되지만 허용가능 가공높이를 초과하는 영역에서는 필라멘트가 조형받침대에 부착되지 않는 증상

051 DLP 방식 중 전사방식 3D프린터에서 광학계 평가 항목으로 가장 적절한 것은?

① 주사 장치의 정밀도
② 광 패턴의 정밀도
③ 레이저 빔의 모양
④ 광원 초점의 크기

해설

- 주사 방식 공정
  · 레이저 빔 초점의 크기
  · 레이저 빔의 모양
  · 레이저 빔의 파워
  · 주사 장치의 정밀도
  · 주사 장치의 속도

052 레이저 주사 장치가 레이저 빔을 수지 표면에 주사하는 방식으로, 단면 가공을 위해서 별도의 이송 장치가 필요 없다. 플랫폼(platform) 위에 구조물이 적층되는 공정은?

① 주사 방식 광조형 공정
② 상부 전사 방식 광조형 공정
③ 하부 전사 방식 광조형 공정
④ 제팅 공정

053 레이저 빔 혹은 램프에서 발생한 광을 특정 형상으로 패터닝하여 단면 이미지에 해당하는 광 패턴을 한 번에 수지 표면에 전사하는 방식은?

① 주사 방식 광조형 공정
② 상부 전사 방식 광조형 공정
③ 하부 전사 방식 광조형 공정
④ 제팅 공정

054 광 패턴이 하부로부터 전사가 되는 구조를 가진다. 플랫폼과 구조물의 하중 및 적층 두께에 따른 이송 정밀도를 고려해야하는 방식은?

① 주사 방식 광조형 공정
② 상부 전사 방식 광조형 공정
③ 하부 전사 방식 광조형 공정
④ 제팅 공정

정답 | 49. ① 50. ① 51. ② 52. ① 53. ② 54. ③

055 받침대의 수평 인식 방법 설명 중 잘못된 것은?

① 수평을 맞추는 방법은 주로 조형 받침대 위의 여러 위치에서 미리 장착된 센서에서 읽힌 거리값을 이용하는 것이다.
② 수평을 맞추고자 하는 평면에 존재하는 최소 네 위치에서 거리를 측정하여 그 오차값으로 수평 여부를 판단한다.
③ 접촉식은 측정 프로브가 피측정물과의 접촉 시에 발생하는 변화를 감지하는 센서를 이용하거나 직접 눈금을 읽는 방식이다.
④ 비접촉식은 물리적인 접촉 없이 센서와 피측정물 사이의 다양한 전자기 신호 혹은 음파 신호의 변화를 감지함으로써 거리를 측정할 수 있는 방식이다.

[해설]
최소 세 위치에서 거리를 측정

056 3개의 솔레노이드 코일과 원형의 막대자석을 이용하여 튜브 내에서 자석이 이동하면서 발생시킨 전기 신호의 변화를 통해서 거리를 측정하는 방식은?

① Linear Variable Differential Transformer(LVDT)
② 마이크로미터
③ 자기 저항식 변위 센서
④ 정전 용량형 변위 센서

057 수동으로 스핀들을 회전시켜 측정 프로브와 피측정물과의 접촉을 통해서 어미자와 아들자의 눈금을 읽는 방식은?

① Linear Variable Differential Transformer(LVDT)
② 마이크로미터
③ 자기 저항식 변위 센서
④ 정전 용량형 변위 센서

058 광학렌즈의 초점거리가 50mm이고, 렌즈로부터 물체까지의 거리가 1m 일 때, 렌즈로부터 이미지가 맺히는 거리는 약 얼마인가?

① 47.6mm ② 50mm
③ 52.6mm ④ 100mm

[해설]
$\frac{1}{1000} + \frac{1}{b} = \frac{1}{50}$, $b = 52.6$

059 자기 저항 소자를 이용하여 자기의 세기를 감지하여 변위를 검출하는 방식은?

① Linear Variable Differential Transformer(LVDT)
② 마이크로미터
③ 자기 저항식 변위 센서
④ 정전 용량형 변위 센서

060 두 전극 사이의 정전 용량의 변화를 감지하여 이를 변위 검출에 사용하는 방식은?

① Linear Variable Differential Transformer(LVDT)
② 마이크로미터
③ 자기 저항식 변위 센서
④ 정전 용량형 변위 센서

061 다음 부품으로 구성되는 FDM 방식 3D 프린터의 장치는?

| · 호퍼   · 스크루 |
| · 모터   · 온도 제어기 |

① 교반 장치
② 집진 장치
③ 필라멘트 압출기
④ 필라멘트 수집 장치

[해설]
재료를 공급할 수 있는 호퍼 재료를 녹여서 잘 교반할 수 있는 스크류와 이를 구동할 모터, 그리고 모터 및 온도 제어기로 구성되어 있다.

062 별도의 후처리 공정을 통하여 사용한 재료의 재사용이 가능한 방식으로 묶인 것은?

① SLA, FDM
② SLA, CJP
③ SLS, FDM
④ SLA, SLS

063 초음파 송신부에서 음파를 조형 받침대로 발사하고 피측정물에서 반사된 음파가 수신부까지 돌아오기까지 걸린 시간을 계산하여 거리를 측정하는 방식은?

① 초음파 변위 센서
② 인덕턴스 변위 센서
③ 자기 저항식 변위 센서
④ 정전 용량형 변위 센서

064 다음 3D프린터 방식 중 빌드 장치와 조형 받침대의 직접적인 수평 맞춤 공정이 필요없는 것들로 묶인 것은?

① CJP, FDM
② CJP, SLA
③ FDM, SLA
④ SLA, SLS

[해설]
광조형 방식에서는 별도의 수평 맞춤 공정이 없다.

065 인덕션 코일을 통해서 자기장을 형성하고 외부의 금속 물체에 의해서 변형된 자기장에 따른 유도 전류값을 측정하여 최종적으로 변위 정보를 얻는 센서는?

① 초음파 변위 센서
② 인덕턴스 변위 센서
③ 자기 저항식 변위 센서
④ 정전 용량형 변위 센서

066 자기 저항식 변위 센서에 대한 설명은?

① 조형 받침대에 자장을 발생시키는 자석을 설치하고 위치 측정이 요구되는 빌드 장치 혹은 수평을 맞추기 위한 장치에 자기 저항 센서를 설치함으로써 거리 측정이 가능하다.
② 센서부가 피측정물에 다가갈수록 그 거리가 가까워져 정전 용량이 커지게 되며, 이러한 변화를 감지해서 변위 측정에 사용한다.
③ 음파의 속도는 알려져 있으며, 초음파 송수신 시간을 측정함으로써 거리를 구하는 방식이다.
④ 접촉식의 LVDT와 동일한 원리이다. 3D프린터에 사용하기 위해서는 조형 받침대가 금속이어야 하며 비교적 근접 거리에서의 측정이 요구된다.

> 해설
>
> ② 정전 용량형 변위 센서
> ③ 초음파 변위 센서
> ④ 인덕턴스 변위 센서

067 정전 용량형 변위 센서 대한 설명은?

① 조형 받침대에 자장을 발생시키는 자석을 설치하고 위치 측정이 요구되는 빌드 장치 혹은 수평을 맞추기 위한 장치에 자기 저항 센서를 설치함으로써 거리 측정이 가능하다.
② 정전 용량은 센서부가 피측정물에 다가갈수록 그 거리가 가까워져 정전 용량이 커지게 되며, 이러한 변화를 감지해서 변위 측정에 사용한다.
③ 음파의 속도는 알려져 있으며, 초음파 송수신 시간을 측정함으로써 거리를 구하는 방식이다.
④ 접촉식의 LVDT와 동일한 원리이다. 3D프린터에 사용하기 위해서는 조형 받침대가 금속이어야 하며 비교적 근접 거리에서의 측정이 요구된다.

> 해설
>
> ①자기 저항식 변위 센서 ③ 초음파 변위 센서
> ④ 인덕턴스 변위 센서

068 하이브리드 3D프린터의 빌드 장치 설계 시 설계 규격서에 포함될 항목으로 가장 거리가 먼 것은?

① 이송 거리
② 최대 토크
③ 예상 수명시간
④ 최대 가공 속도

069 초음파 변위 센서에 대한 설명은?

① 조형 받침대에 자장을 발생시키는 자석을 설치하고 위치 측정이 요구되는 빌드 장치 혹은 수평을 맞추기 위한 장치에 자기 저항 센서를 설치함으로써 거리 측정이 가능하다.
② 정전 용량은 센서부가 피측정물에 다가갈수록 그 거리가 가까워져 정전 용량이 커지게 되며, 이러한 변화를 감지해서 변위 측정에 사용한다.
③ 음파의 속도는 알려져 있으며, 초음파 송수신 시간을 측정함으로써 거리를 구하는 방식이다.
④ 접촉식의 LVDT와 동일한 원리이다. 3D프린터에 사용하기 위해서는 조형 받침대가 금속이어야 하며 비교적 근접 거리에서의 측정이 요구된다.

070 인덕턴스 변위 센서에 대한 설명은?

① 조형 받침대에 자장을 발생시키는 자석을 설치하고 위치 측정이 요구되는 빌드 장치 혹은 수평을 맞추기 위한 장치에 자기 저항 센서를 설치함으로써 거리 측정이 가능하다.
② 정전 용량은 센서부가 피측정물에 다가갈수록 그 거리가 가까워져 정전 용량이 커지게 되며, 이러한 변화를 감지해서 변위 측정에 사용한다.
③ 음파의 속도는 알려져 있으며, 초음파 송수신 시간을 측정함으로써 거리를 구하는 방식이다.
④ 접촉식의 LVDT와 동일한 원리이다. 3D프린터에 사용하기 위해서는 조형 받침대가 금속이어야 하며 비교적 근접 거리에서의 측정이 요구된다.

071 광학모듈 설계에서 가우스 분포를 가진 레이저 빔의 초점 심도에 대한 설명으로 틀린 것은?

① 레이저의 파장에 반비례한다.
② 광학계의 초점거리의 제곱에 비례한다.
③ 광학계에 입사하는 레이저 빔의 직경의 제곱에 반비례한다.
④ 초점심도는 빔의 직진방향에서 초점이 생성되는 구간을 의미한다.

> **해설**
>
> $2W_0 = \left(\dfrac{4\lambda}{\pi} \cdot \dfrac{F}{D}\right)$
>
> $DOF = \left(\dfrac{8\lambda}{\pi} \cdot \dfrac{F}{D}\right)^2$

072 빔의 직진 방향에서 초점이 생성되는 구간을 무엇이라고 하는가?

① 초점 거리 ② 초점 심도
③ 초점 구간 ④ 초점 넓이

073 Photopolymerization 방식(a)과 Power Bed Fusion 방식(b) 3D프린터에 주로 사용되는 광원의 파장영역은?

① a : 자외선, b : 자외선
② a : 자외선, b : 적외선
③ a : 적외선, b : 자외선
④ a : 적외선, b : 적외선

074 레이저로 피측정물에 주사를 하고 그 반사광을 수광부인 CCD 혹은 CMOS 카메라에서 인식하여 거리를 측정하는 방식은?

① 초음파 변위 센서
② 인덕턴스 변위 센서
③ 자기 저항식 변위 센서
④ 광학식 변위 센서

정답 | 70. ④ 71. ① 72. ② 73. ② 74. ④

075 DMLS와 CNC 공작기계를 이용한 하이브리드 3D프린터에 관한 설명으로 틀린 것은?

① DMLS는 분말에 접착제를 분사하는 공정이다.
② CNC 공작기계 가공은 매 층 혹은 수 층마다 가공될 수 있다.
③ 담금질이나 템퍼링 등 열처리도 함께 복합화 할 수 있다.
④ DMLS로 제조된 부품의 표면을 매끄럽게 가공하기 위하여 CNC 공작기계 가공이 필요하다.

[해설]
DMLS(Direct Metal Laser Sintering)

076 거리 측정 센서의 분석 설명 중 잘못된 것은?

① 측정 범위가 그리 크지 않아도 되며, 가공 전 수평을 맞추고 난 다음에 본 가공을 수행하고 가공 중에는 보정을 하지 않는다.
② 분해능, 즉 최소로 읽을 수 있는 센서 거리의 단위는 적층 두께보다 훨씬 작아야 한다. 적층 두께 대비 10% 미만의 분해능이 추천된다.
③ 적층 두께 대비 1% 미만의 반복 정밀도가 필요하며, 이는 분해능 및 다른 요소들과 동시에 고려해야 한다.
④ 측정 거리가 큰 경우에는 선형성이 높은 센서를 사용하는 것이 추천되며, 선형성이 낮은 센서는 비교적 작은 거리에서 사용을 한다.

[해설]
분해능, 즉 최소로 읽을 수 있는 센서 거리의 단위는 적층 두께보다 훨씬 작아야 한다. 적층 두께 대비 1% 미만의 분해능이 추천된다.

077 공정별 빌드 장치와 조형 받침대의 수평 맞추기에서 초기의 여러 층은 지지대만을 제작하여 조형 받침대의 수평과 관계없이 제작된 지지대는 수평을 이루게 된다. 따라서 조형 받침대를 직접적으로 수평으로 맞추는 공정이 없는 방식은?

① 광조형(stereolithography, SLA) 방식
② 선택적 소결(selective laser sintering, SLS) 방식
③ 제팅(jetting) 방식
④ FDM(fused deposition modeling) 방식

078 별도의 지지대가 필요가 없으며, 가공되지 않은 분말이 지지대 역할을 수행한다. 즉, 별도의 조형 받침대가 존재하지 않으며, 대신 적층 공정을 위하여 재료 가공부를 하강시키기 위한 금속 기판이 Z축 피스톤과 연결이 되어 있다. 재료의 수평은 롤러에 의해서 맞춰진다. 따라서, 선택적 소결 방식 역시 별도의 수평 맞춤 공정이 필요가 없는 방식은?

① 광조형(stereolithography, SLA) 방식
② 선택적 소결(selective laser sintering, SLS) 방식
③ 제팅(jetting) 방식
④ FDM(fused deposition modeling) 방식

079 이송장치에서 한 번의 단위 신호로 움직일 수 있는 최소 이송 거리를 무엇이라 하는가?

① 백래시 ② 반복 정밀도
③ 이송 분해능 ④ 이송 정밀도

[해설]
- 이송 정밀도 : 특정 거리 이동에 대한 명령, 즉 입력 신호가 들어왔을 때 실제 이동된 위치와 입력 위치 사이의 오차를 의미한다.
- 반복 정밀도 : 일정한 두 위치를 반복적으로 이동하였을 때 위치 간에 발생하는 오차의 최대치이다.

080 베드와 조형 받침대 사이의 거리가 멀지 않아, 수평이 맞지 않아 불균일한 높이의 지지 재료가 성형이 되면 헤드와 조형물이 부딪힐 가능성이 있다. 따라서 광조형 및 선택적 소결 방식과는 달리 조형 받침대가 정밀하게 평형을 이루어야 하는 방식은?

① 광조형(stereolithography, SLA) 방식
② 선택적 소결(selective laser sintering, SLS) 방식
③ 제팅(jetting) 방식
④ FDM(fused deposition modeling) 방식

081 수평이 제대로 이루어지지 않을 경우, 노즐팁이 조형 받침대에 부딪히거나 필라멘트가 받침대에 부착이 안 될 수도 있다. 따라서 정밀한 수평 제어가 필요한 방식은?

① 광조형(stereolithography, SLA) 방식
② 선택적 소결(selective laser sintering, SLS) 방식
③ 제팅(jetting) 방식
④ FDM(fused deposition modeling) 방식

082 3D프린터 방식 중 Electron Beam을 이용하여 분말 형태의 재료를 소결 또는 융해하여 형상을 제작하는 방식은?

① 3DP ② SLS/DMLS
③ EBM ④ FDM

083 이송장치의 구성 요소 중 동력전달장치와 직접적인 관련이 없는 것은?

① 볼 스크루
② 선형 엔코더
③ 기어벨트 조합
④ 직선 이송 가이드

정답 | 79. ③ 80. ③ 81. ④ 82. ③ 83. ②

084 컨테이너에 있는 재료는 재료의 양이 부족하기 전까지는 계속하여 사용할 수 있다. 따라서 특별한 재료 재사용 공정이 필요없다. 재료 자체가 경화성이기 때문에 한 번 제작된 형상은 다시 액상으로 전환이 되지 않고, 사용한 재료는 재활용이 불가능하다. 무슨 방식 인가?

① 광조형(SLA) 공정
② 제팅 공정
③ FDM 공정
④ 선택적 소결 공정(SLS)

085 다음 중 FDM 방식 3D프린터에 관련된 장치가 아닌 것은?

① 핫 엔드　　② 노즐 팁
③ 히팅 롤러　④ 재료 공급 장치

086 모델 재료는 실제 형상을 이루는 부위에만 제팅이 되고, 서포트 재료는 모델 재료를 지지하기 위해서 사용이 되며 가공이 끝난 후 세척 과정을 통해서 제거가 된다. 이렇게 제거된 서포트 재료는 재사용이 불가능하며, 따라서 이 공정에서는 재료 재사용 공정이 존재하지 않는다. 무슨 방식 인가?

① 광조형(SLA) 공정
② 제팅 공정
③ FDM 공정
④ 선택적 소결 공정(SLS)

087 제거된 서포트는 가소성 재료이기 때문에 열을 주면 다시 녹아서 흐르게 된다. 또한 제작된 형상도 열을 주면 녹아서 흐르기 때문에 재료 재사용이 용이하다. 즉, 사용하고 남은 재료와 사용한 재료 모두 재료 압출기(extruder)를 사용하여 새로운 필라멘트 스풀을 만들 수 있다. 무슨 방식 인가?

① 광조형(SLA) 공정
② 제팅 공정
③ FDM 공정
④ 선택적 소결 공정(SLS)

088 파우더 공급 챔버에서는 상대적으로 재료의 변성이 덜 발생하지만 메인 챔버로부터의 열전달로 인해서 미약하나마 영향을 받을 수 있다. 가공이 끝난 다음에는 냉각 과정을 거쳐서 최종적으로 제품을 얻어낸다. 따라서 메인 가공 챔버 내의 재료는 다음 가공을 위해서 적절한 배합을 통한 재사용이 필요한데 무슨 방식인가?

① 광조형(SLA) 공정
② 제팅 공정
③ FDM 공정
④ 선택적 소결 공정(SLS)

089 FDM과 DP(Direct Print)를 결합한 하이브리드 3D프린터에 대한 설명이 아닌 것은?

① DP(Direct Print) 공정으로 PCB의 전극을 형성할 수 있다.
② 고강도 플라스틱 기판과 실버잉크로 전극을 제작할 수 있다.
③ FDM 공정으로 상하층에 성형을 하고 초음파를 이용하여 결합할 수 있다.
④ 열가소성 수지와 열경화성 수지를 동시에 성형할 수 있다.

해설

③ FDM과 Ultrasonic Consolidation(UC)를 이용한 하이브리드

090 기본적으로 재료를 공급할 수 있는 호퍼, 재료를 녹여서 잘 교반할 수 있는 스크류와 이를 구동할 모터, 그리고 모터 및 온도 제어기로 구성되어 있는 FDM 공정에서 소재 재사용을 위한 핵심 부품은?

① 필라멘트 압출기
② 필라멘트 수집 장치
③ 진공 펌프 및 집진 장치
④ 교반 장치 및 필터

091 위치 검출 센서는 필라멘트가 있으면 와인더가 일정 속도로 돌아가게 신호를 주고 필라멘트가 아래로 처져서 검출이 되지 않으면 와인더를 더 빠르게 돌리게끔 신호를 보내 필라멘트가 다시 센서의 검출 영역으로 돌아오게 하는 역할을 하는 FDM 공정에서 소재 재사용을 위한 핵심 부품은?

① 필라멘트 압출기
② 필라멘트 수집 장치
③ 진공 펌프 및 집진 장치
④ 교반 장치 및 필터

092 메인 가공 챔버에 남아 있는 소결되지 않은 재료를 수거하기 위한 SLS 방식에서 소재 재사용을 위한 핵심 부품은?

① 필라멘트 압출기
② 필라멘트 수집 장치
③ 진공 펌프 및 집진 장치
④ 교반 장치 및 필터

093 다음에서 설명하는 3D프린터 방식은?

( )은(는) 디지털 광학 기술을 응용하여 광경화성 수지를 사용하며, 단면을 한 번에 경화시켜서 출력속도가 상대적으로 빠른 방식으로 정밀도가 높은 제품 제작이 가능하여 보석, 보청기, 의료기기 등에 적용되는 방식이다.

① DLP   ② FDM
③ MJM   ④ SLS

094 3D프린터 방식 중 필라멘트를 녹인 후 노즐을 거쳐 압출되는 재료를 적층해 가는 방식은?

① FDM ② DLP
③ SLA ④ 3DP

095 수집된 재료는 재료 재사용 매뉴얼에 따라서 사용한 재료와 새 재료를 적절한 배율로 섞기 위한 SLS 방식에서 소재 재사용을 위한 핵심 부품은?

① 필라멘트 압출기
② 필라멘트 수집 장치
③ 진공 펌프 및 집진 장치
④ 교반 장치 및 필터

096 FDM 공정에서 소재 재사용 장치의 효율에 대한 설명이 아닌 것은?

① 필라멘트의 생산 속도는 열가소성 재료의 녹는점, 필라멘트 스크류의 크기 및 회전 속도, 스크류의 용해 온도, 압출기 끝단의 냉각기의 성능 등에 달려 있다.
② 필라멘트의 품질은 일정한 직경의 필라멘트가 끊어지지 않고 연속적으로 압출이 될 때 높아진다.
③ 3차원 프린팅에 사용하기 전의 필라멘트는 스풀에 감겨져 있어야 하며, 프린팅 시 서로 얽힘이 없이 자연스럽게 풀려야 한다.
④ 고속의 일정 속도로 스크류가 회전을 하면서 기포 등을 제거할 수 있어야 하며, 여러 가지 재료가 한꺼번에 들어갈 경우 모든 재료가 용융되어 재료의 균질성이 유지가 되도록 해야 한다.

해설

중저속

097 SLS 공정에서 소재 재사용 장치의 효율에 대한 설명이 아닌 것은?

① 파우더 재료는 일정한 크기 이하로 제한이 되어야 한다.
② 파우더 재료는 일반적으로 낮은 온도로 인해서 그 특성이 저하될 수 있다
③ 재료별로 배합비에 대한 가이드라인이 있으며, 이에 따라서 재료를 준비한다.
④ 기준에 맞게 파우더의 크기가 제한되어야 하며, 이는 적절한 필터를 사용함으로써 가능하며, 하나의 필터보다는 여러 개의 필터를 사용하는 것이 효율적이다.

해설

높은 온도로 인해서 그 특성이 저하

098 효율성 점검 방법으로 잘못된 것은?

① 재사용 장치의 효율성을 점검하는 방법에는 반드시 직접 재료를 만들어 실험해야 한다.
② 압출된 필라멘트의 원형도에 대한 오차를 측정함으로써 그 품질을 가늠할 수 있다.
③ 재사용 장치를 통해서 생산된 파우더는 SEM 등의 장비로 무작위로 추출한 개별 파우더의 크기 및 크기 분포를 알 수 있다.
④ 와인더 장치에 감길 때도 필라멘트의 압출 속도에 맞게끔 얽히지 않게 해야 하며, 이는 3차원 프린팅을 통해서 그 품질을 측정할 수 있다.

해설

재사용 장치의 효율성을 점검하는 방법에는 직접 재료를 만들어 실험을 하는 것, 만들어진 재료를 이용해서 성형을 해 보는 방법이 있다.

099 이송 방향으로 이송축의 커버 등의 외부 구조물에 주로 부착이 되어 있는 매우 미세한 자(scale)를 광학, 자기, 정전 용량 등의 방식으로 읽어 내는 엔코더는?

① 광학식 엔코더
② 선형 엔코더
③ 자기식 엔코더
④ 정전용량식 엔코더

100 PBF 및 DED의 출력물의 표면거칠기 한계를 극복하기 위해 CNC 공작기계와 결합하여 만들어진 3D프린터는?

① FDM과 DP(Direct Print)를 이용한 하이브리드 3D프린터
② DP와 CNC 공작기계를 이용한 하이브리드 3D프린터
③ SLA와 CNC 공작기계를 이용한 하이브리드 3D프린터
④ DLMS와 CNC 공작기계를 이용한 하이브리드 3D프린터

해설

- DMLS와 CNC 머시닝을 이용한 하이브리드 공정
- DP와 광조형 공정을 이용한 하이브리드
- FDM과 DP를 이용한 하이브리드
- FDM과 Ultrasonic Consolidation(UC)를 이용한 하이브리드
- 로봇 기반 3차원 프린팅

101 단면적의 크기가 변화하면서 유체의 유속이 증가하게 하는 장치를 무엇이라고 하는가?

① 노즐   ② 파이프
③ 디퓨저   ④ 엘보

102 유체의 속도가 감소하며 압력이 증가하는 데 사용하는 장치이다. 주로 공기 조화 장치(HVAC)에서 많이 사용하는 것은?

① 노즐   ② 파이프
③ 디퓨저   ④ 엘보

103 서로 다른 공정들을 복합화한 하이브리드 3D프린터의 구성 목적으로 가장 거리가 먼 것은?

① 여러 색상의 재료를 동시에 사용
② 절삭, 연삭 등 전혀 다른 가공 기술과의 복합화
③ 한 공정의 단점을 보완하기 위한 다른 공정을 추가
④ 기존의 3D프린팅 공정으로는 불가능한 부품을 제작

해설

하이브리드는 이종의 개체에서 새로운 개체가 생성되는 것을 나타내는 용어이다. 즉, 3차원 프린팅에서 이종 기술을 토대로 새로운 기술 혹은 이전에 없던 기능을 가진 공정을 개발하는 것이라고 할 수 있다.

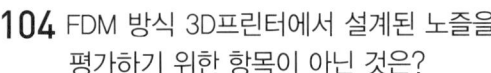

104 FDM 방식 3D프린터에서 설계된 노즐을 평가하기 위한 항목이 아닌 것은?

① 노즐 온도
② 노즐의 치수
③ 재료의 토출 속도
④ 노즐의 동작 주파수

해설
동작 주파수는 제팅 방식의 검사 항목

105 제팅 방식에서 노즐에 대한 설명이 잘못된 것은?

① 히터에 의해서 유체의 부피가 증가하고, 증가한 부피만큼의 유체가 매우 작은 구멍인 오리피스를 통과하여 최종적으로 액적이 생성된다. 이를 열팽창 방식이라 한다.
② 압전 재료로 만들어진 얇은 박막을 이용하여 미세 변형을 일으켜 그 부피 변형량 만큼 액적을 발생시키는 압전 방식이다. 현재 많이 사용하지 않는 방식이다.
③ 모델 재료가 직접 사용되지 않는 공정도 있다. 바인더 제팅 공정이라고도 불리며, 분말이 재료 컨테이너에 위치하고 있으며 분말을 접착할 수 있는 바인더를 잉크젯 방식으로 뿌려서 원하는 단면을 형성한다.
④ 잉크 카트리지의 액추에이터에 의해서 매우 작은 잉크 방울, 즉 액적이 생성이 되고, 이의 연속적인 분사에 의해서 원하는 단면 형상을 제작할 수 있다.

해설
전기 신호에 의해서 압전 재료의 변형을 일으키는 방식이기 때문에 매우 빠른 속도로 제팅이 가능하여 고속 프린팅에 많이 사용이 되고 있다. 또한 열에 의한 재료 변형이 거의 없기 때문에 현재 가장 많이 사용하는 방식이다.

106 제팅 방식에서 노즐 설계 파라메타에 대해 틀린 설명은?

① 액적의 크기는 프린팅 장비의 해상도 및 치수 정밀도에 직접적인 영향을 미친다. 따라서 노즐 크기가 중요한 인자 중에 하나이다.
② 가공 속도 또한 중요하며, 이는 액적을 얼마만큼 빨리 생성하는지에 달려 있으며, 노즐의 개수가 많을수록 한꺼번에 넓은 영역을 프린팅할 수 있어 가공 속도가 상승하게 된다.
③ 장점은 높은 정밀도와 다중 재료의 사용에 있다. 종이 잉크젯 방식과 유사하게 재료를 섞어서 프린팅을 할 수 있다.
④ 점도가 높은 광경화성 재료가 사용이 되기 때문에 노즐이 막힐 우려가 상대적으로 낮다.

해설
점도가 높은 광경화성 재료가 사용이 되기 때문에 노즐이 막힐 우려가 상대적으로 높다.

107 FDM 방식에서의 노즐에 대한 설명이 틀린 것은?

① 필라멘트 형태의 고체 상태의 열가소성재료를 준 액상으로 녹일 수 있는 노즐 헤드로 재료를 균일하게 공급하는 재료 공급 장치, 그리고 이러한 준 액상 재료를 다시 토출하여 매우 미세한 선(필라멘트 혹은 비드

(bead))을 형성할 수 있는 노즐 팁(tip) 등 이 필요하다.
② 노즐 헤드는 온도를 분산할 수 있는 방열 핀 및 프린팅 정밀도를 결정하는 매우 미세한 노즐 팁으로 구성되어 있다.
③ 모델 재료와 서포트 재료가 고가의 장비에서는 같이 사용되어도 노즐은 1개다.
④ 균일한 필라멘트가 토출이 되게 하기 위해서 노즐의 온도 및 헤드의 이송 속도 제어가 중요하다.

> [해설]
> 모델 재료와 서포트 재료가 고가의 장비에서는 같이 사용되기 때문에 노즐이 보통 2개다.

108 FDM 방식에서의 노즐 설계에 대한 설명이 잘못된 것은?

① FDM 노즐을 설계하기 위해서 첫 번째로 고려해야 할 부분은 노즐팁의 직경이다.
② 저가 및 중고가 장비의 목표 성능에 따라서 팁 사이즈를 결정해야 한다. 팁 사이즈에 따라서 토출된 필라멘트의 사이즈가 달라짐으로, 토출이 된 이웃 필라멘트 사이의 간격이 달라지며 이를 가공 경로 생성에 반영해야 한다.
③ 노즐 팁의 길이 또한 설계 대상이다. 노즐 팁의 길이가 짧으면 상대적으로 온도 제어하기가 용이하지만, 길이가 길어지면 상대적으로 균일하지 않은 온도 분포가 발생해서 온도제어가 쉽지 않다.
④ 주로 고가용에서는 300 ~ 400마이크론 정도의 팁이 사용이 되며 교체가 가능하다. 저가형 FDM 장비에서는 주로 127 ~ 330 마이크론 정도의 팁이 사용이 된다.

> [해설]
> 주로 고가용에서는 127 ~ 330 마이크론 정도의 팁이 사용이 되며 교체가 가능하다. 저가형 FDM 장비에서는 주로 300 ~ 400 마이크론 정도의 팁이 사용이 된다.

109 3D프린터 방식 중 분말을 바인더라 불리는 접착제를 이용하여 단면 조형 후 적층하고 바인더로 분말을 접착하여 형상을 제작하는 방식은?

① 3DP
② SLS/DMLS
③ EBM
④ FDM

110 3D프린터 방식 중 분말 형태의 재료를 레이저를 이용하여 소결 또는 융해하여 형상을 제작하는 방식은?

① 3DP
② SLS/DMLS
③ EBM
④ FDM

111 노즐을 통과하는 유체의 입구 유속(Vin)과 출구유속(Vout)사이의 관계로 옳은 것은?

① $Vin = Vout$ ② $Vin \geq Vout$
③ $Vin > Vout$ ④ $Vin < Vout$

해설

디퓨저는 유체의 속도가 감소하며 압력이 증가하는 데 사용하는 장치이며, 출구 유속(Vout)이 입구 유속(Vin)보다 작게 설계한다.

112 Direct-Print(DP) 방식의 노즐에 대한 설명으로 틀린 것은?

① 노즐 팁의 직경 및 길이는 온도에 영향을 받기 때문에 다양하게 설계할 수 있다.
② 노즐 팁의 직경은 필라멘트의 크기에 영향을 미치며, 이는 직접적으로 성형품의 품질 및 전체 가공 시간에 영향을 미친다.
③ 성형품의 적용 분야에 따라서 중고가 및 저가형으로 구분하여 노즐 팁을 설계해야 한다.
④ 복잡한 구조로 인해서 비교적 가격이 높다.

해설

노즐 팁의 직경 및 길이는 온도에 영향을 받지 않기 때문에 다양하게 설계할 수 있다.

113 폐루프 제어 방식으로 위치 피드백이 가능한 모터는?

① 서보 모터
② BLDC모터
③ 스테핑 모터
④ 리니어 펄스 모터

해설

- 스테핑 모터 : 오픈 루프 제어방식으로 위치 피드백이 없으며, 대신 한 번의 전기 신호(pulse)로 매우 작은 각도로 회전하는 스텝 운동을 하며, 연속적으로 전기 신호를 여러 번 보냄으로써 원하는 만큼의 회전량을 만들어 낸다.
- 선형 모터 : 고정자와 회전자를 서로 평행한 평면으로 구성을 하고 전류를 흘러 보냄으로써 구동을 하게 된다. 따라서 일반적인 원형 모터와는 달리 전기 신호를 통해서 곧바로 직선 운동이 가능하며 LM 가이드만을 필요로 한다. 원형 모터에 비해서 비교적 고가이지만 대형 이송 장치에 많이 사용이 되며 백래쉬가 없기 때문에 고정밀 제어가 가능하다.

114 서보모터 시스템 기본 구성인 아닌 것은?

① 모터   ② 드라이브
③ 위치 센서 ④ 스테핑 모터

115 Direct-Print(DP) 방식의 노즐 설계에 대한 설명이 잘못된 것은?

① 노즐 팁은 금속 혹은 플라스틱으로 되어 있으며 주로 단면이 사각형 형상이다.
② 노즐 팁의 내경은 필라멘트의 크기를 결정하며, 외경은 토출된 필라멘트와 간섭을 일으켜 형상 변화를 초래한다. 따라서 내외경을 고려해서 팁을 설계한다.
③ 노즐 팁의 길이는 성형물과의 간섭 정도에 따라서 설계해야한다.
④ 노즐을 설계할 때, 가장 먼저 고려해야 할 부분이 팁의 직경이다.

[해설]
노즐 팁은 금속 혹은 플라스틱으로 되어 있으며 주로 단면이 원형 형상이다

116 제팅 방식에서 노즐 설계의 단점은?

① 점도가 높은 광경화성 재료가 사용이 되기 때문에 노즐이 막힐 우려가 상대적으로 높다. 따라서 정기적인 노즐 클리닝을 통해서 관리하는 것이 필요하다.
② 열가소성 재료 이외의 다른 종류의 재료를 사용할 수 없다는 것이다.
③ 고온에서 사용되는 재료를 포함해서 다양한 재료가 개발이 되고 있으나, 재료의 종류 면에서는 다른 공정에 비해서 다양하지 않다
④ 재료의 유동성으로 인해서 필라멘트가 형성이 되고 난 다음에 변형이 일어날 수 있으며, 이에 따라서 성형품의 품질이 떨어질 수 있다는 것이다.

[해설]
②③FDM 방식의 단점. ④DP 방식의 단점

117 DP 방식에서 노즐 설계의 단점은?

① 점도가 높은 광경화성 재료가 사용이 되기 때문에 노즐이 막힐 우려가 상대적으로 높다. 따라서 정기적인 노즐 클리닝을 통해서 관리하는 것이 필요하다.
② 열가소성 재료 이외의 다른 종류의 재료를 사용할 수 없다는 것이다.
③ 고온에서 사용되는 재료를 포함해서 다양한 재료가 개발이 되고 있으나, 재료의 종류 면에서는 다른 공정에 비해서 다양하지 않다.
④ 재료의 유동성으로 인해서 필라멘트가 형성이 되고 난 다음에 변형이 일어날 수 있으며, 이에 따라서 성형품의 품질이 떨어질 수 있다는 것이다.

118 FDM 방식의 노즐 설계의 장점은?

① 열가소성 재료를 사용하기 때문에 다른 공정에 비해서 상용 노즐 팁과 이송 장치 등으로 비교적 간단한 장비를 구성할 수 있다는 것이다.
② 높은 정밀도와 다중 재료의 사용에 있다. 종이 잉크젯 방식과 유사하게 재료를 섞어서 프린팅을 할 수 있다.
③ 유연한 재료와 단단한 재료가 있을 경우, 두 재료의 양을 조절하여 하나의 구조물 안에 따라서 다양한 강도를 가진 성형물을 가공할 수 있다.
④ 다양한 크기 및 모양의 주사기와 팁이 이미 많이 상용화가 되어 있어서 쉽게 구매해서 조립할 수 있다는 것이다.

[해설]
②③제팅방식의 장점. ④DP

정답 | 115. ① 116. ① 117. ④ 118. ①

119 다음 하이브리드 3D프린터에 관한 설명 중 ( )안에 들어갈 용어로 알맞은 것은?

> 금속 파우더에 더 초점을 두고 있다. 금속 파우더를 이용한 공정에서는 표면이 매끄럽지 못하기 때문에 이를 (A) 공정으로 매 층 혹은 수층마다 머시닝을 병행할 수 있다. 이는 (B) 공정의 표면 거칠기의 한계와 이를 극복할 수 있는 (A) 장비의 결합에서 탄생한 공정이다.

① A : DLMS, B : CNC
② A : CNC , B : SLS
③ A : SLS, B : 광경화
④ A : SLS, B : FDM

120 노즐 설계 규격서 항목 중 성능에 대한 설명이 잘못된 것은?

① 성형물의 품질이 우선시 되는 경우에는 비교적 작은 직경의 노즐을 사용해야 한다.
② 성형물의 최종 외관은 이들 액적 혹은 필라멘트로 만들어진 마지막 층 및 각 층에서의 최외각 윤곽에 의해서 결정이 되며, 액이나 필라멘트의 사이즈가 작으면 작을수록 표면 거칠기는 나아진다.
③ 성형물의 가공 속도는 노즐의 사이즈가 작으면 작을수록 더 오래 걸린다.
④ FDM 방식에서는 10마이크론 정도가 일반적인 최소 크기이다.

[해설]
FDM 방식에서는 100마이크론 정도가 일반적인 최소 크기이다.

121 노즐 설계 규격서 항목 중 크기에 대한 설명이 잘못된 것은?

① 노즐의 길이는 토출 필라멘트의 크기와 상관이 있으므로 재료의 종류에 따라서 그 길이가 결정되어야 한다.
② 노즐의 길이가 짧은 FDM 헤드 같은 경우에는 다른 기계 장치나 성형품과의 간섭을 고려해야 한다.
③ 이송 장치 설계 시 노즐의 전체 크기 및 중량을 고려해야 한다.
④ 노즐의 치수는 허용 공차를 함께 제공함으로써 치수 정밀도를 확보하게 한다.

[해설]
노즐의 길이는 토출 필라멘트의 크기와는 상관이 없으나, 재료의 종류에 따라서 그 길이가 결정되어야 할 때도 있다.

122 다음 하이브리드 3D프린터에 관한 설명 중 ( )안에 들어갈 용어로 알맞은 것은?

> (A)은(는) 금속 박판을 초음파 에너지를 이용하여 기판과 접합시키고 가공을 거쳐 3차원으로 성형하는 공정이다. 이 공정은 접합된 박판 아래층에 가공된 재료가 없을 경우 처짐 현상이 발생한다. 따라서 (B)공정을 이용하여 빈 공간에 서포터 형상을 제작하여 상호 보완한 하이브리드 3D프린터가 있다.

① A : DLMS, B : CNC
② A : FDM , B : DP(Direct Print)
③ A : DP(Direct Print), B : 광경화
④ A : UC(Ultrasonic Consolidation), B : FDM

123 노즐 설계 규격서 항목 중 재료 토출 속도에 대한 설명이 잘못된 것은?

① 제팅 속도는 생산성에 영향을 미치는 것으로 1초당 생성 가능한 최대 액적의 수에 대한 정보를 제공해야 한다.
② 제팅 속도는 보통 mm/sec 단위로 나타낸다.
③ FDM 방식의 경우에는 재료 공급 속도에 따라서 재료의 토출 속도가 정해지므로, 최대 토출 속도에 대한 정보를 제공해야 한다.
④ DP 방식에서는 공기압 혹은 스크류의 회전으로 재료가 토출이 되기 때문에 최대 공기압 및 최대 스크류 회전 속도에 대한 정보를 제공해야 한다.

[해설]
제팅 속도는 보통 Hz 단위로 나타낸다.

124 노즐 설계 규격서 항목에 대한 설명으로 맞는 것은?

① 중고가의 FDM 장비의 경우에는 모델 재료 및 서포트 재료를 토출할 2개의 노즐이 하나의 노즐헤드에 장착이 된다.
② 비용은 성능과 직접적으로 연관이 없으므로, 전체 시스템의 비용에서 헤드의 비용을 별도로 산정할 필요가 없다.
③ 노즐은 금속, 플라스틱, 세라믹 등 다양한 방식으로 제작이 될 수 있다. 또한 각 구성품은 각기 같은 종류의 재료로 제작해야만 한다.
④ 노즐은 영구품이기 때문에 주기적으로 교환할 필요가 없다.

125 노즐 설계 규격서 항목설명이 틀린 것은?

① FDM 방식의 경우에는 노즐의 온도를 상승시켜 고체 상태의 재료를 녹여서 토출을 시켜야한다.
② 노즐을 운용하기 위한 환경도 명시해야 한다. 이는 온도, 습도를 포함해서 노즐 구동을 위한 전기 파워, 공압을 위한 압력 등을 명시한다.
③ 각 방식별로 안전 사항을 명시해야 한다. 제팅 방식의 경우에는 UV에 유의해야 하며, FDM 방식에서는 고온에 유의해야 한다.
④ DP 방식의 경우 다양한 노즐 팁이 있으며 비교적 고가이기 때문에 잦은 교체에 하지 않아야 한다.

[해설]
다양한 노즐 팁이 있으며 비교적 저가이기 때문에 잦은 교체에 유리하다.

126 SLA 방식 3D프린터 광학계 중 재료 표면에서 레이저 빔의 직경을 작게 하는 것들로 올바르게 묶인 것은?

a. 마스크	b. 초점렌즈
c. 반사경	d. 빔 익스팬더

① a, b   ② b, c
③ b, d   ④ c, d

해설
- 빔 익스펜더 : 주사 방식의 3차원 프린터를 개발할 때, 가장 기본적으로 고려해야 할 부분은 재료 표면에서 레이저 빔의 직경을 작게 하는 것이다.
- 반사경 : 좁은 영역에서 긴 광경로를 생성할 때 필요하다. 또한 광의 방향을 전환하여 렌즈와 렌즈 사이 혹은 다른 광학계로 광이 입사되게 한다.
- 주사 장치 : 정렬된 광을 원하는 재료 표면 위에 도달하게끔 위치 제어를 수행하며 동시에 속도 및 가속도를 제어한다.
- 초점 렌즈 : 가공 전 영역에서 재료 표면이 초점면과 일치되게 하기 위해서 특수 렌즈를 사용한다.

127 노즐 설계 제작도는 크게 부품도와 조립도로 나뉜다. 부품도에서 부품을 제작하기 위해 필요한 것이 아닌 사항은?

① 형상   ② 치수
③ 재료   ④ 동작범위

해설
부품도는 부품을 제작하기 위한 형상, 치수, 재료, 마감, 공차, 가공 정보 등의 정보를 포함해야 하고, 조립도는 완성품을 만들기 위한 이들 각각의 부품의 조립에 대한 과정, 동작 범위 등에 대한 정보를 포함해야 한다.

128 제팅 방식의 노즐 평가 항목이 아닌 것은?

① 노즐의 치수 검증
② 동작 주파수
③ 막힘(clogging) 현상
④ 노즐 온도

129 SLS 방식 3D프린터에 사용한 소재를 재사용하기 위해 필요한 핵심장치를 모두 고른 것은?

a. 필라멘트 압출기
b. 필라멘트 수집 장치
c. 진공 펌프 및 집진 장치
d. 교반 장치 및 필터

① a, c   ② a, d
③ b, c   ④ c, d

해설
- 진공 펌프 및 집진 장치 : 메인 가공 챔버에 남아 있는 소결되지 않은 재료를 수거하기 위해서 고압 진공 펌프와 재료들을 수거해서 교반기로 이송할 집진 장치가 필요하다.
- 교반 장치 및 필터 ; 수집된 재료는 재료 재사용 매뉴얼에 따라서 사용한 재료와 새 재료를 적절한 배율로 섞는다. 교반 장치와 거름 장치는 보통 같이 구성되어 있으며, 이를 따로 분리해서 구성할 수도 있다.

130 FDM 방식의 노즐 평가 항목이 아닌 것은?

① 노즐 온도
② 재료 토출 속도
③ 동작 주파수
④ 노즐의 치수 검증

131 DP 방식의 노즐 평가 항목이 아닌 것은?

① 노즐의 치수 검증
② 재료 토출 속도
③ 노즐 온도
④ 막힘 현상

132 노즐의 치수 평가 방법 중에 FDM 및 DP 방식의 노즐 팁의 외경 및 길이를 측정하는 방법은 버니어 캘리퍼스, 마이크로미터 등으로 측정하는 방법은?

① 직접식 측정
② 간접식 측정
③ 비교식 측정
④ 유추식 측정

133 직접 노즐을 측정하는 것이 아니라 액적 혹은 필라멘트를 측정하는 방식이다. 즉, 특정 재료를 이용해서 재료를 토출시키고 난 다음 그 액적 혹은 필라멘트의 모양을 광학식으로 측정하는 방식은?

① 직접식 측정
② 간접식 측정
③ 비교식 측정
④ 유추식 측정

134 액적 생성 속도 평가 방법에 대한 설명은?

① 액적 사이의 거리 및 카메라 측정시간을 이용하여 측정한다.
② 일반 카메라로 측정이 가능하다.
③ 적외선 측정기와 같이 비접촉식 방법으로 측정할 수 있다.
④ 통계적으로 평가할 수 있다

135 광학 모듈 설계시 주사 방식에서의 광원 및 광학계의 구조에 대한 설명이 맞는 것은?

① 광조형 공정에서는 주로 적외선 레이저가 사용이 된다.
② 선택적 소결 방식에서는 열에너지를 이용해서 재료를 소결 혹은 용융시키기 때문에 높은 열에너지를 발생시키는 자외선 레이저를 많이 사용한다.
③ 레이저의 파장대가 광 개시제의 파장대 영역보다 커야한다.
④ 레이저의 파워가 높을수록 고속 주사가 가능하다.

136 전극 사이의 정전 용량의 변화를 감지하여 이를 변위 검출에 사용하는 방식은?

① 광학식 변위 센서
② 초음파 변위 센서
③ 인덕턴스 변위센서
④ 정전용량 변위 센서

137 비접촉식 변위 측정 방식이 아닌 것은?

① Linear Variable Differential Transformer(LVDT)
② 자기 저항식 변위 센서
③ 정전 용량형 변위 센서
④ 초음파 변위 센서

정답 | 131. ③ 132. ① 133. ② 134. ① 135. ④ 136. ④ 137. ①

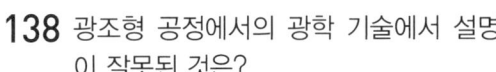

138 광조형 공정에서의 광학 기술에서 설명이 잘못된 것은?

① 광경화성 수지를 컨테이너에 넣고 적외선 레이저의 집광된 빔을 재료 표면 위에 주사함으로써 재료를 경화시켜 단면을 생성하고 이를 적층하여 최종적으로 3차원 성형품을 제조한다.
② 주사 방식은 집광된 레이저 빔을 이용해서 수지 표면을 주사 혹은 해칭함으로써 레이저가 닿은 부위의 수지를 광경화시켜 고체 단면을 형성시킨다.
③ 전사 방식은 단면을 한꺼번에 경화하는 방식으로 광 패턴을 수지 표면 위에 조사하는 공정이다.
④ 레이어를 형성하는 방법에 따라서 주사방식과 전사방식이 있다

해설
자외선 혹은 가시광 레이저

139 주사 방식에서의 광원 및 광학계의 구조에 대한 설명이 잘못된 것은?

① 광원은 각 공정별로 사용하는 재료에 적합하게 선정이 되어야 한다.
② 광조형 공정에서 사용하는 재료는 주로 자외선 영역에서 반응을 하는 광개시제를 포함하고 있다.
③ 선택적 소결 공정에서 사용되는 레이저는 적외선 영역의 고에너지를 발산할 수 있는 레이저다.
④ 광 개시제의 파장대는 넓은 영역이며 레이저는 그 특성상 장파장이다. 따라서 레이저의 파장대가 광 개시제의 파장대 영역에 포함이 되어야 한다.

해설
단파장

140 주사 방식의 3차원 프린터를 개발할 때, 가장 기본적으로 고려해야 할 부분은 재료 표면에서 레이저 빔의 직경을 작게 하는 것이다. 이를 위한 가장 기본적인 광학계가 무엇인가?

① 빔 익스펜더   ② 반사경
③ 주사 장치   ④ 초점 렌즈

141 좁은 영역에서 긴 광경로를 생성할 때 필요하다. 또한 광의 방향을 전환하여 렌즈와 렌즈 사이 혹은 다른 광학계로 광이 입사되게 하게 하는 것은?

① 빔 익스펜더   ② 반사경
③ 주사 장치   ④ 초점 렌

142 정렬된 광을 원하는 재료 표면 위에 도달하게끔 위치 제어를 수행하며, 동시에 속도 및 가속도를 제어하는 것은?

① 빔 익스펜더   ② 반사경
③ 주사 장치   ④ 초점 렌

143 FDM 방식 3D프린터에서 소재의 재사용에 대한 설명으로 틀린 것은?

① 재료 공급은 연속적으로 필라멘트를 공급할 수 있는 스풀과 같은 장치가 필요하다.
② 2개 이상의 재료를 사용할 경우, 하나의 노즐은 모델 재료용으로 사용하고 다른 하나는 서포트 재료용으로 사용한다.
③ 제거된 서포트는 가소성 재료이기 때문에 열을 주면 다시 녹아서 흐르게 된다. 또한 제작된 형상도 열을 주면 녹아서 흐르기 때문에 재료 재사용이 불가능하다.
④ 사용하고 남은 재료와 사용한 재료 모두 재료 압출기를 사용하여 새로운 필라멘트 스풀을 만들 수 있다.

[해설]
재료 재사용이 가능하다.

144 다음 측정방식에서 사용 되는 변위 센서는?

- 삼각 측량법
- 공초점 측정법
- 모아레 측정법

① 광학식 변위 센서
② 초음파 변위 센서
③ 인덕턴스 변위센서
④ 정전용량 변위 센서

[해설]
단파장 광과 수광부를 이용하는 삼각 측량법, 단파장 광의 간섭을 이용하는 광위상 간섭법, 다파장 광의 간섭을 이용하는 백색광 주사 간섭법, 초점의 세기를 측정하는 공초점 측정법, 격자 간섭을 이용하는 모아레 측정법 등이 있다.

145 전사 방식에서의 광원 및 광학계의 구조에 대한 설명으로 틀린 것은?

① 광 패턴 형성기에 광을 입사시켜 광 패턴을 만들기 때문에 광패턴을 만들기에 충분히 큰 광이 입사되어야 한다.
② 주로 많이 사용하는 파장대는 자외선 영역인 365나노미터와 가시 광선 영역인 405나노미터이다.
③ 수은 램프에서 존재하지 않는 파장을 사용하기 위해서 제논과 결합한 램프를 사용하기도 한다.
④ 광의 세기가 작을수록 짧은 시간에 단면을 경화할 수 있다.

[해설]
광의 세기가 클수록 짧은 시간에 단면을 경화할 수 있다.

146 광 패턴을 수지 표면에 초점이 맞히게끔 전사하는 역할을 하는 것은?

① 전사 렌즈　② 반사경
③ 주사 장치　④ 초점 렌즈

147 광학계의 설계 규격서 내용 중 설명이 잘못된 것은?

① 광원 및 광학계의 성능은 최종 성형품의 품질(표면 거칠기 등)과 가공 속도에 따라 달리 적용될 수 있다.
② 광원은 사용 가능 광경화성 수지의 반응 파장대에 맞게 설계되어야 한다.
③ 주사 방식의 경우에는 주사 미러의 회전 속도 및 가속도가 가공 속도에 직접적인 영향을 미치지 않는다.
④ 주사 방식의 3차원 프린팅에서 광원 및 광학계의 비중이 전체 비용에서 가장 큰 부분을 차지한다.

148 3D프린터 방식 중 구동 장치의 Z축 이송 방식이 필요한 것은?

① DLP ② FDM
③ SLA ④ SLS

149 3D프린터 방식 중 구동 장치의 XY축 개별제어가 필요한 것은?

① 제팅방식 ② FDM
③ SLA ④ SLS

150 광학계의 설계 규격서 내용 중 설명이 맞게 된 것은?

① 보통 광학계는 매우 높은 정밀도를 요구하기 때문에 광학계에 사용되는 기계 부품의 마감은 낮은 수준으로 해야 한다.
② 광원 대비 사용 가능 재료의 정보를 포함해야 한다.
③ 광학계는 보통 먼지 등의 외부 영향을 제거하기 위해 열린 공간에 설치가 된다.
④ 광원은 영구적이다.

[해설]

① 높은 수준
③ 밀폐공간
④ 광원은 수명이 있다.

151 제팅 방식의 노즐 설계에 대한 내용이 다른 것은?

① 노즐은 그 크기에 따라서 액적의 크기가 정해진다.
② 1인치 안에 몇 개의 개별 액적을 분사할 수 있는지를 나타내는 척도인데, 그 수치가 높으면 높을수록 해상도가 높아진다.
③ 현재 상용 장비는 보통 XY 평면 상에서 1200dpi, 적층 방향인 Z축으로 600dpi 상의 정밀도를 가지고 있다.
④ 노즐의 개수가 많을수록 한꺼번에 넓은 영역을 프린팅할 수 있어 가공 속도가 상승하게 된다.

[해설]

현재 상용 장비는 보통 XY 평면 상에서 600dpi, 적층 방향인 Z축으로 1200dpi 이상의 정밀도를 가지고 있다.

152 FDM 방식의 노즐 설계에 대한 내용이 다른 것은?

① 노즐 헤드는 온도를 분산할 수 있는 방열 핀 및 프린팅 정밀도를 결정하는 매우 미세한 노즐 팁으로 구성되어 있다.
② FDM 노즐을 설계하기 위해서 첫 번째로 고려해야 할 부분은 노즐 팁의 직경이다.
③ 팁 사이즈에 따라서 토출된 필라멘트의 사이즈가 달라짐으로, 토출이 된 이웃 필라멘트 사이의 간격이 달라지며 이를 가공 경로 생성에 반영해야 한다.
④ 동일한 팁을 사용하면 재료에 관계없이 필라멘트의 사이즈가 같다.

해설

동일한 팁을 사용하는 경우라도 재료에 따라서 토출된 필라멘트의 사이즈가 달라지기 때문에 이 또한 보정을 해야 한다.

153 광학계의 설계 규격서 내용 중 설명이 잘못된 것은?

① 광학계를 운용하기 위한 환경도 명시해야 한다.
② 보통 높은 에너지의 광원을 사용하기 때문에 직접 광원을 응시하는 것을 피해야 하며 광원이 피부에 직접 닿지 않도록 유의해야 한다.
③ 광은 작은 이물질에도 난반사가 일어날 수 있기 때문에 정기적으로 광학계를 유지 보수해야 한다.
④ 광학계 또한 레이저와 두 쌍으로 이루어져야 하며, 레이저의 개수만큼 광학계가 설치되어 개별 제어가 이루어져야 한다.

해설

한 쌍

154 주사 방식 공정에서 광학계 평가 항목 설명 중 잘못된 것은?

① 재료 표면에서 레이저 빔의 직경은 광학계 평가 항목 중 제일 중요한 부분이다.
② 재료 표면에서의 레이저 빔의 모양 역시 평가해야 한다.
③ 재료 표면에서 레이저 빔의 파워 역시 평가 항목 중 하나이다.
④ 빌드 전 영역을 한꺼번에 측정할 수 있는 빔 프로파일러는 존재하지 않기 때문에 빔을 직접 측정하기 보다는 표준 시편을 만들어서 측정할 수가 있다.

해설

④-주사 방식 공정

정답 | 152. ④ 153. ④ 154. ④

155 액적에 대한 설명이 잘못된 것은?

① 제팅 속도는 생산성에 영향을 미치는 것으로 1초당 생성 가능한 최대 액적의 수에 대한 정보를 제공해야 한다. 이는 보통 ml 단위로 나타낸다.
② 필요로 하는 성능에 따라 설계된 노즐은 일정한 크기의 액적을 연속적으로 프린팅하기 위해서 치수가 보장이 되어야 한다.
③ 액적 생성 속도가 떨어지면 그만큼 헤드를 이송하는 속도가 느려지게 된다.
④ 고속 카메라를 이용하여 생성되는 액적을 측정할 수 있다.

[해설]

Hz

156 초점면에서의 레이저 빔의 크기(W)와 레이저의 파장(a), 광학계로 입사하기 전의 레이저 빔 직경(D) 및 광학계의 초점 거리(F)간의 상관관계 식으로 옳은 것은?

① $W = (\frac{4\pi}{a} \times \frac{F}{D})^2$
② $W = (\frac{4\pi}{a} \times \frac{D}{F})^2$
③ $W = (\frac{4\pi}{a} \times \frac{F}{D}) \times \frac{1}{2}$
④ $W = (\frac{4\pi}{a} \times \frac{D}{F}) \times \frac{1}{2}$

157 전사 방식 공정에서 광학계 평가 방법 설명으로 잘못된 것은?

① 광 패턴의 정밀도는 전사 방식의 특성상 한꺼번에 전 영역을 측정하는 것이 불가능하다.
② 빌드 전 영역을 한꺼번에 측정할 수 있는 빔 프로파일러는 존재하지 않기 때문에 빔을 직접 측정하기 보다는 표준 시편을 만들어서 측정할 수가 있다.
③ 표준 시편을 제작해서 그 치수 및 오차를 측정함으로써 광 패턴의 정밀도를 평가할 수 있다.
④ 빔 프로파일러를 이용하여 측정할 경우, 광 패턴의 크기를 프로파일러가 측정 가능한 크기로 줄여서 직접 측정이 가능하다.

[해설]

②-주사방식

158 하이브리드형 3D프린터 설명 중 잘못된 것은?

① 2개 이상의 프린터를 단순히 결합하여 사용한다.
② 하이브리드는 이종의 개체에서 새로운 개체가 생성되는 것을 나타내는 용어이다.
③ 새로운 공정을 통해서 기존 3차원 프린팅 공정에서는 제작할 수 없는 새로운 성형품을 제작할 수도 있다.
④ 3차원 프린팅에서 이종 기술을 토대로 새로운 기술 혹은 이전에 없던 기능을 가진 공정을 개발하는 것이라고 할 수 있다.

159 3D프린터의 하드웨어 제어에 대한 프로세서는?

> A. 프린터에서 전송된 프로그램 코드를 실행하는 제어 동작 단계
> B. PC 쪽에서 프린팅하고자 하는 CAD 데이터를 실제 사물 공간 좌표에서 물리적인 데이터로 변환하는 단계
> C. 전처리에서 결정된 공간으로 프린터의 노즐이 이동할 수 있도록 프린터 제어 프로그램 코드를 생성하는 단계

① A - B - C
② A - C - B
③ B - C - A
④ C - A - B

160 3D프린터 노즐에 대한 설명으로 틀린 것은?

① 노즐은 단면적 크기가 변화하면서 유체 유속을 증가하게 하는 장치로 보통 파이프나 튜브 형상이다.
② 노즐 팁의 길이가 길어지면 상대적으로 균일하지 않은 온도분포가 발생해서 온도제어가 쉽지 않다.
③ 노즐은 유체의 속도가 감소하여 압력이 증가하는데 사용하는 장치로 고속의 유체를 저속으로 바꾸면서 다양한 목적으로 사용된다.
④ 노즐 팁의 직경이 작을수록 정밀한 필라멘트를 토출할 수 있으나, 단위면적을 가공하는데 있어서는 상대적으로 성형시간이 길어진다.

해설
- 노즐은 그 단면적의 크기가 변화하면서 유체의 유속이 증가하게 하는 장치이며, 출구 유속(Vout)이 입구 유속(Vin)보다 크게 설계를 한다.
- 디퓨저(diffuser)는 유체의 속도가 감소하며 압력이 증가하는 데 사용하는 장치이며, 출구 유속(Vout)이 입구 유속(Vin)보다 작게 설계한다.

161 금속 파우더에 더 초점을 두고 있으며, 금속 파우더를 이용한 공정에서는 표면이 매끄럽지 못하기 때문에 이를 매 층 혹은 수 층마다 머시닝을 병행할 수 있는 하이브리드 3D프린터는?

① DMLS와 CNC 머시닝을 이용한 하이브리드 공정
② DP와 광조형 공정을 이용한 하이브리드
③ FDM과 DP를 이용한 하이브리드
④ FDM과 Ultrasonic Consolidation(UC)를 이용한 하이브리드

162 유동성을 가진 액상 혹은 페이스트 재료를 사용하기 때문에 재료가 토출됨과 동시에 경화시켜야 한다. 이를 위해서 광경화성 재료를 토출하고 이를 빛을 이용해서 곧바로 경화시킬수 있는 하이브리드 3D프린터는?

① DMLS와 CNC 머시닝을 이용한 하이브리드 공정
② DP와 광조형 공정을 이용한 하이브리드
③ FDM과 DP를 이용한 하이브리드
④ FDM과 Ultrasonic Consolidation(UC)를 이용한 하이브리드

정답 | 159. ③ 160. ③ 161. ① 162. ②

163 기계적 성질이 우수한 구조물을 제작하고, 다양한 복합재를 사용함으로써 단일 공정에서는 제작할 수 없는 다양한 종류의 성형품을 가공할 수 있는 하이브리드 3D프린터는?

① DMLS와 CNC 머시닝을 이용한 하이브리드 공정
② DP와 광조형 공정을 이용한 하이브리드
③ FDM과 DP를 이용한 하이브리드
④ FDM과 Ultrasonic Consolidation(UC)를 이용한 하이브리드

164 수평인식 장치에서 사용되는 접촉식 변위 센서는?

① 인덕턴스 변위 센서
② 자기 저항식 변위 센서
③ 정전 용량형 변위 센서
④ LVDT(Linear Variable Differential Transformer)

> **해설**
>
> - 접촉식 변위 측정
>   · Linear Variable Differential Transformer(LVDT)
>   · 마이크로미터(micrometer)
> - 비접촉식 변위 측정
>   · 자기 저항식 변위 센서
>   · 정전 용량형 변위 센서
>   · 초음파 변위 센서
>   · 인덕턴스 변위 센서
>   · 광학식 변위 센서

165 비 접촉식 변위 센서 중 3차원 프린팅 장비에 많이 사용하는 것은?

① 인덕턴스 변위 센서
② 자기 저항식 변위 센서
③ 정전 용량형 변위 센서
④ LVDT(Linear Variable Differential Transformer)

166 빈 공간에 서포트 형상을 제작할 수 있다. 이렇게 사용된 서포트 재료는 가공이 끝난 다음 제거할 수 있으며, 최종적으로 내부가 빈 3차원 금속 성형품을 얻을 수 있는 하이브리드 3D프린터는?

① DMLS와 CNC 머시닝을 이용한 하이브리드 공정
② DP와 광조형 공정을 이용한 하이브리드
③ FDM과 DP를 이용한 하이브리드
④ FDM과 Ultrasonic Consolidation(UC)를 이용한 하이브리드

167 하이브리드 3D프린터에 대한 설명이 다른 것은?

① 하이브리드는 이종의 개체에서 새로운 개체가 생성되는 것을 나타내는 용어이다.
② 3차원 프린팅에서 이종 기술을 토대로 새로운 기술 혹은 이전에 없던 기능을 가진 공정을 개발하는 것이라고 할 수 있다.
③ 서로 다른 공정의 장점을 취하고 새로운 공정, 더 나아가 이러한 새로운 공정을 통해서 기존 3차원 프린팅 공정에서는 제작할 수 없는 새로운 성형품을 제작할 수도 있다.
④ 현재 다양한 하이브리드형 3차원 프린팅 공정이 존재하지 않는다.

168 FDM과 Ultrasonic Consolidation(UC)를 이용한 하이브리드 3D프린터에 관한 설명은?

① 서포트 재료가 없을 경우에는 UC 공정으로 인해서 재료의 처짐 현상이 발생한다. 따라서 FDM 공정을 이용해서 이러한 빈 공간에 서포트 형상을 제작할 수 있다.
② FDM으로는 기계적 성질이 우수한 구조물을 제작하고, 다양한 복합재를 사용한다.
③ 광경화성 재료를 토출하고 이를 광을 이용해서 곧바로 경화시키는 방법이 있다.
④ 실시간으로 가공 중인 형상을 CCD로 모니터링하고 오차가 발생할 경우 수정도 가능하다.

169 SLA 방식 3D프린터에서 광 전달 순서가 올바르게 나열된 것은?

| ㄱ. 광원 | ㄴ. 주사장치 |
| ㄷ. 수지표면 | ㄹ. 광학계/집광장치 |

① ㄱ – ㄴ – ㄷ – ㄹ
② ㄱ – ㄴ – ㄹ – ㄷ
③ ㄱ – ㄹ – ㄴ – ㄷ
④ ㄱ – ㄹ – ㄷ – ㄴ

170 하이브리드형 빌드 장치 설계 규격서에 대한 설명으로 잘못된 것은?

① 최종 성형품에 대해서 정밀도, 속도 등에 대한 정보를 포함한다.
② CNC 장비 및 로봇의 각 축의 길이 및 이송/이동 가능 거리에 대한 정보를 포함시켜야 한다.
③ CNC 장비의 스핀들 회전 속도와 최대 토크를 포함시킨다.
④ CNC 장비의 크기, 부피도 포함시킨다.

정답 | 167. ④ 168. ① 169. ③ 170. ④

171 하이브리드형 빌드 장치 평가에 대한 설명으로 잘못된 것은?

① 가공품의 표면 거칠기를 측정함으로써 품질을 평가할 수 있다. 이는 각 축의 이송 정밀도, 반복 정밀도 등을 동시에 평가할 수 있는 방법이다.
② 최대 가공 속도를 측정함으로써 생산성을 평가할 수 있다.
③ 최종 성형품의 표면을 현미경, SEM, 표면 조도기로 표면 거칠기를 측정하여 평가한다.
④ 최소 가공 속도로 가공된 성형물에 대해서 표면 거칠기를 측정함으로써, 최소 가공 속도를 평가한다.

[해설]
최대 가공 속도로 가공된 성형물에 대해서 표면 거칠기를 측정함으로써, 최대 가공 속도를 평가한다.

172 쿨엔드 쪽에서 유입된 필라멘트를 이송하여 핫엔드에서 용융시킨 후 압출시켜 노즐을 통해 프린팅하는 장치를 무엇이라고 하는가?

① 베드 ② 익스트루더
③ LM 가이드 ④ 모터

173 다음 도면에서 A의 치수는?

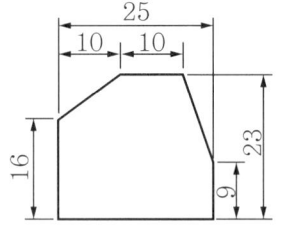

① 15 ② 18
③ 21 ④ 25

174 FDM과 DP(Direct Print)를 이용한 하이브리드 3D프린터에 관한 설명으로 틀린 것은?

① 복합화할 때 각 헤드를 1개 이상씩 다수 설치할 수 있다.
② 복합화된 FDM은 ABS 등 기존의 FDM 소재를 이용할 수 없다.
③ 복합화된 DP 공정에 바이오 잉크를 사용할 경우 조직공학 등 의료분야에 응용할 수 있다.
④ 복합화된 DP 공정에 전도성 잉크를 사용할 경우 PCB 등의 기판 대용품을 제조할 수 있다.

[해설]
FDM 공정은 열가소성 재료만 사용할 수 있고, DP 공정은 주로 열경화성이면서 유동성이 있는 재료를 사용한다. FDM에서 사용 가능한 재료는 ABS와 같이 비교적 기계적 강도가 우수하며 DP 방식에 비해서 가공 성능이 우수하다.

175 재료 압출형(ME) 3D프린터의 주요 부품의 설명이 틀린 것은?

① 익스트루더는 필라멘트를 이송하여 노즐을 통해 프린팅하는 장치로서 노즐 직경은 0.2mm의 제품이 널리 사용된다.
② 구동 모듈은 XY 테이블 구조를 채택한 직교 방식과 병렬 로봇 구조를 채택한 델타봇 방식으로 분류할 수 있다.
③ 베드는 실제로 3D프린팅이 실시되는 작업 공간으로 Z축 구동부와 연결되어 한 층의 적층이 완료되면 적층 두께만큼 아래쪽으로 하강하여 다음 층의 적층이 수행되도록 하는 역할을 한다.
④ 통상적으로 개인용 3D프린터용으로 판매되는 필라멘트(PLA, ABS)는 직경 1.75mm의 제품이 널리 사용된다.

[해설]
익스트루더는 필라멘트를 이송하여 노즐을 통해 프린팅하는 장치로서 노즐 직경은 0.4mm의 제품이 널리 사용된다.

176 구동 모듈에서 익스트루더 부분이 X, Y 방향으로 이송되고 베드가 Z방향으로 이송되는 구조로 된 아래 그림과 같은 방식을 무엇이라고 하는가?

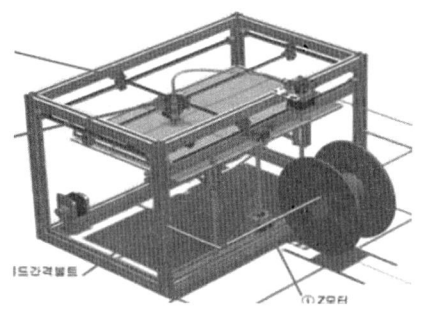

① 델타봇 방식　② 상대방식
③ XYZ방식　　④ 직교 방식

177 구동 모듈에서 익스트루더 부분이 X, Y 방향으로 이송되고 베드가 Z방향으로 이송되는 구조로 된 아래 그림과 같은 방식을 무엇이라고 하는가?

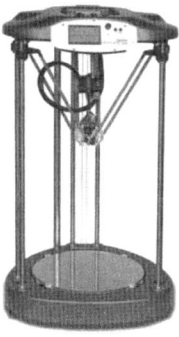

① 델타봇 방식　② 상대방식
③ XYZ방식　　④ 직교 방식

178 베드에 대한 설명이 잘못된 것은?

① 실제로 3D프린팅이 실시되는 작업 공간이다.
② 두 개의 적층이 완료되면 적층 두께만큼 아래쪽으로 하강하여 다음 층의 적층이 수행되도록 하는 역할을 한다.
③ 적층 시에는 노즐로부터 압출된 용융 필라멘트가 안정적으로 적층되도록 접착력이 좋아야 하는 반면, 접착력이 너무 강하면 프린팅 종료 후에 완성품이 베드에서 원활하게 분리되지 않는다.
④ 재료로는 유리판이나 금속판 등이 사용되며, 수축 등에 의한 프린팅 불량을 최소화하기 위해 베드에 열선을 심어 베드를 가열할 수 있는 경우도 있다.

[해설]

한 층의 적층이 완료되면 적층 두께(Layer thickness)만큼 아래쪽으로 하강

179 SLA 방식 3D프린터 광학계 설명 중 잘못된 것은?

① 레이저 빔의 단면이 작으면 작을수록 최소 성형 가능한 크기, 즉 가공 해상도는 높아져서 결과적으로 정밀한 성형품을 제작할 수 있다.
② 아주 작은 빔 사이즈는 많은 주사 경로를 만들어 가공 시간이 짧게 걸린다.
③ 해상도와 가공 시간을 고려해서 광학계를 설계해야 한다.
④ 넓은 면적을 주사해야 할 경우에는 가공 영역의 가장자리에서도 초점이 맞힐 수 있게 특수한 광학계(동적 초점 조절기 등)를 사용하여 전 영역에서 초점이 잡히도록 설계해야 한다.

[해설]

가공 시간이 오래 걸린다.

180 광학렌즈 앞 20㎝되는 위치에 놓인 물체의 상이 렌즈 앞 60㎝ 위치에 생겼다. 이 렌즈의 초점거리는?

① 15㎝   ② 20㎝
③ 25㎝   ④ 30㎝

[해설]

$\frac{1}{20} + \frac{1}{60} = \frac{1}{f}, f = 15$

181 초점거리 12㎝인 렌즈 앞 3㎝ 되는 광축상 한 점에 물체를 놓았다. 이 때 생기는 렌즈로부터 이미지가 맺히는 거리는?

① 6㎝되는 곳   ② 12㎝되는 곳
③ 4㎝되는 곳   ④ 3㎝되는 곳

[해설]

$\frac{1}{3} + \frac{1}{b} = \frac{1}{12}, b = 4$

182 광학렌즈 앞 20㎜에 있는 물체가 광학렌즈 20㎜에 상이 맺혔다. 이 광학렌즈의 초점거리는 얼마인가?

① 40㎜   ② 30㎜
③ 20㎜   ④ 10㎜

[해설]

$\frac{1}{20} + \frac{1}{20} = \frac{1}{f}, f = 10$

PART 03

3D프린터 프로그램
- 예상문제 -

001 3D프린터의 하드웨어 제어에 대한 프로세서는 크게 3단계로 구분지을 수 있다. 해당되지 않는 것은?

① PC 쪽에서 프린팅하고자 하는 CAD 데이터를 실제 사물 공간 좌표에서 물리적인 데이터로 변환하는 전처리 단계
② 전처리에서 결정된 공간으로 프린터의 노즐이 이동할 수 있도록 프린터 제어 프로그램 코드를 생성하는 단계
③ 마지막으로 프린터에서 전송된 프로그램 코드를 실행하는 제어 동작 단계
④ 서포트를 제거하는 후처리 단계

002 3D CAD 모델에 대한 사항 중 잘못된 것은?

① 3차원 모델링으로 된 CAD 파일을 변환하기 위해 읽어 들이는 과정이다.
② 통상 3D CAD 프로그램에서 많이들 통용되는 확장자는 *.G-CODE 파일 형식이다.
③ 아래층에 지지부가 없는 부위나 높이에 따른 지지력이 필요한 경우에는 서포터를 더하여 지지력을 보강하는 과정도 포함한다.
④ 회전과 단위 변환 및 비율 등을 결정하여 실제 모델링에 적합한 형태로 최종 변환된다.

> **해설**
> 통상 3D CAD 프로그램에서 많이 통용되는 확장자는 *.STL 파일 형식이다.

003 3D프린팅은 CAD 프로그램으로 모델링한 3차원적 형상물을 2차원적 단면으로 분해한 후 적층하여 다시 3차원적 형상물을 얻는 방식을 무엇이라고 하는가?

① 슬라이싱   ② 코딩
③ 모델링   ④ 쉐이딩

004 다음 슬라이싱에 대한 설명 중 맞는 것은?

A. 하나의 이미지 모델로 되어 있던 3D CAD파일을 실제 구현할 두께로 한 층씩 나누는 과정이다.
B. 재료의 물성에 따라 두께 값이 조정되기 때문에 프린터 제어 프로그램에서 슬라이싱 과정을 포함하는 경우가 많다.
C. 두께 결정은 프린터 노즐의 사이즈와 프린팅 속도 요구 성능 등 여러 가지 복합 요인으로 결정된다.
D. 프린터의 속도, 노즐 막힘에 대한 위험성, 내부 밀도, 표면 거칠기, 형상 정밀도 등을 종합적으로 고려하여 노즐과 두께를 결정하고 슬라이싱 과정을 거쳐야 한다.

① A, B, C   ② A, C, D
③ A, B, D   ④ B, C, D

> **해설**
> 재료 분사 높이에 따라 두께 값이 조정되기 때문에 프린터 제어 프로그램에서 슬라이싱 과정을 포함하는 경우가 많다.

005 툴패스 생성에 대한 설명이 잘못된 것은?

① 슬라이싱된 각 층의 형상을 노즐에서 나오는 재료를 점과 선으로 채우는 과정이다.
② 외형 형상 컨투어와 잠열의 배분 등 복합적인 최적화 알고리즘이 필요한 과정이다.
③ 현재 여러 가지 기법들이 있고 오픈 소스 형태로 툴패스 플러그인 프로그램이 제공되고 있다.
④ 소프트웨어에는 카티아, 인벤터 오토캐드 등이 존재한다.

해설

SFACT, RadCAd, CURA, Slic3r 등

006 다음 설명 중 맞는 것은?

① 제어 코드 생성 : 툴패스를 따라 노즐이 이동할 수 있도록 3D프린터의 각 축 모터부가 추종할 명령어를 생성하는 과정이다.
② 제어 코드 전송 : 프린터는 제어 명령어 프로그램 코드에 따라 프린터 헤드를 이송하며 재료를 순차적으로 분사한다.
③ 제어 코드 저장 및 시스템 초기화 : 시스템 초기화를 통해 구동부 및 모든 시스템 자원들의 상태를 점검하고, 프로그램 수행을 할 수 있는 환경을 셋업한다.
④ 제어 코드 명령어 수행 : 시스템 초기화를 통해 구동부 및 모든 시스템 자원들의 상태를 점검하고, 프로그램 수행을 할 수 있는 환경을 셋업한다.

해설

② 제어 코드 전송 : 최종적인 결과물인 G-Code로 된 프로그램 제어 명령어 코드를 프린터로 전송하는 과정이다.
③ 제어 코드 저장 및 시스템 초기화 : 시스템 초기화를 통해 구동부 및 모든 시스템 자원들의 상태를 점검하고, 프로그램 수행을 할 수 있는 환경을 셋업한다.
④ 제어 코드 명령어 수행 : 프린터는 제어 명령어 프로그램 코드에 따라 프린터 헤드를 이송하며 재료를 순차적으로 분사한다.

007 제어 컨트롤 보드는 명령어를 수행하여 프린팅을 주관하는 명령자의 역할을 수행하는 하드웨어 부분이며, 이러한 명령에 따라 직접적인 프린팅을 수행하는 수행자의 역할을 하는 부분을 무엇이라고 하는가?

① 소프트웨어
② 모션 하드웨어
③ 제어 프로그램
④ 응용 프로그램

008 모터에 대한 설명이 틀린 것은?

① 개루프 제어를 구현할 수 있는 모터는 DC 모터이다.
② 폐루프 위치 제어는 센서를 통해 현재 위치 값을 읽어 들이고 모터에 전기 신호를 입력하여 목표 지점까지 이동하도록 매번 체크하면서 제어하는 방식이다.
③ 하드웨어는 현재 위치 값을 측정할 수 있는 센서와 액츄에이터인 모터, 그리고 제어루프를 관장하는 서보드라이버 이렇게 3가지로 구성된다.
④ 제어 프로그램에서도 스테핑 모터의 경우 펄스 형태로 신호를 보내는 것과는 달리 데이터 통신으로 데이터 스트링 형태로 제어 명령을 전송하고 추종하는 방식을 사용한다.

[해설]

개루프 제어를 구현할 수 있는 모터는 스테핑 모터이다.

009 모터의 설명 중 잘못된 것은?

① 서보모터로 많이 사용되고 있는 DC 모터와 AC 모터이다.
② 두 모터의 가장 두드러진 차이점은 입력 전원이 정류를 해서 직류로 변환하는지 아니면 일반적인 교류 전류를 인가하는지의 차이다.
③ 속도 제어나 위치제어에 있어서 DC 모터의 경우는 전압값 조정을 취한다.
④ 속도 제어나 위치제어에 있어서 AC 모터의 경우 전류값 조정을 취한다.

[해설]

속도 제어나 위치제어에 있어서 AC모터의 경우 펄스폭 조정을 취한다.

010 엔코더의 설명이 맞는 것은?

① 퍼텐쇼미터는 디지털출력으로 고속 처리에 어려움이 있어 아날로그 신호로 각도를 출력하는 로터리 엔코더를 주로 사용한다.
② 엔코더에는 다시 항상 현재 위치 값을 출력하는 인크리멘탈 엔코더가 있다.
③ 각도의 증감을 발생하며 매번 새롭게 출력 값을 저장하여 새롭게 0점 조정을 하고 프로그램 내부에서 메모리에 별도로 현재 입력값을 저장하여 0점 조정 이후 값의 변화를 비교하여 각도를 측정하는 엡솔루트 엔코더가 있다.
④ 내부적으로는 엡솔루트 엔코더엔 별도의 메모리와 배터리를 내장하고 있어서 전원이 끊어진 상태에서도 현재의 데이터를 그대로 유지하는 방식이다.

[해설]

① 퍼텐쇼미터는 아날로그 출력으로 고속 처리에 어려움이 있어 디지털 신호로 각도를 출력하는 로터리 엔코더를 주로 사용한다.
② 엔코더에는 다시 항상 현재 위치값을 출력하는 엡솔루트 엔코더
③ 각도의 증감을 발생하여 매번 새롭게 출력 값을 저장하여 새롭게 0점 조정을 하고 프로그램 내부에서 메모리에 별도로 현재 입력값을 저장하여 0점 조정 이후 값의 변화를 비교하여 각도를 측정하는 인크리멘탈 엔코더

011 3D프린터 제어 프로그래밍은 마이크로 프로세서 프로그래밍과 같은 의미이며, 프로그램 대상이 3D프린터 제어가 되는 것이다. 통상 3D프린터와 같이 시스템 내부에서 두뇌의 역할을 하는 마이크로 프로세서가 독립적인 운영을 하는 시스템을 (   )이라고 하고 제어 프로그래밍을 (   )이라 한다. (   )안에 들어갈 단어는 무엇인가?

① 프로세서 시스템, 프로세서 프로그래밍
② 생산관리 시스템, 생산관리 프로그래밍
③ 임베디드 시스템, 임베디드 프로그래밍
④ 제어 시스템, 제어 프로그래밍

012 마이크로 프로세서 설명 중 잘못된 것은?

① 컴퓨터와 유사한 내부 구조를 가지고 있다.
② 내부에는 레지스터라는 메모리가 있으나 이는 프로세서의 상태 제어나 프로세서가 처리할 해당 코드라인만 잠시 저장하는 임시 저장소일뿐이다.
③ 산술적인 계산은 별도의 루프인 ALU를 통해 고속으로 직렬 처리하는 구조를 가지고 있다.
④ 컴퓨터와의 차이점은 메모리를 내장하지 않고 외부에 메모리를 두고 처리하는 구조이다.

[해설]
산술적인 계산은 별도의 루프인 ALU를 통해 고속으로 병렬 처리하는 구조를 가지고 있다.

013 마이크로 프로세서 프로그램 처리에 대한 설명이 잘못된 것은?

① 명령 사이클은 페치 사이클과 실행 사이클 두 단계로 구성된다.
② 명령 사이클에서는 실행할 명령을 메모리에서 내부 명령 레지스터까지 인출하고 이를 명령 해독기에서 해독하기까지의 단계이다.
③ 실행 사이클에서는 명령 해독 결과에 따라 명령에서 정해진 타이밍 및 제어 신호를 순차적으로 발생하여 주어진 명령 실행 단계이다.
④ 마이크로프로세서에서 처리하는 프로그램 명령어 코드는 4비트 기계어이다.

[해설]
마이크로프로세서에서 처리하는 프로그램 명령어 코드는 2비트 기계어이다.

014 CAD와 CAM에 대한 설명으로 틀린 것은?

① CAD는 설계단계, CAM은 제조단계에서 주로 사용된다.
② CAD로 설계도면을 작성한 후 바로 CAM으로 연결되어 제조공정을 거치게 된다.
③ 공장에서 로봇을 작동하기 위한 소프트웨어나 데이터 등이 필요하며 이러한 작업을 실행시켜 주는 것이 CAD이다.
④ CAD는 컴퓨터를 활용함으로써 오류 범위를 줄였으며, CAM은 컴퓨터를 이용하여 제조공정을 운영하는 것으로 생산성 향상을 기대한다.

정답 | 11. ③ 12. ③ 13. ④ 14. ③

015 다음 G코드 명령어의 의미로 옳은 것은?

```
G1 X100 Y100 Z100 E10
```

① X, Y, Z축에 100, 100, 100 위치로 직선 이동시키고 10초간 잠시 멈춤
② X, Y, Z축에 100, 100, 100 위치로 직선 이동시키고 노즐의 온도를 10℃로 조정
③ X, Y, Z축에 100, 100, 100 위치로 직선 이동시키고 오차 범위는 10% 이내
④ X, Y, Z축에 100, 100, 100 위치로 직선 이동시키고 재료를 10mm 까지 직선 분사

[해설]

G0 : 빠른 이송, G1 : 선형 이송 (일반 속도)

016 마이크로 프로세서 프로그램 개발 환경에 대한 설명이 잘못된 것은?

① 개발자에게 프로그래밍 개발을 할 수 있는 환경과 실행이 되는 프로세서를 연결하고 실행하도록 하는 통합 개발 환경이 필요하다. 통상 통합 개발 환경(IDE)이라고도 한다.
② 에디터는 프로그램 코드를 편집할 때 쓴다. 일반적으로는 C 같은 고급 프로그래밍 언어가 사용된다.
③ 프로그래머의 재량에 따라 상위 레벨의 어셈블리 언어만 사용해야 한다.
④ 컴파일된 모든 목적 코드 파일은 다시 하나의 나열된 일괄 프로그램으로 묶어 주는 링크 과정을 거친다. 이때 만들어지는 것이 실행 파일이며 통상 hex 파일 형태로 만들어진다.

[해설]

프로그래머의 재량에 따라 하위 레벨의 어셈블리 언어를 사용하기도 한다.

017 물리적인 도선을 연결한 유선과 전자기나 적외선 등 도선을 사용하지 않는 무선이란 무엇에 의한 분류인가?

① 전송 선로에 따라 분류
② 전송 데이터의 신호 상태에 따른 분류
③ 전송 모드에 따라 분류
④ 데이터 전송 형태에 따른 분류

[해설]

- 전송 선로에 따라 분류
  · 물리적인 도선을 연결한 유선과 전자기나 적외선 등 도선을 사용하지 않는 무선
- 전송 데이터의 신호 상태에 따른 분류
  · 아날로그와 디지털
- 전송 모드에 따라 분류
  · 단방향 : 방송과 같이 데이터를 한 방향으로만 전송하는 방식
  · 반이중 : 양 디바이스 간의 양방향 송수신이 가능하지만, 같은 시간에 두 디바이스 간 동시에 데이터 전송을 할 수 없고, 한 번에 하나의 전송만 이루어지는 통신 방식
  · 전이중 : 양 디바이스 간의 송수신이 동시에 가능한 통신 방식
- 데이터 전송 형태에 따른 분류
  · 병렬 : 하나의 데이터를 여러 선을 통해 묶음으로 통신하는 방식
  · 직렬 : 하나 혹은 한 쌍의 선만을 통해 데이터를 전송하는 통신 방식
- 신호 타이밍에 따른 분류
  · 동기 방식 : 전송되는 데이터 신호 외에 클럭 신호를 별도로 두고 송수신 양측간의 신호에서 데이터를 공유된 클럭 신호에 따라 동기화시켜 데이터 통신을 하는 방식
  · 비동기 방식 : 별도의 타이밍 클럭을 두지 않고 신호 내부에 동기값을 포함하여 송수신 장치 양측이 통신 속도를 맞춰 통신하는 방식

018 전송 모드에 따라 분류한 것에 포함되지 않는 것은?

① 단방향　　② 반이중
③ 전이중　　④ 양방향

019 다음 중 리눅스 커널에 대한 설명으로 옳은 것은?

① 여러 가지의 내장 명령어를 가지고 있다.
② 사용자와 터미널을 통한 인터페이스를 지원한다.
③ 하드웨어 제어를 위한 디바이스 드라이버를 포함한다.
④ 사용자 명령을 입력받아 시스템 기능을 수행하는 명령어 해석기이다.

020 3D프린터의 노즐과 프린팅 베드의 위치가 정확히 제어되도록 처리하는 수치 제어용 프로그램 언어의 규격은?

① RS-232　　② RS-274
③ RS-485　　④ IEEE-1284

021 노즐의 온도를 190도로 설정하는 G코드는?

① M104 S190　　② M106 S190
③ M109 S190　　④ M140 S190

> **해설**
> M140 : 베드(플랫폼) 온도 설정
> M106 : 냉각팬 전원 켜기
> M109 : 압출기 온도 설정 후 대기

022 별도의 타이밍 클럭을 두지 않고 신호 내부에 동기값을 포함하여 송수신 장치 양측이 통신 속도를 맞춰 통신하는 방식을 무엇이라고 하는가?

① 비동기 방식
② 동기 방식
③ 반이중 방식
④ 전이중 방식

023 표본화는 시간 축 방향에서 일정 간격으로 샘플을 추출하여 이산 신호로 변환시키는 과정이고, (　)는 샘플된 진폭치를 특정 대표값으로 바꾸는 과정이고, (　)는 기계적 신호 처리가 용이한 디지털 코드 형태로 변환하는 과정이다. (　) 들어갈 단어는 무엇인가?

① 양자화, 부호화
② 부호화, 양자화
③ 기계화, 음성화
④ 전자화, 기계화

정답 | 18. ④ 19. ③ 20. ② 21. ① 22. ① 23. ①

024 A/D 포트에 대한 설명이 잘못된 것은?

① 연속적인 신호인 아날로그 신호를 디지털 장치인 MCU에서 처리하기 위해서는 부호화된 디지털 신호로 변환시켜야 하며 이를 A/D 변환이라고 한다.
② 온도, 압력, 음성, 영상 신호, 전압 등 연속적으로 측정되는 자연계에서의 수치를 전압의 세기로 변환시켜 기준 전압에 의해 일정 범위의 디지털 값으로 변경한 수치를 입력 받는 포트가 A/D포트이다.
③ ADC의 성능 표현은 시간축인 Sampling Frequency(rate)와 전압축인 Resolution bit로 나뉜다.
④ 단위는 Hz(1/s)를 사용하고 보통의 경우에 성능 표현은 Mspm(Msampling per minute)를 사용한다.

[해설]

Msps(Msampling per second)를 사용한다.

025 펄스폭 변조를 발생시켜 디지털 출력으로 0과 1 출력을 아날로그인 것처럼 출력할 수 있는 포트는 무엇인가?

① I/O 포트
② A/D 포트
③ PWM 포트
④ OA 포트

026 PWM 포트 동작 원리에 대한 설명이 잘못된 것은?

① 3D프린터의 경우 프린터에 있는 서보 모터를 속도 제어할 때 사용되어진다.
② 디지털 신호 HIGH와 LOW 상태의 지속 시간을 변화시켜 전압을 변환한다.
③ PWM 지원 포트(핀) DP 256개(0부터 255까지)의 범위 값을 출력할 수 있다.
④ PWM의 Duty Cycle은 전압의 한 주기 동안 ON이 되어 있는 시간의 비율을 의미한다.

[해설]

3D프린터의 경우 프린터에 있는 DC 모터를 속도 제어할 때 사용되어진다.

027 프린터의 주변 장치에 대한 설명이다. 무엇에 대한 설명인가?

> 구동 원리는 회전축에 부착된 로터와 회전축을 둘러싼 스테이터로 구성된다. 스테이터에 감겨있는 코일에 펄스 전류를 흘리면 자력이 발생하고, N극과 S극의 잡아 당기는 힘을 이용하여 로터를 끌어당기는 것을 반복하여 로터가 회전하게 된다.

① 스테핑 모터
② 모터 드라이버
③ 온도 센서
④ 리밋 스위치

028 3D프린터의 제어 프로세스에 대한 설명으로 틀린 것은?

① 노즐의 온도나 프로세서의 진행 상태 등 시스템 상태를 독립적으로 모니터링할 수 없다.
② 제어 프로그램 수행 시 제어코드 저장 및 시스템 초기화 → 제어코드 라인 별 명령어 수행 → 시스템 상태 모니터링 및 업데이트 단계를 거친다.
③ 툴 패스를 따라 노즐이 이동할 수 있도록 3D프린터의 각축 모터부가 추종할 명령어 생성 과정이 제어 코드 생성과정이다.
④ 전송받은 제어 명령어 코드를 전달받으면 프린터는 노즐 및 프린팅 베드의 가열 등 여러 가지 초기화 동작을 수행하게 된다.

[해설]
하드웨어에 독립적인 상태에서도 LCD나 기타 데이터 표시 장치를 통해 노즐의 온도나 프로세서의 진행 상태 등 시스템 상태를 모니터링할 수 있다.

029 프린터의 주변 장치에 대한 설명이다. 모터의 움직임을 제어해 주는 전자부품을 무엇이라고 하는가?

① 스테핑 모터
② 모터 드라이버
③ 온도 센서
④ 리밋 스위치

030 프린터의 주변 장치에 대한 설명이다. 다음 설명 중 잘못된 것은?

① 스테핑 모터의 구동 원리는 회전축에 부착된 로터와 회전축을 둘러싼 스테이터로 구성된다.
② 모터 드라이버는 모터의 움직임을 제어해 주는 전자부품이다.
③ 온도 센서는 3D프린터 주변 장치 중 매우 중요한 장치이지만 FDM방식 3D프린터의 경우는 그다지 중요한 부품이 아니다.
④ 리밋 스위치는 3D프린터가 축 이동을 할 때 한계점에 다다르면 스위치가 눌러져 한계점을 넘어 가는 것을 방지하는 스위치이다.

[해설]
FDM방식 3D프린터의 경우 필라멘트를 열을 이용하여 녹이기 때문에 온도가 매우 중요하기 때문이다.

031 수치 제어를 통해 구동되는 프로그램이 가능한 시스템에서 사용하는 수치 제어용 프로그램 언어를 무엇이라고 하는가?

① A-CODE
② M-CODE
③ G-CODE
④ P-CODE

정답 | 28. ① 29. ② 30. ③ 31. ③

032 G코드에 대한 설명으로 옳지 않은 것은?

① 출력이 되기 전 마지막 과정이다.
② 슬라이싱 프로그램에 의해 생성된다.
③ 펌웨어에서는 인식하지 않는다.
④ 기계의 움직임을 정의하는 정보가 들어 있다.

033 G CODE에 대한 설명으로 옳지 않은 것은?

① 출력하기 전 마지막 작업과정이다.
② 제어장치의 기능을 동작하기 전 준비하는 기능으로 준비기능(G코드)이라고 부른다.
③ 좌표를 지령하는 방법에는 절대지령과 증분지령이 있다.
④ 헤드 이외의 장치의 제어에 관련한 기능들로 구성되어 있다.

> [해설]
> ④-M코드

034 G코드 명령어가 잘못된 것은?

① Fnnn : 이송 속도
② Ennn : 압출 필라멘트의 길이
③ G0 : 급속 이송
④ G1 : 곡선 보간

> [해설]
> G1 : 제어된 이동. 지정된 좌표로 직선 이동하며 지정된 길이만큼 압출 이동

035 데이터 업로드 방법이 잘못된 것은?

① 설계 프로그램으로 모델링 후 3D프린터로 데이터를 전송하여 출력하는 방식이다.
② 데이터를 전송하는 방식에 있어서는 컴퓨터가 직접 3D프린터에 연결되어 있거나 SD카드 등을 이용하여 이동식 저장소에 저장하여 직접 3D프린터에 데이터를 연결하는 방법이 있다.
③ 3D프린터 제조사마다 지원하는 3D프린터 파일로 변환하는 프로그램들이 있다. 거기서 STL 파일을 실행하고 해당 3D프린터에 맞게 설정하면 3D프린터로 출력이 가능하다.
④ 변환없이도 모델링된 파일을 바로 출력할 수 있다.

036 기계를 제어 구동시키는 명령 언어를 무엇이라고 하는가?

① B코드   ② A코드
③ G코드   ④ P코드

037 다음 프로그램 개발과정에서 (가)에 들어갈 내용으로 적절한 것은?

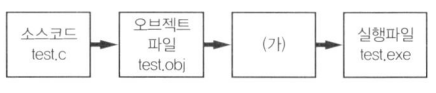

① 링커   ② 에디터
③ 실행   ④ 컴파일러

038 Object File을 라이브러리와의 상호작용으로 실행 프로그램을 작성하는 것은?

① 링커　　② 에디터
③ 실행　　④ 컴파일러

039 G코드의 종류에 맞는 것은?

① Gnnn : RepRap에 의해 정의된 명령.
② Mnnn : 1분당 Feedrate.
③ Tnnn : 도구 nnn 선택
④ Snnn : 압출형의 길이 mm

해설

종류	의미
Gnnn	어떤 점으로 이동하라는 것과 같은 표준 GCode 명령
Mnn	RepRap에 의해 정의된 명령. ex) 쿨링팬 회전
Tnnn	도구 nnn 선택
Snnn	파라미터 명령. ex) 모터로 보내는 전압
Pnnn	파라미터 명령. 밀리초 동안의 시간
Xnnn	이동을 위해 사용하는 X 좌표
Ynnn	이동을 위해 사용하는 Y 좌표
Znnn	이동을 위해 사용하는 Z 좌표
Fnnn	1분당 Feedrate. ex) 프린터 헤드의 움직임 스피드
Rnnn	파라미터 ex)온도에 사용
Ennn	압출형의 길이 mm
Nnnn	선 번호. 통신 오류 시 재전송 요청을 위해 사용
*nnn	체크섬. 통신 오류를 체크하는데 사용

040 M코드의 종류와 내용들이다 잘못된 것은?

① M0 : 압출기 온도 설정
② M1 : 선택적 프로그램 정지
③ M17 : 스테핑 모터 사용
④ M18 : 스테핑 모터 비사용

해설

- M0 : 프로그램 정지. 3D프린터의 동작을 정지
- M1 : 선택적 프로그램 정지. 3D프린터의 옵션 정지
- M17 : 스테핑 모터 사용. 스테핑 모터를 활성화
- M18 : 스테핑 모터 비사용. 스테핑 모터를 비활성화
- M101 : 압출기 전원 ON. 압출기의 전원을 켜고 준비
- M102 : 압출기 전원 ON(역). 압출기의 전원을 켜고 준비(역방향)
- M103 : 압출기 전원 OFF. 후퇴. 압출기의 전원을 끄고 후진
- M104 : 압출기 온도 설정. 압출기의 온도를 지정된 온도로 설정
- M106 : 냉각팬 ON. 냉각팬의 전원을 ON시켜 동작
- M107 : 냉각팬 OFF. 냉각팬의 전원을 OFF시켜 동작 정지
- M109 : 압출기 온도 설정 후 대기. 압출기의 온도를 설정하고 해당 온도에 도달하기를 기다림

041 시리얼통신에 대한 설명이 잘못된 것은?

① 다른 말로 직렬 통신이라고 하며, 말 그대로 직렬로 통신(정보 전달)하는 수단을 말한다.
② 병렬 통신과 시리얼 통신은 통신 채널이나 컴퓨터 버스를 거쳐 한 번에 하나의 바이트(Byte) 단위로 데이터를 전송한다.
③ 시리얼 통신은 컴퓨터와 컴퓨터 간 또는 컴퓨터와 주변 장치 간에 데이터를 전송하고 받을 때 사용한다.
④ 시리얼 통신의 종류에는 많이 사용하는 USART, SPI, I2C 통신과 함께 Ethernet, USB, CAN, SATA 등 다양한 직렬 통신이 있다.

해설

하나의 비트(Bit) 단위로 데이터를 전송한다.

042 양방향으로 동시에 송수신이 가능하다. 반환 시간이 필요 없으므로 두 통신 기기 사이에 매우 빠른 속도로 통신이 가능한 통신 방식은?

① 풀 듀플렉스 방식
② 하프 듀플렉스방식
③ 동기 방식
④ 비동기 방식

043 시리얼 통신 방식에 대한 설명이 잘못된 것은?

① 풀 듀플렉스(Full-Duplex) 방식은 전이중 통신이라고 불린다. 풀 듀플렉스 방식은 양방향으로 동시에 송수신이 가능하다
② 스마트 폰의 통신 방식이 하프 듀플렉스이다.
③ 하프 듀플렉스(Half-Duplex) 방식은 반이중 통신이라고도 불린다.
④ 무전기 방식이 하프 듀플렉스에 해당하는 방식이다

해설

스마트 폰의 통신 방식이 풀 듀플렉스이다.

044 미리 정해진 수 만큼의 문자열을 한 묶음으로 만들어서 일시에 전송하는 방법을 무엇이라고 하는가?

① 풀 듀플렉스 방식
② 하프 듀플렉스방식
③ 동기 방식
④ 비동기 방식

045 비동기식 전송과 동기식 전송에 대한 설명 중 잘못된 것은?

① 동기식 전송을 위해서는 데이터와 클록을 위한 3회선이 필요하다.
② 패리티 비트란 직렬 데이터 전송에서 데이터 라인 종류와 관계없이 에러가 발생하는데 이 에러를 검출하기 위한 방법이다.
③ 짝수일 때를 이븐 패리티, 홀수일 때를 오드 패리티라고 한다.
④ 데이터를 전송 후 스탑 비트를 보내기 전에 패리티비트를 이용해 에러를 검출한다.

해설

2회선이 필요하다.

046 초당 얼마나 많은 Bit를 전송할 수 있는가를 나타내는 통신 속도는?

① Bps(Bit Per Second)
② 보레이트(Baud rate)
③ CPS(character per second)
④ BPI(byte per inch)

047 초당 얼마나 많은 심볼을 전송할 수 있는가를 나타낸다. 여기서 심볼이란 말은 의미있는 데이터 비트의 묶음을 나타내며, 시리얼 통신에서는 데이터 비트(8-bit)를 사용하는 통신속도는?

① Bps(Bit Per Second)
② 보레이트(Baud rate)
③ CPS(character per second)
④ BPI(byte per inch)

048 프로그래밍에 대한 설명이 잘못된 것은?

① 프로그래밍 언어를 간단하게 정의하자면 "프로그램을 작성하기 위해서 사용하는 언어"라고 정의할 수 있다.
② 프로그래밍 언어란 "컴퓨터가 수행할 명령의 집합을 구성하기 위해서 사용하는 명령어 체계"라고 정의 내릴 수 있다.
③ 프로그램을 전문적으로 작성하는 사람을 우리들은 프로그래머라고 부른다.
④ 최초의 프로그래머는 척혈이라는 프로그래머이다.

해설

최초의 프로그래머는 에이다 러브레이스(Ada Lovelace)라는 프로그래머이다.

049 고급 언어로 작성된 프로그램을 컴퓨터에서 수행하기 위해서는 컴퓨터가 이해할 수 있는 언어로의 변환이 필요하다. 이러한 변환을 하는 프로그램을 무엇이라고 하는가?

① 컴파일러
② 프로그래머
③ 인터프리터
④ 프리프로세서

050 컴파일러에 대한 설명이 잘못된 것은?

① 컴파일을 하기 위해서 입력되는 프로그램을 원시 프로그램이라고 하며 원시 프로그램에 작성된 언어를 원시 언어라고 한다.
② 출력되는 프로그램을 목적 프로그램이라 정의하고 목적 프로그램에 작성된 언어를 목적 언어라고 부른다.
③ 컴파일러에서도 크로스 컴파일러라는 것이 있는데, 원시 프로그램을 컴파일러가 기계어로 번역하는 것이다.
④ 고급 언어로 작성된 프로그램의 의미를 수행하는데 컴파일러는 목적 프로그램으로 변환시켜 수행함으로써 결과를 도출한다.

해설

컴파일러에서도 크로스 컴파일러라는 것이 있는데, 원시 프로그램을 컴파일러가 기계어로 번역하는 것이 아니라 다른 기계에 적합한 기계어로 번역하는 컴파일러를 뜻한다.

051 사용자 인터페이스 디자인에 대한 설명으로 틀린 것은?

① 사용자와 컴퓨터 간의 정보를 주고받기 위하여 프로그램이 상호작용을 하는 것이다.
② 프로그램을 사용하는 데 불편함이 없도록 기존의 프로그램과 차이를 많이 두지 않는 것이 좋다.
③ 프로그램에서 우선적으로 File 메뉴를 위치 선정하는 이유는 사용자들이 가장 익숙해져 있기 때문이다.
④ 키보드 입력을 통해서 프로그램에 명령을 하달하는 것을 메뉴 방식 인터페이스라고 한다.

해설

사용자와 컴퓨터 간의 정보를 주고받기 위하여 프로그램이 상호작용하는 것을 뜻한다. 기본적으로 키보드로 입력하여 프로그램에 명령을 하달하는 것을 커맨드라인 인터페이스라고 하며 이외에 메뉴 방식 인터페이스, 그래픽 사용자 인터페이스가 있다. 우리가 사용할 인터페이스는 메뉴 방식의 인터페이스로 메뉴 선택으로 명령을 하달하는 방식이다.

052 기계어에 대한 설명이 잘못된 것은?

① 컴퓨터가 이해하고 수행하는 단 하나의 언어로서 컴퓨터의 언어라고 불리며, 컴퓨터를 작동시키기 위해서 0~10으로 이루어진 컴퓨터 고유 명령이다.
② 기계어 구조는 컴퓨터에 따라 각각 다르지만 컴퓨터가 이해할 수 있는 명령 형식이 있는데, 이를 인스트럭션 포맷이라고 한다.
③ 인스트럭션 포맷은 세 가지로 구성되어 있으며 자료 이동 및 분기 명령, 다수의 입출력 명령, 수치 및 논리 연산이다.
④ 기계어는 사람의 언어가 아닌 0과 1로 이루어진 언어이므로 사람이 이해하기 어렵고, 컴퓨터에 대한 지식이 충분하지 못하면 프로그램을 작성할 수 없기에 범용성이 부족할뿐만 아니라 시간이 많이 소요되었다.

해설

0과 1로 이루어진 컴퓨터 고유 명령이다.

053 어셈블리어에 대한 설명이 아닌 것은?

① 사람의 언어가 아닌 0과 1로 이루어진 언어이므로 사람이 이해하기 어렵고, 컴퓨터에 대한 지식이 충분하지 못하면 프로그램을 작성할 수 없기에 범용성이 부족할뿐만 아니라 시간이 많이 소요되다.
② CPU 명령어들을 기호로 표기할 수 있기 때문에 기호 언어라고도 불린다.
③ 더 높은 수준의 프로그램을 작성할 수 있게 되었다.
④ 어셈블리어는 표지부, 연산부, 피연산부로 구성되어 있다.

[해설]
① 기계어

054 어셈블리어의 구성이 아닌 것은?

① 표지부의 역할은 프로그램에서의 명령들을 참조하기 위한 집단 명칭이라고 할 수 있다.
② 연산부는 우리가 알고 있는 덧셈, 뺄셈, 이동 등 수행을 위한 명령들의 기호로 구성되어 있다.
③ 피연산부는 데이터가 처리되어 저장되는 장소를 뜻한다.
④ 세 가지로 구성되어 있으며 자료 이동 및 분기 명령, 다수의 입출력 명령, 수치 및 논리 연산이다

[해설]
④ 인스트럭션 포맷

055 컴퓨터 언어의 설명이 잘못된 것은?

① 컴퓨터 언어는 어셈블리어로부터 시작해왔다.
② 기계어만 사용하였는데 이를 제1세대 언어라고 정의한다.
③ 기계어에 대응되어 기호로 표시된 어셈블리어를 제2세대 언어라 한다.
④ 기호로 표시된 언어를 사용하지 않고 기능을 향상시켜 사용하기 쉽게 만든 언어를 제3세대 언어라고 정의한다.

[해설]
컴퓨터 언어는 기계어로부터 시작해왔다.

056 프로그램을 작성하는 기술 즉 프로그래밍 기술은 고도의 기술이며 어렵기 때문에 일반인은 컴퓨터를 쉽게 이용하지 못하고 그 효용을 누릴 수 있는 길이 막혀 있다. 이러한 문제를 해결하기 위해 개발한 언어가 무엇인가?

① 간이 언어 ② 기계어
③ 어셈블리어 ④ 제1세대 언어

057 다음 설명 중 4세대 언어에 해당하는 것은?

① 컴퓨터 개발 당시의 기계어
② 기계어에 대응되어 기호로 표시된 어셈블리어
③ 기호로 표시된 언어를 사용하지 않고 기능을 향상시켜 사용하기 쉽게 만든 언어
④ 신형 컴퓨터 언어를 뜻하며, 범용 프로그램 패키지

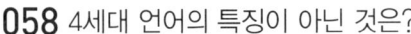

058 4세대 언어의 특징이 아닌 것은?

① 컴파일러 언어와 같이 습득이 어렵지 않은 간이 언어이다.
② 처리 절차가 간단하다.(비절차형 언어)
③ 일반인이 사용하기에도 어려운 언어이다.
④ 복잡한 EPDPS를 용이하게 개발할 수 있는 고급 언어이다.

해설

일반인이 사용하기에도 쉬운 언어이다.

059 다음 시리얼 통신방식에서 풀 듀플렉스의 특징으로 틀린 것은?

① 스마트 폰의 통신방식이 풀 듀플렉스이다.
② 풀 듀플렉스방식은 전이중 통신이라고 불린다.
③ 풀 듀플렉스방식은 단방향으로 순서에 따라 송신만 가능하다.
④ 반환시간이 필요없으므로 두 통신 기기 사이에 매우 빠른 속도로 통신이 가능하다.

해설

전이중 통신이라고 불린다. 풀 듀플렉스 방식은 양방향으로 동시에 송수신이 가능하다. 반환 시간이 필요없으므로 두 통신 기기 사이에 매우 빠른 속도로 통신이 가능하다. 예를 들어 많이 사용하는 스마트 폰의 통신 방식이 풀 듀플렉스이다.

060 슬라이스 프로그램에 대한 설명으로 틀린 것은?

① 3D모델을 물리적으로 번역한 것이다.
② 슬라이스 프로그램의 성능에 따른 출력물의 품질 차이는 없다.
③ 무료로 배포되고 있는 Cura와 같은 소프트웨어가 많이 이용되고 있다.
④ 사용되는 원료의 쌓는 경로와 속도, 압출량 등을 계산해서 G코드를 만들어 낸다.

해설

품질 차이 발생

061 4세대 언어는 기업 등에서 사용하는 (　　)이 규모가 크게 성장함에 따라 복잡해지고, 경영 환경이 빠르게 변화하는 과정에서 변화에 맞춰 생산성 향상을 목적으로 만들어진 언어이다. (　　)안에 들어갈 단어는 무엇인가?

① 전자 자료 처리 시스템
② 사무자동화 시스템
③ 공장자동화 시스템
④ 일괄업무처리 시스템

해설

4세대 언어는 전자 자료 처리 시스템(EDPS)이 규모가 크게 성장함에 따라 복잡해지고, 경영 환경이 빠르게 변화하는 과정에서 변화에 맞춰 생산성 향상을 목적으로 만들어진 언어이다.

062 프로그래밍 언어로서, 문자열과 수식이라고 하는 기호 처리가 처리의 중심이지만 기호 간의 관련은 데이터 조에서 취급한다. 따라서 인공 지능언어는 강력한 리스트 처리 기능을 가진 것이 장점인 언어는 무엇인가?

① 간이 언어 ② 기계어
③ 어셈블리어 ④ 인공 지능 언어

[해설]
대표적인 인공 지능 언어로 프롤로그(PLOROG), 립스((LISP:리스프처리언어) 등이 있다.

063 알골과 함께 과학 계산용으로 사용하는 언어이며, 그 후 ANSI에서 수정 및 보완으로 과학 계산용 프로그램 언어는 무엇인가?

① COBOL 언어
② FORTRAN 언어
③ PASCAL 언어
④ Java 언어

064 1960년 미국 국방부를 중심으로 개발된 프로그램 언어로 컴퓨터의 프로그래밍을 쉽게 작성하기 위하여 개발된 프로그램 언어 중 하나는 무엇인가?

① COBOL 언어
② FORTRAN 언어
③ PASCAL 언어
④ Java 언어

065 사용자와 컴퓨터 간의 정보를 주고받기 위하여 프로그램이 상호작용하는 것을 뜻하는 것은?

① 코딩 ② 컨버터
③ 인터페이스 ④ 인터프리터

066 3D프린터에서 원하는 값에 도달하기 위한 기초적인 자동피드백 제어 방법은?

① PID ② PAM
③ PWM ④ SMPS

067 다음 중 3차원 모델의 형상 정보를 담고 있는 CAD 설계 데이터로 3D프린터 슬라이서 프로그램에서 주로 사용하는 파일 포맷은?

① DWG ② 3GS
③ STL ④ OBJ

068 1960년에 국제정보처리학회연합(IFIP)에서 유럽의 학자들이 설계하여 개발한 컴퓨터용 인공 언어이자 백커스 정규형(BNF)에 의해 기술된 최초의 언어는 무엇인가?

① COBOL 언어
② ALGO
③ PASCAL 언어
④ Java 언어

정답 | 62. ④ 63. ② 64. ① 65. ③ 66. ① 67. ③ 68. ②

069 체계적인 교육용 언어가 필요할 시기에 1969년 스위스 취리히공과대학교의 니클라우스 비르트 교수가 컴퓨터 프로그래밍 언어를 개발한 언어는 무엇인가?

① COBOL 언어
② ALGO
③ PASCAL 언어
④ Java 언어

070 1995년 선 마이크로시스템의 제임스 고슬링에 의하여 개발된 객체 지향 언어로서 인터넷 웹페이지 상에서 실행이 가능한 언어는 무엇인가?

① COBOL 언어
② ALGO
③ PASCAL 언어
④ Java 언어

071 프로그램을 간결하게 쓸 수 있고, 기술상의 제약이 적어서 프로그래밍하기 쉽게 많은 연구를 통해 개발한 언어는 무엇인가?

① C 언어
② ALGO
③ PASCAL 언어
④ Java 언어

072 특수 목적의 시스템으로 제품이나 솔루션에 내장되어 있는 형식으로 (   )은 하나 혹은 다수의 결정된 작업을 수행하거나 제품 내 특별한 작업을 수행하는 솔루션을 뜻한다. (   )안에 들어갈 단어는 무엇인가?

① 전자 자료 처리 시스템
② 임베디드 시스템
③ 공장자동화 시스템
④ 일괄업무처리 시스템

073 FORTRAN 언어에 대한 설명이 아닌 것은?

① 알골과 함께 과학 계산용으로 사용하는 언어이다.
② 산술 기호(+, −등)를 별다른 변환없이 그대로 불러내어 사용할 수 있어서 개발 당시 획기적인 방법이었다.
③ 과학 기술용 언어인 FORTRAN은 제4세대 언어로서 1980년대까지 가장 많이 사용되었다
④ 복잡한 계산 수행 성능이 뛰어나 공학 및 특정 분야에서는 사용지고 있다.

해설

제3세대 언어

074 COBOL 언어에 대한 설명이 아닌 것은?

① 1960년 미국 국방부를 중심으로 개발된 프로그램 언어
② 컴퓨터의 프로그래밍을 쉽게 작성하기 위하여 개발된 프로그램 언어이다.
③ 과학 계산용으로 만들어진 언어이다.
④ COBOL은 4가지 부분으로 구성되어 진다.

[해설]

사무 처리용으로 만들어진 언어이다.

075 COBOL 언어에서 식별부에 해당하는 것은?

① 원시 프로그램의 컴파일 또는 프로그램이 실행되는 컴퓨터
② 프로그램 문서화를 위한 사항을 기술
③ 프로그램에서 사용되는 기호 및 여러 가지 스위치를 정의하는 구성 부분
④ 프로그램에서 사용하는 파일의 구조를 정의하는 Input-Output으로 구성

[해설]

① ③ ④-표지부

076 COBOL은 4가지 부분으로 구성되어진다. 아닌 것은?

① 식별부   ② 표지부
③ 데이터부   ④ 마감부

[해설]

식별부, 표지부, 데이터부, 절차부

077 C언어의 설명이 맞는 것은?

① 프로그램을 간결하게 쓸 수 있고, 기술상의 제약이 적어서 프로그래밍하기 쉽게 많은 연구를 통해 개발한 언어이다.
② 마이크로시스템의 제임스 고슬링에 의하여 개발된 객체 지향 언어로서 인터넷 웹페이지 상에서 실행이 가능하다.
③ 블록 구조 및 유용성이 큰 제어문 등의 기능, 자료를 구조화하고 압축하는 기능을 보완한 언어라고 할 수 있다.
④ 유럽의 학자들이 설계하여 개발한 컴퓨터용 인공 언어이자 백커스 정규형(BNF)에 의해 기술된 최초의 언어이다.

[해설]

②Java 언어   ③PASCAL 언어   ④ ALGOL

078 C언어는 다양한 버전이 있다. 아닌 것은?

① K&R C Version
② ANSI C Version
③ C99 Version
④ C200 Version

079 C언어의 특징 중 단점은?

① 간결하다.
② C언어는 초보자가 배우기가 어렵다.
③ 효율적이다
④ 저수준의 프로그래밍뿐만 아니라 고수준의 프로그래밍도 가능하다.

정답 | 74. ③ 75. ② 76. ④ 77. ① 78. ④ 79. ②

080 주어진 문제를 해결하기 위해 명확하고 구체적으로 정의된 규칙과 절차를 기술한 것으로, 한정된 개수의 규제나 명령의 집합을 무엇이라고 하는가?

① 수열 ② 알고리즘
③ 포퓰리즘 ④ 차트

081 알고리즘은 아래 주어진 조건을 만족해야만 한다. 해당 사항이 아닌 것은?

① 입력 ② 명백성
③ 유한성 ④ 한계성

[해설]
- 입력 : 외부로부터 제공되는 자료
- 출력 : 절대적으로 한 가지 이상의 결과가 발생한다.
- 명백성 : 명령들은 각각 명백해야 한다.
- 유한성 : 알고리즘 수행 후 한정된 단계를 거쳐 처리된 후에 알고리즘은 종료된다.
- 효과성 : 수행하는 명령들은 명백하고 수행 가능한 것이어야 한다.

082 알고리즘을 기술하는 데는 3가지 방법이 있다. 아닌 것은?

① 자연어 ② 기계어
③ 순서도 ④ 의사 코드

083 프로그램 개발 과정에서 먼저 해야 할 일은 무엇인가?

① 요구 사항 분석
② 알고리즘 개발
③ 소스 작성
④ 컴파일과 링크

084 프로그래밍 언어를 이용하여 알고리즘의 각 단계를 작성하는 것으로, (   )이라고 부른다. (   ) 들어갈 단어는 무엇인가?

① 코딩 ② 모델링
③ 슬라이싱 ④ 렌더링

[해설]
프로그래밍 언어를 이용하여 작업의 내용을 기술한 것을 소스 프로그램 또는 소스코드라고 한다.

085 3D프린터에 설치된 모터를 구동하여 노즐이 툴 패스를 따라 이동할 수 있도록 명령어를 생성하는 코드명은?

① C코드 ② N코드
③ G코드 ④ Z코드

086 재료 분사(Material Jetting, MJ) 방식에 대한 설명으로 옳은 것은?

① 프린터 제팅 헤드에 있는 미세 노즐에서 재료를 분사하면서 자외선으로 경화시켜 형상을 제작한다.
② 얇은 필름 형태의 재료나 얇은 두께의 종이, 롤 상태의 라미네이트 등과 같은 재료를 사용한다.
③ 특수 시트에 도포된 광경화성 수지에 프로젝터를 이용해 출력할 영상 데이터를 면단위로 조사하여 경화한다.
④ 베드에 분말을 얇고 편평하게 적층하는 방식과 잉크젯으로 접착제를 분사하는 방식이 상호 결합한 기술 방식이다.

[해설]

수백 개 이상의 미세 노즐을 함유한 헤드가 원하는 단면에 해당되는 노즐에서 광경화성 수지 액적이 토출되며, 토출된 수지 액적은 헤드와 함께 이송하는 자외선 램프에서 조사된 자외선에 의해 경화되어 단면을 제작하는 방식이다. 이때 광경화성 수지는 해당 자외선 파장에서 경화되는 수지가 사용된다.

087 컴파일에 대한 설명이 아닌 것은?

① 소스 파일 작성이 완료되었다면 다음 단계로는 소스 파일을 컴파일하는 것으로, 특정한 컴퓨터에서 수행할 수 있도록 소스 파일을 분석하여 자연어로 변환하는 역할을 한다.
② 컴파일러는 소스 파일의 문장을 분석한 후 문법에 맞게 작성되었는지 체크한다.
③ 오류를 발견하면 즉시 사용자에게 오류를 통보한 후 컴파일은 종료되도록 설계 되어 있다.
④ 오류가 발생하여 컴파일이 종료된 경우 프로그래머는 소스 작성 단계로 되돌아가서 소스 파일을 수정해야 한다.

[해설]

①기계어

088 I/O 포트의 구동원리로 옳은 것은?

① 전자회로에서 전기 신호의 기본적인 동작인 on/off 기능을 구현하는 포트이다.
② AVR MCU의 ADC는 기본 전압을 내부에서 사용되는 기준 전압으로 변환하여 작동되는 포트이다.
③ 펄스폭 변조를 발생시켜 0과 1의 디지털 신호를 아날로그 신호인 것처럼 출력하는 포트이다.
④ 기준 전압에 의해 일정 범위의 디지털 값으로 변경한 수치를 입력 받는 포트이다.

[해설]

②-A/D 포트
③-PWM 포트
④-A/D 포트

089 기계를 제어 조정해 주는 코드로 보조 기능이라 불린다. 프로그램을 제어하거나, 기계의 보조 장치들을 On/Off 해 주는 역할을 하는 것은?

① B코드   ② M코드
③ G코드   ④ P코드

090 문법은 틀리지 않으나 논리적으로 정확하지 않다는 말의 의미는?

① 일반적 오류
② 인지적 오류
③ 논리적인 오류
④ 문법적 오류

091 델파이에 대한 설명이 아닌 것은?

① 데이터베이스 작성, 애니메이션 작성 등 응용 범위가 넓으며 Excel, Access 등과 같은 응용 프로그램과도 혼용하여 소프트웨어 기능을 향상시킬 수 있다.
② GUI를 중점적으로 컴파일러 반영한 도구라고 할 수 있다.
③ VCL(visual compoment library)이라고 정의하며 객체 지향적 구조를 사용한다.
④ 비주얼베이직 통합 개발 환경(IDE)과 비슷하지만 더 좋은 환경을 제공한다.

> [해설]
> ①-비주얼 베이직 (Visual basic)

092 중앙 처리 장치, 주 기억 장치, 입출력 장치 등의 컴퓨터 자원 관리 및 하드웨어와 응용 프로그램 간의 인터페이스 역할을 하는 것을 무엇이라고 하는가?

① OS : Operating System
② OA : office automation
③ FA : Factory Automation
④ DA : document against acceptance

093 운영 체제(OS : Operating System)에 대한 설명이 아닌 것은?

① 중앙 처리 장치, 주 기억 장치, 입출력 장치 등의 컴퓨터 자원 관리 및 하드웨어와 응용 프로그램간의 인터페이스 역할을 한다.
② 메모리 관리, 프로세스 관리, 장치 및 파일 관리 세 가지로 나뉘며 인간과 컴퓨터 간의 상호작용을 제공한다.
③ 컴퓨터의 동작을 Booting이라고 정의하며 작업의 순서를 정하여 입출력 연산 제어 및 프로그램 오류 및 부적절한 사용을 방지하기 위해 실행을 제어한다.
④ 최초의 운영체제는 DOS이다.

094 운영 체제의 종류가 아닌 것은?

① UNIX   ② 리눅스
③ MS-DOS ④ Cura

095 UNIX에 대한 설명은?

① 소스 코드를 무료로 공개하였기에 수백만 명이 넘는 프로그래머 그룹을 형성하였다.
② 유닉스를 탑재한 워크스테이션의 발매 및 개인용 컴퓨터, 마이크로 컴퓨터, 대형 컴퓨터까지 많은 종류의 컴퓨터에 사용되고 있다.
③ 안정성과 신뢰도를 높이는 운영 체제이다.
④ 무료라는 장점으로 프로그램 개발자 및 학교에서 사용이 확대되었다.

> [해설]
> ①③④ -리눅스

096 리눅스의 특징이 아닌 것은?

① 동시에 여러 사람이 한꺼번에 사용할 수 있는 시스템
② 프로그램을 실행할 수 있는 멀티프로세스 환경을 지원
③ 리눅스는 오픈 소스 공개로 개발되는 윈도우 계열의 운영 체제
④ 임베디드 시장뿐만 아니라 안드로이드 같은 모바일에서도 폭넓게 사용하는 결과를 가져왔다.

[해설]
오픈 소스 공개로 개발되는 유닉스 계열의 운영 체제

097 ( )은 중심부, 핵심이라는 뜻으로 실제 운영 체제를 구성하는 기본적인 토대로서 시스템의 가장 기본적인 메모리나 프로세스 등의 하드웨어를 관리한다. ( ) 안에 들어갈 단어는 무엇인가?

① 디바이스 드라이버
② 커널
③ 시스템 라이브러리
④ 유틸리티

098 디스크에 운영 체제를 저장한 후 디스크 중심으로 시스템을 관리하는 운영 체제는?

① UNIX   ② 리눅스
③ MS-DOS   ④ Cura

099 인터넷과 메신저 이용이 가능하며, 휴대폰뿐만 아니라 가전 기기에도 적용 가능하다. 소스 코드를 모두 공개한 개방형 플랫폼으로서 사용자들에게 폭넓은 모바일 서비스를 제공할 수 있게 해준 것은?

① Android   ② 리눅스
③ MS-DOS   ④ Cura

100 오픈스텝을 기반으로 개발된 ( )는 2001년 출시되어 고유의 아쿠아 인터페이스로 많은 사용자들에게 지지를 받았다. ( ) 들어갈 운영체제는?

① Android   ② 리눅스
③ MS-DOS   ④ OS X

101 마이크로소프트사가 개발한 컴퓨터 운영 체제로서 애플 컴퓨터에서 처음으로 상용화한 그래픽 사용자 인터페이스(GUI) Max OS에 대항하기 위해 개발하였다. 무엇에 대한 설명인가?

① Windows   ② 리눅스
③ MS-DOS   ④ OS X

102 이탈리아의 풍부한 예술적 감성과 정보 기술(IT)의 융합 인재 교육을 목표로 개발한 임베디드 보드로서, 임베디드 지식이 전혀 없는 사람들도 쉽게 배우고 활용할 수 있도록 개발 툴이나 회로도 등을 오픈 소스 형태로 제공하였다. 무엇인가?

① 라즈베리 파이
② 아두이노
③ Visual C++
④ Dev-C++

103 2012년 출시한 ARM 기반의 초소형 임베디드 보드 컴퓨터로, 기초 컴퓨터 과학 교육을 증진시키기 위해서 개발된 싱글 보드 컴퓨터로 USB와 하드웨어 연결을 위한 GPIO, 인터넷 연결을 위한 이더넷(B와 B+ 모델), 사운드 출력 단자, 모니터 연결을 위한 HDMI 등의 다양한 포트들을 지원한다. 무엇인가?

① 라즈베리 파이
② 아두이노
③ Visual C++
④ Dev-C++

104 윈도우상에서 동작하는 모든 형태의 프로그램을 제작할 수 있으며, 윈도우에서 실행되고 있는 대부분의 프로그램들은 무엇에 의해 작성되었는가?

① 라즈베리 파이
② 아두이노
③ Visual C++
④ Dev-C++

105 상용 프로그램의 수준에 해당하는 통합 개발 환경을 지원하며 자바 언어를 위한 JDT를 시작으로 다양한 언어 개발 툴이 추가되고 있다. C 언어를 위한 개발 환경은 CDT가 있으며, 컴파일러는 공개 컴파일러인 GNU의 gcc 컴파일러를 사용한다. 무엇인가?

① 라즈베리 파이
② 아두이노
③ 이클립스
④ Dev-C++

106 인터넷을 통한 오픈 소스 프로젝트로 개발되었으며 Bloodshed Dev-C++은 모든 기능이 잘 갖추어진 C/C++ 통합 개발 환경이다. 무엇인가?

① 라즈베리 파이
② 아두이노
③ 이클립스
④ Dev-C++

107 아두이노의 설명이 잘못된 것은?
① 임베디드 지식이 전혀 없는 사람들도 쉽게 배우고 활용할 수 있도록 개발 툴이나 회로도 등을 오픈 소스 형태로 제공하였다.
② 아두이노는 오픈 소스와 8비트 AVR CPU인 Atmel AVR을 기반으로 하는 저사양 마이크로 컨트롤러 보드로, 크기가 작고 저전력의 배터리로도 구동이 가능하다.
③ 아두이노는 편리한 소프트웨어 개발을 위해 스케치라는 통합 개발 환경을 제공한다.

정답 | 101. ② 103. ① 104. ③ 105. ③ 106. ④ 107. ④

④ 영상 출력을 위한 HDMI 포트와 CSI 카메라 커넥트 그리고 외부 하드웨어 제어를 위한 GPIO 포트를 제공한다.

[해설]

④ 라즈베리 파이

108 라즈베리 파이에 대한 설명이 잘못된 것은?

① 여러 개의 디지털 핀과 아날로그 핀을 제공한다.
② ARM 기반의 초소형 임베디드 보드 컴퓨터로, 기초 컴퓨터 과학 교육을 증진시키기 위해서 개발됐다.
③ 데스크 탑 PC와 비슷한 키보드, 마우스 등의 주변 기기와 연결해서 소형 PC로도 사용이 가능하다.
④ 간단한 C언어 프로그래밍 및 동영상 재생이 가능한 MPC(Multimedia PC)로 사용되고 있다.

[해설]

① 아두이노

109 하드웨어 및 소프트웨어를 개발한 개발자의 권리를 지키면서 원시 코드를 누구나 열람하여 사용 가능할 수 있도록 한 소스를 뜻하며 일반적으로 자유롭게 사용, 복사, 배포, 수정이 가능한 애플리케이션으로 자유 소프트웨어를 포함한 넓은 개념을 의미한다. 무엇인가?

① 오픈소스 ② 알파소스
③ 베타소스 ④ 클로우즈 소스

110 C++ 언어에 대한 설명이 아닌 것은?

① 객체 지향적 언어라고 불린다. 객체 지향 프로그래밍이란 새로운 방식의 프로그래밍 접근 방식이다.
② C의 특징을 포함하고 있지 않다.
③ 시스템 프로그래밍 및 가상 함수, 연산자 중복, 클래스 등과 같은 특징을 갖추고 있다.
④ 프로그래머들이 익히기 쉽고 편리해서 C++이 대중 언어가 되는 데 큰 도움이 되었다.

111 객체 지향 언어는 다음의 세 가지 조건을 만족해야 한다. 아닌 것은?

① 캡슐화 ② 상속
③ 다형성 ④ 복합성

112 G코드 명령어 설명 예시 중 잘못된 것은?

① G1 X80.5 Y12.3 E12.5 → 현재 위치에서 X=80.5, Y=12.3 으로, 필라멘트를 현재 길이에서 12.5mm 까지 압출하면 이송
② G92 Y15 E120 → 3D프린터의 현재 Y 값을 Y=15 mm로, 압출 필라멘트의 현재 길이를 120 mm 로 설정
③ G1 F1200 → 이송속도를 1200 mm/sec 으로 설정
④ G4 P100 → 3D프린터의 동작을 100 msec 동안 멈춘다

[해설]

이송속도를 1200 mm/min 으로 설정

정답 | 108. ① 109. ① 110. ② 111. ④ 112. ③

113 공구의 이송 속도를 뜻하는 기능은?

① F 기능   ② S 기능
③ T 기능   ④ G 기능

114 주축의 회전 속도를 지령해 주는 기능으로 상대 속도를 일정하게 유지하는 방식과 분당 회전수를 일정하게 유지하는 방식은?

① F 기능   ② S 기능
③ T 기능   ④ G 기능

115 공구를 교환하고 선택하는 데 있어서 필요한 기능은?

① F 기능   ② S 기능
③ T 기능   ④ G 기능

116 G코드의 기타 기능에 대한 설명이 잘못된 것은?

① 공구의 이송 속도를 뜻하는 기능으로, 지령 방식은 F_로 예를 들면 F1000이라면 이송 속도 1000을 뜻한다.
② 상대 속도를 유지하는 지령 코드로는 G96이다.
③ 공구를 교환하고 선택하는 데 있어서 필요한 기능으로, 지령 코드로는 T_으로 빈 칸에는 공구 번호를 입력한다.
④ 회전수를 유지하는 코드는 G98이다.

[해설]
회전수를 유지하는 코드는 G97이다.

117 프린팅 재료 중 가장 일반적으로 사용되는 열가소성 플라스틱으로서 우리 주변의 흔한 플라스틱이고, 비교적 저렴하고 PLA보다 고온에서 잘 견디는 플라스틱은?

① ABS   ② PVA
③ PVC   ④ PC

118 프린팅 재료 중 옥수수와 사탕수수 같은 작물에서 발효할 수 있는 유산균에서 생성할 수 있는 생물 분해성 고분자이며 모든 FFF(FDM)방식의 3D프린터에서 기본적으로 사용하고, 강도가 단단하며, 표면에 광택이 있는 특징을 가지는 재료는 무엇인가?

① ABS   ② PLA
③ PVC   ④ PC

119 PLA(PolyLactic Acid/폴리 유산)의 설명 중 틀린 것은?

① 옥수수와 사탕수수 같은 작물에서 발효할 수 있는 유산균에서 생성할 수 있는 생물 분해성 고분자
② 모든 FFF(FDM)방식의 3D프린터에서 기본적으로 사용, 강도가 단단하다.
③ 친환경이지만 유연성이 떨어져 후 후가공이 어렵다.
④ 엔지니어링 플라스틱이다.

정답 | 113. ① 114. ② 115. ③ 116. ④ 117. ① 118. ② 119. ④

120 제작 완료 후 알콜 세척, 경화기 필요, 저렴한 가격으로 정밀함 요구되는 시제품에 사용되는 재료는 무엇인가?

① PLA
② PC
③ PVC
④ 레진(광경화성폴리머)

121 DLP(Digital Light Processing) 방식은 빛에 의해 고체화 되는 액상의 ( )수지를 재료로 하여 경화를 시키기 위한 DLP 엔진을 내장하고 있다. ( )안에 들어갈 단어는 무엇인가?

① ABS   ② PLA
③ 열가소성   ④ 광경화

122 3D프린터 소재에 대한 설명이 잘못된 것은?

① ABS는 가장 대중적인 소재이다. 가전 제품이나 잡화에서 쓰이는 플라스틱 재료로 제작되었으며 필라멘트 형태로 구성되어 있다.
② ABS Like는 후처리를 따로 할 필요가 없을 정도로 표면 조도가 우수한 것이 가장 큰 특징이자 장점 이다. 하지만 재료 단가가 비싸다.
③ PLA는 Heating bed가 아니더라도 bed에 접착이 잘되며 수축에 강하다. 하지만 단단하고 부러지기 쉬우며 수분에 민감하다.
④ 아크릴은 FDM 에서 적합한 재료로서, 0.025~0.05mm의 우수한 정밀도가 큰 장점이지만 강도가 약한 것이 단점이다.

해설

아크릴은 MJM에서 적합한 재료로서, 0.025~0.05mm의 우수한 정밀도가 큰 장점이지만 강도가 약한 것이 단점이다.

123 3D프린터 소재에 대한 설명이 잘못된 것은?

① 파우더 소재 접착제를 분사하여 파우더를 접착하는 방식으로, 강도는 약하지만 다양한 색상을 구현할 수 있는 것이 장점이다.
② 금속 소재 금속 분말 재료를 사용하여 조형물을 제작하며 적층 Layer두께는 0.05~0.2mm이고 재료 단가가 비싸다.
③ 나무 소재 재료 압출 방식에서 사용하며 나무를 소재로 사용하기에 나무의 질감을 살릴 수 있어 나무를 이용한 조각품, 인테리어에 사용되지만 재료 가격이 비싼 것이 단점이다.
④ 왁스 소재는 다른 재료에 비하여 가격이 매우 저렴하며 정밀도가 아직까지는 다른 소재에 비하면 떨어지는 것이 단점이다.

해설

- 왁스 소재 : 치과, 보석, 의료 기기 분야에서 많이 사용하는 3D프린터 소재로서, 적층 두께는 0.025 ~ 0.076mm이다.

124 3D프린터 하드웨어에 대한 설명으로 틀린 것은?

① 제어 프로그래머 관점에서 직접적으로 연관된 하드웨어는 메인 컨트롤러와 모션 하드웨어 부분이다.
② 제어 컨트롤 보드는 명령어를 수행하여 프린팅을 주관하는 명령자의 역할을 수행한다.
③ 모션 하드웨어는 직접적인 프린팅을 수행하는 수행자의 역할을 한다.
④ 모터는 처리 속도, 프로그램 언어 및 환경 등의 전반적인 프로세스가 결정되는 핵심 하드웨어라고 할 수 있다.

해설

컨트롤 보드는 처리 속도 및 프로그램 언어 및 환경 등 여러 가지 하드웨어에 의해 정해진 환경에 따라 프린터의 운용 프로세서의 전반적인 프로세서가 결정되는 만큼 핵심 하드웨어 부분이다.

125 다음 G코드 명령어의 의미로 옳은 것은?

> G2 X90.6 Y13.8 I5 J10 E22.4

① 노즐을 X=90.6, Y=13.8 지점으로 이동하되, X=current_X+5, Y=current_Y+10 지점을 원점으로 하는 원의 호를 따라 시계 방향으로 이동하고, 재료는 22.4mm 까지 분사
② 노즐을 X=90.6, Y=13.8 지점으로 이동하되, X=current_X+5, Y=current_Y+10 지점을 원점으로 하는 원의 호를 따라 반시계 방향으로 이동하고, 재료는 22.4mm 까지 분사
③ 노즐을 X=90.6, Y=13.8 지점으로 이동하되, X=current_X+5, Y=current_Y+10 지점을 원점으로 하는 타원의 호를 따라 시계 방향으로 이동하고, 재료는 22.4mm 까지 분사
④ 노즐을 X=90.6, Y=13.8 지점으로 이동하되, X=current_X+5, Y=current_Y+10 지점을 원점으로 하는 타원의 호를 따라 반시계 방향으로 이동하고, 재료는 22.4mm 까지 분사

126 G코드의 설명이 맞는 것은?

① G0 : 빠른 이동
② G1 : X-Y 평면 설정
③ G4 : 헤드 오프셋
④ G10 : 제어된 이동

해설

- G0 : 빠른 이동. 지정된 좌표로 이동
- G1 : 제어된 이동. 지정된 좌표로 직선 이동하며 지정된 길이만큼 압출 이동
- G4 : 드웰(Dwell). 정지 시간을 정해 두고 미리 정해 둔 시간만큼 지연
- G10 : 헤드 오프셋. 시스템 원점 좌표 설정
- G17 : X-Y 평면 설정. XY평면 선택(기본값)
- G18 : X-Z 평면 설정. XZ평면 선택(3D프린터에선 구현되지 않음)
- G19 : Y-Z 평면 설정. YZ평면 선택(3D프린터에선 구현되지 않음)
- G20 : 인치(Inch) 단위로 설정. 사용 단위를 인치로 설정한다.
- G21 : 밀리미터단위로 설정. 사용 단위를 밀리미터로 설정한다.
- G28 : 원점으로 이동. X, Y, Z축의 엔드스탑으로 이동
- G90 : 절대 위치로 설정. 좌표를 기계의 원점 기준으로 설정
- G91 : 상대 위치로 설정. 좌표를 마지막 위치를 기준으로 원점 설정

– G92 : 설정 위치. 지정된 좌표로 현재의 위치를 설정

127 어셈블리어 단점은 무엇인가?

① 비트 연산이 가능하다.
② 기종마다 어셈블리어가 달라 호환성이 없기 때문에 어셈블리어에 의해 작성된 프로그램은 작성된 기계에서만 처리될 뿐 다른 기계에서는 처리될 수 없다.
③ 단순한 계산에 적합하다.
④ 프로그램 작성이 용이하고 프로그램 내용을 이해하기가 쉽다

128 G코드 명령어 설명 예시 중 잘못된 것은?

① G1 X80.5 Y12.3 E12.5 → 현재 위치에서 X=80.5, Y=12.3 으로, 필라멘트를 현재 길이에서 12.5mm 까지 압출하면 이송한다.
② G92 Y15 E120 → 3D프린터의 현재 Y 값을 Y=15 mm로, 압출 필라멘트의 현재 길이를 120 mm 로 설정한다.
③ G1 F1200 → 이송속도를 1200 mm/sec 으로 설정한다.
④ G4 P100 → 3D프린터의 동작을 100 msec 동안 멈춘다

[해설]

이송속도를 1200 mm/min 으로 설정

129 G코드 명령어 설명 중 맞는 것은?

① G28 : 절대 좌표 설정
② G90 : 상대 좌표 설정
③ G91 : 원점 이송
④ G4 : 멈춤

[해설]

① G28 : 원점 이송, ② G90 : 절대 좌표 설정, ③ G91 : 상대 좌표 설정

130 M 명령어 설명 중 맞는 것은?

① M1 : 모든 스테핑 모터에 전원 공급
② M17 : 모든 스테핑 모터에 전원 차단
③ M18 : 휴면
④ M104 : 압출기 온도 설정

[해설]

① M1 : 휴면
② M17 : 모든 스테핑모터에 전원 공급
③ M18 : 모든 스테핑모터에 전원 차단

131 설정된 home 위치로 이동하는 G-Code는 무엇인가?

① G01   ② G21
③ G28   ④ G90

132 기계를 제어 조정해 주는 코드로 보조 기능이라 불린다. 프로그램을 제어하 거나, 기계의 보조 장치들을 On/Off 해 주는 역할을 한다. 코드는 무엇인가?

① G코드   ② M코드
③ A코드   ④ P코드

133 3D프린터 이외에도 CNC , Laser 커팅기 등 다양한 장비들에서도 사용되는 파일 형식으로 그 내용에는 모터의 움직임을 제어하기 위한 좌표 값이 기입되어 있는 파일은 무엇인가?

① A-코드   ② E-코드
③ G-코드   ④ Q-코드

134 온도, 압력, 전압 등 연속적으로 측정되는 수치를 디지털 값으로 입력 받는 포트는?

① I/O 포트   ② A/D 포트
③ TXD 포트   ④ PWM 포트

[해설]

- PWM 포트 : 펄스폭 변조를 발생시켜 디지털 출력으로 0과 1 출력을 아날로그인 것처럼 출력할 수 있다.
- I/O 포트 : 전자 회로에서 전기 신호의 기본적인 동작인 On./Off 기능을 구현하는 포트

135 다음 G코드에 대한 설명으로 옳은 것은?

G04 P200 ;

① 0.2초 동안 정지
② 200초 동안 정지
③ 2초 동안 정지
④ 20초 동안 정지

136 전자 회로에서 전기 신호의 기본적인 동작인 On/Off 기능을 구현하는 포트는?

① I/O 포트   ② A/D 포트
③ TXD 포트   ④ PWM 포트

137 펄스폭 변조를 발생시켜 디지털 출력으로 0과 1 출력을 아날로그인 것처럼 출력할 수 있는 포트는?

① I/O 포트   ② A/D 포트
③ TXD 포트   ④ PWM 포트

138 A/D 포드 동작 원리에 대한 설명이 잘못된 것은?

① 연속적인 신호인 아날로그 신호를 디지털 장치인 MCU에서 처리하기 위해서는 부호화된 디지털 신호로 변환한다.
② 온도, 압력, 음성, 영상 신호, 전압 등 연속적으로 측정되는 자연계에서의 수치를 전압의 세기로 변환시켜 기준 전압에 의해 일정 범위의 디지털 값으로 변경한 수치를 입력 받는 포트이다.
③ AVR MCU의 ADC는 기본 전압을 내부에서 사용되는 기준 전압으로 작동된다.
④ 3D프린터의 경우 프린터에 있는 DC 모터를 속도 제어할 때 사용되어진다.

[해설]

④-PWM 포트

139 다음에서 ( )안에 들어갈 용어는?

> A/D 변환 과정은 아날로그 입력을 받아서 샘플링한 뒤, (A)을 시킨 후 부호화의 과정을 거친다. (B)는 시간 축 방향에서 일정 간격으로 샘플을 추출하여 이산 신호로 변환시키는 과정이다.

① A : 양자화, B : 표본화
② A : 표본화, B : 양자화
③ A : 양자화, B : 부호화
④ A : 부호화, B : 표본화

140 원시 프로그램을 다른 기계에 적합한 기계어로 번역하는 프로그래밍 언어는?

① 어셈블리어　② 인터프리티
③ 프리프로세서　④ 크로스 컴파일러

해설
① 기계어를 인간이 사용하기에 난해하여 보완한 언어
② 원시 프로그램의 의미를 직접 수행함으로써 결과를 도출하며, 개발 시스템이나 교육용 시스템에서 사용 하는 것
③ 컴파일보다 먼저 실행하여 미리 처리하는 프로그램

141 기호를 사용하지 않고 효율성을 높이며 작업하기 편리한 언어가 필요했기에 개발한 언어는 무엇인가?

① 간이 언어
② 고급 언어
③ 어셈블리어
④ 인공 지능 언어

142 고급 언어에 대한 설명이 잘못된 것은?

① 효율성을 높이며 작업하기 편리한 언어가 필요했기에 개발한 것이다.
② 프롤로그(PLOROG), 립스((LISP:리스프처리언어) 등이 있다.
③ 컴퓨터의 구조나 프로세서와 무관하게 프로그램을 독립적으로 작성하는 것이 가능하게 되었다.
④ 고급 언어의 개발로 인해서 프로그래머들은 더 이상 특정한 컴퓨터의 구조에 얽매이지 않고 프로그램을 손쉽게 작성할 수 있게 되었다.

해설
고급 언어로 Ada, C, Objective C, C++,Sma-llTalk 등이 있다.

143 PASCAL 언어의 설명이 아닌 것은?

① 체계적인 교육용 언어의 필요성 및 컴퓨터에 신뢰성 및 효율성을 가지고 실행될 수 있는 언어를 개발할 수 있었다.
② Algol을 모티브로 개발하였으며, 블록 구조 및 유용성이 큰 제어문 등의 기능, 자료를 구조화하고 압축하는 기능을 보완한 언어라고 할 수 있다.
③ PASCAL언어는 교육용, 산업용으로 폭넓게 사용되고 있으며, 소형 컴퓨터에서 대형 컴퓨터까지 다양한 컴퓨터에서 이용 가능하다.
④ 지나치게 이상적인 언어 설계로 입출력 기능이 약하여 실무에는 널리 적용되지 못하였으며, 유럽에서만 일부 사용되거나 교육용으로 사용되었다.

해설
④-알골

정답 | 139. ① 140. ④ 141. ② 142. ② 143. ④

144 Java 언어의 특성이 아닌 것은?

① 단순성   ② 객체 지향 언어
③ 보안성   ④ 반복적 언어

145 자바와 자바스크립트의 차이에 대한 설명이 다른 것은?

① 자바는 사용자 컴퓨터의 인터프리트되는 언어다. 하지만 자바스크립트는 먼저 서버 측으로 컴파일한 후 프로그램의 실행은 사용자가 하는 시스템으로 이루어진다.
② 두 언어 모두 객체 지향적 언어이지만, 자바스크립트는 상속성이나 클래스는 존재하지 않는다.
③ 객체에 대한 참조가 자바스크립트는 실행 시에만 가능하지만 자바는 컴파일 시에 객체에 대한 참조가 이루어진다.
④ 두 언어 모두 안전하지만 자바스크립트의 경우 HTML 코드에 직접 연결하여 사용하기에 보안성이 없다.

[해설]

자바스크립트는 사용자 컴퓨터의 인터프리트되는 언어다. 하지만 자바는 먼저 서버 측으로 컴파일한 후 프로그램의 실행은 사용자가 하는 시스템으로 이루어진다.

146 보조기능 M코드의 설명으로 잘못된 것은?

① "M190"은 조형을 하는 플랫폼을 가열하는 기능이다.
② "M109"는 ME 방식의 헤드에서 소재를 녹이는 열선의 온도를 지정하고 해당 조건에 도달할 때까지 가열 혹은 냉각을 하면서 대기하는 명령이다.
③ "M73"은 장치의 제작 진행률 표시 창에 현재까지 제작이 진행된 정도를 백분율로 표시하는 지령이다.
④ "M153"는 헤드의 온도 조작을 위한 PID 제어의 온도 측정 및 출력 값 설정 시간 간격을 지정하는 명령이다.

[해설]

"M135"는 헤드의 온도 조작을 위한 PID 제어의 온도 측정 및 출력 값 설정 시간 간격을 지정하는 명령

147 C# 에 대한 설명이 맞는 것은?

① C와 일치하는 부분이 프로그래머들이 익히기 쉽고 편리해서 대중 언어가 되는 데 큰 도움이 되었다.
② C의 특징을 포함하고 있으며 시스템 프로그래밍 및 가상 함수, 연산자 중복, 클래스 등과 같은 특징을 갖추고 있기 때문에 사용하기에 적합하다.
③ 마이크로소프트가 닷넷 플랫폼을 위해 개발한 언어로 모든 것을 객체로 다루는 컴포넌트 프로그래밍 언어이다.
④ 저수준의 프로그래밍뿐만 아니라 고수준의 프로그래밍도 가능하다.

[해설]

①②-C++   ④-C언어

148 비주얼 베이직의 특징이 아닌 것은?

① 윈도우용 소프트웨어 개발을 위한 프로그램 언어이다.
② 양식을 배치함으로써 그래픽 사용자 인터페이스(GUI) 프로그램을 쉽게 개발할 수 있다.
③ 화면 처리의 기본적인 부분을 자동으로 작성, 초보자도 쉽게 프로그램을 작성할 수 있다.
④ 오브젝트 파스칼 언어의 기능을 향상시킨 언어이다.

해설

④-델파이

149 G코드에 대한 설명이 틀린 것은?

① 준비기능(G :preparation function)은 로마자 G 다음에 2자리 숫자(G00~G99)를 붙여 지령한다.
② 준비 기능들은 17개의 모달그룹으로 분류되어 있다.
③ 0번으로 분류된 명령들은 한번만 유효한 원샷 명령이며 이후의 코드에 영향을 준다.
④ 좌표를 지령의 방법에는 절대지령과 증분지령이 있다.

150 목적 프로그램(object program)을 바르게 설명한 것은?

① 데이터 관리를 위한 프로그램
② 사용목적에 따라 작성된 번역되기 전의 프로그램
③ 번역용 프로그램
④ 기계어로 번역된 프로그램

151 원시 프로그램의 의미를 직접 수행함으로써 결과를 도출하며, 개발 시스템이나 교육용 시스템에서 사용하는 것은?

① 어셈블리어
② 인터프리티
③ 프리프로세서
④ 크로스 컴파일러

152 기계어가 인간이 사용하기엔 힘들고 난해하여 오류가 발생하기 쉬웠으므로 프로그래머들이 개발하였으며, CPU 명령어들을 기호로 표기할 수 있기 때문에 기호 언어라고도 불린 언어는?

① 어셈블리어
② 인터프리티
③ 프리프로세서
④ 크로스 컴파일러

153 4세대 언어의 특징이 아닌 것은?

① 컴파일러 언어와 같이 습득이 어렵지 않은 간이 언어이다.
② 처리 절차가 간단하다
③ 일반인이 사용하기에도 다소 어려운 언어이다.
④ 복잡한 EPDPS를 용이하게 개발할 수 있는 고급 언어이다.

정답 | 148. ④ 149. ③ 150. ④ 151. ② 152. ① 153. ③

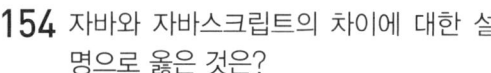

154 자바와 자바스크립트의 차이에 대한 설명으로 옳은 것은?

① 자바스크립트는 상속성이나 클래스가 존재한다.
② 객체에 대한 참조가 자바스크립트는 실행시에만 가능하지만 자바는 컴파일시에 객체에 대한 참조가 이루어진다.
③ 두 언어 모두 안전하지만 자바스크립트의 경우 HTML 코드에 직접 연결하여 사용하기에 보안성이 있다.
④ 자바 언어로 작성된 프로그램은 특정 머신(기종)에 의존적으로 실행된다.

[해설]
- 자바스크립트는 사용자 컴퓨터의 인터프리트 되는 언어다. 하지만 자바는 먼저 서버측으로 컴파일한 후 프로그램의 실행은 사용자가 하는 시스템으로 이루어진다.
- 두 언어 모두 객체 지향적 언어이지만, 자바스크립트는 상속성이나 클래스는 존재하지 않는다.
- 객체에 대한 참조가 자바스크립트는 실행시에만 가능하지만 자바는 컴파일시에 객체에 대한 참조가 이루어진다.
- 두 언어 모두 안전하지만 자바스크립트의 경우 HTML 코드에 직접 연결하여 사용하기에 보안성이 없다. 하지만 자바의 경우 소스 코드를 컴파일하면 클래스파일이 생성되기에 보안성이 우수하다.

155 자바의 특징이 아닌 것은?

① 단순성   ② 객체 지향 언어
③ 효율성   ④ 보안성

[해설]
C언어는 매우 효율적인 언어이다.

156 특수 목적의 시스템으로 하나 혹은 다수의 결정된 작업을 수행하거나 제품 내 특별한 작업을 수행하는 솔루션을 뜻하는 것은?

① 임베디드 시스템
② 알고리즘
③ 목적 시스템
④ 하드웨어 시스템

157 프로그래밍 언어를 마이크로프로세서가 인식하도록 목적 코드로 변환하는 작업을 무엇이라고 하는가?

① 링크   ② 빌드
③ 어셈블   ④ 컴파일

[해설]
컴파일된 모든 목적 코드 파일은 다시 하나의 나열된 일괄 프로그램으로 묶어 주는 링크과정을 거친다. 이때 만들어지는 것이 실행 파일이며 통상 hex 파일 형태로 만들어진다.

158 인터프리터 언어의 특징이 아닌 것은?

① 프로그래밍을 대화식으로 할 수 있다.
② 고급 프로그램을 즉시 실행시킬 수 있다.
③ 프로그램의 개발단계에서 사용된다.
④ 고급 명령어들을 직접 기계어로 번역하지 않고 실행시킬 수 있다.

159 3D프린터를 이용하여 프린팅 작업을 하기 전에 가장 기초가 되는 항목은?

① 툴 패스   ② 제어코드
③ 3D 캐드모델링   ④ 슬라이싱 파일

160 소스 프로그램 수정 후 다시 '컴파일 → 링크 → 실행' 단계를 거쳐 오류를 수정하는 작업을 무엇이라고 하는가?

① 디버깅　　② 컴파일러
③ 실행　　　④ 에디터

161 다음 프로그램 개발과정에서 A에 들어갈 내용으로 적절한 것은?

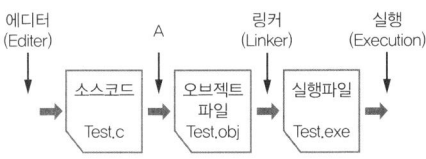

① 디버깅　　② 컴파일러
③ 실행　　　④ 에디터

162 아래의 프로그램(O0100)에서 보조프로그램(O2500)이 몇 번 반복 되는가?

```
O0100;
G90G80G40G49G00;
T10M06;
G57G90X-5.00Y-5.00S2500M03;
G43Z50.0H10;
Z5.0M08;
M98P1111;
G80G00Z50.0;
G91G28Z0;
M30;

O2500;
M98P1111;
G91X110.0Y-10.0L0;
G90M99;
```

① 1회　　② 3회
③ 5회　　④ 8회

[해설]

M98P2500L5 : 프로그램 번호 2500을 6회 반복한다.

163 PWM제어는 디지털 신호(HIGH와 LOW) 상태의 지속 시간을 변화시켜 전압을 변환하며 전압 5V, 지원 포트(핀) DP 256개(0부터 255까지)의 범위 값을 출력할 수 있다. 다음 analogWrite 함수에서 출력 전압(V)은?

> analog Write(3, 255 * 0.15);

① 0.75　　② 15
③ 38　　　④ 38.25

[해설]

5*0.15=0.75
analogWrite (3, 0);PWM이 0%로 설정
analogWrite (3, 255 * 0.25); PWM이 25%로 설정
analogWrite (3, 255 * 0.8); PWM이 80%로 설정
analogWrite 함수 파라미터로 255 값이 사용될 경우 5V에 대한 100%이므로 5V가 출력된다.
255 * 0.25 = 63.75의 반올림 값인 64라는 값이 사용된다면 5V에 대한 25%이므로 1.25V 출력된다.

164 스테핑 모터의 구동성능이 100pulse/1reverse이며, 구동축 Z의 pitch가 2mm일 경우 구동 정밀도는?

① 0.01 mm/pulse
② 0.02 mm/pulse
③ 0.1 mm/pulse
④ 0.2 mm/pulse

[해설]

구동 정밀도 : 2mm/100pulse = 0.02mm/pul

165 3D프린터 방식 중 액체 기반형 해당되는 것은?

① FDM   ② LOM
③ SLA   ④ 3DP

166 펄스의 반복 주파수가 600Hz이고 펄스 폭이 1.5ms인 펄스의 Duty Cycle은?

① 15.667ms   ② 16.667ms
③ 26.667ms   ④ 36.667ms

[해설]

duty cycle = 펄스폭/주기 x 100(%)입니다. 주기 = 1/주파수 입니다. 따라서 600Hz의 주기 = 1/600 = 16.667ms가 됩니다

167 베드 온도를 60℃로 설정하고 제어권을 즉시 호스트로 넘기는 명령은?

① M109 S60
② M140 S60
③ M141 S60
④ M109 S60 R100

[해설]

M140 : 베드(플랫폼) 온도 설정
M109 : 익스트루더 온도 설정
M141 : 챔버 온도 설정

168 FDM 방식 3D프린터 출력을 위한 슬라이서 소프트웨어의 설정에 대한 설명으로 틀린 것은?

① 출력물의 효율적인 출력을 위해 회전, 대칭 등을 설정하여 재배치할 수 있다.
② 출력 시간을 단축하기 위해 내부 채움 속도를 별도로 지정해 줄 수 있다.
③ 출력품질을 향상시키기 위해 브림, 라프트 및 서포터에 대한 세부 설정을 할 수 있다.
④ 출력 중 오류가 생길 경우 이를 멈추기 위해 Pause 기능을 사용하고, 재시작 시 Retraction 기능을 사용할 수 있다.

169 분말 기반 방식의 3D프린터가 아닌 것은?

① Binder Jetting
② Power Bed Fusion
③ Photopolymerization
④ Direct Energy Deposition

해설

ASTM 기술 명칭	기술 정의	기술 방식
광중합 방식 [PP] (Photo Polymerization)	액상의 광경화성수지에 빛을 조사하여 소재와 중합반응을 일으켜 선택적으로 고형화시켜 적층조형하는 기술	SLA, DLP, LCD
재료분사 방식[MJ] (Material Jetting)	액상의 광경화성수지나 열가소성수지, 왁스 등 용액형태의 소재를 미세한 노즐을 통해 분사시키고 자외선 등으로 경화시키는 방식	Poly JET, MJM, MJP
재료압출 방식[ME] (Meterial Extrusion)	고온 가열한 소재를 노즐을 통해 연속적으로 압출시켜가며 형상을 조형하는 기술	FDM, FFF
분말적층용융 결합 방식 [PBF] (Powder Bed Fusion)	분말 형태의 소재에 레이저빔이나 고에너지빔을 조사해서 선택적으로 소재를 결합시키는 기술	SLS, DMLS, EBM
접착제 분사 방식 (Binder Jetting)	석고나 수지, 세라믹 등 파우더 형태의 분말 재료에 바인더(결합제)를 선택적으로 분사하여 경화시키는 기술	3DP, CJP, Ink-jetting
고에너지 직접조사 방식[DED] (Direct Energy Deposition)	고에너지원(레이저빔, 전자빔, 플라즈마 아크 등)을 이용하여 입체 모델을 조형하는 기술	DMT, LMD, LENS
시트 적층 (Sheet lamination)	얇은 필름이나 판재 형태의 소재를 단면형상으로 절단하고 열, 접착제 등으로 접착시켜가면서 적층시키는 기술	LCM, VLM, UC

170 출력물이 베드에 잘 안착하기 위해 조정이 필요한 설정 값은?

① Wall Speed
② Infill Speed
③ Travel Speed
④ Initial Layer Speed

171 4세대 언어의 특징이 아닌 것은?

① EDP 전문가가 사용할 시 유지가 편리하다.
② 컴파일러 언어와 같이 습득이 어렵지 않은 간이 언어이다.
③ 복잡한 EPDPS를 용이하게 개발할 수 있는 고급 언어이다.
④ 고급 언어는 호환성이 없고 전문적인 지식이 없으면 이해하기 힘들다.

해설

- 컴파일러 언어와 같이 습득이 어렵지 않은 간이 언어이다.
- 처리 절차가 간단하다.(비절차형 언어)
- 일반인이 사용하기에도 쉬운 언어이다.
- 복잡한 EPDPS를 용이하게 개발할 수 있는 고급 언어이다.
- EDPS의 개발에 이용할 수 있는 범용 언어이다.
- EDP 전문가가 사용할 시 생산성을 향상시킨다.
- EDP 전문가가 사용할 시 유지가 편리하다.
- EDP 전문가가 사용할 시 환경 독립성을 지니고 있어 이익 창출에 용이하다.

172 다음 중 필라멘트를 가장 많이 사용하게 될 품질 설정은?

```
Infill: 80;
Support Type: ㉠;
Build Plate Type: ㉡;
Shell: ㉢;
```

① ㉠ Grid, ㉡ Raft, ㉢ 0.8
② ㉠ line, ㉡ Brim, ㉢ 0.8
③ ㉠ Grid, ㉡ Skirt, ㉢ 0.7
④ ㉠ line, ㉡ Brim, ㉢ 0.7

173 분말 기반 3D프린터 방식 설명에 해당되는 것은?

① 약 0.1mm 이하의 해상도를 가지기 때문에 품질이 좋다.
② 소재의 종류가 500여 종 이상으로 다양하다.
③ 출력 속도가 가장 빠르고 컬러 출력도 지원된다.
④ 분진이 발생하므로 피부와 호흡기에 영향을 미칠 수 있다.

[해설]

① ② ③-액체기반

174 3D프린터 방식 중 고체 기반형에 해당되는 것은?

① FDM ② DLP
③ SLA ④ 3DP

[해설]

- FDM : 열가소성 수지를 녹인 후 노즐을 거쳐 압출되는 재료를 적층해 가는 방식이다. 열가소성 수지에는 ABS, PLA 등의 필라멘트 형태가 있다.
- LOM : 종이판이나 플라스틱 등의 시트를 CO_2 레이저나 칼로 컷팅 후 열을 가하여 접착하면서 모델을 제작하는 방식이다.

175 컴퓨터로 문제를 해결할 경우 알고리즘 형식으로 프로그램을 작성하는데 이러한 알고리즘의 조건으로 틀린 것은?

① 입력 : 외부로부터 제공되는 자료이다.
② 출력 : 절대적으로 한 가지 이상의 결과가 발생한다.
③ 명백성 : 수행하는 명령들은 명백하지 않고 수행 가능한 것이어야 한다.
④ 유한성 : 알고리즘 수행 후 한정된 단계를 거쳐 처리된 후에 알고리즘은 종료된다.

[해설]

- 입력 : 외부로부터 제공되는 자료
- 출력 : 절대적으로 한 가지 이상의 결과가 발생한다.
- 명백성 : 명령들은 각각 명백해야 한다.
- 유한성 : 알고리즘 수행 후 한정된 단계를 거쳐 처리된 후에 알고리즘은 종료된다.

176 3D프린터의 제어 프로세스에 대한 설명으로 틀린 것은?

① 통상 3D프린터 프로그램에서 많이 통용되는 확장자는 *.GCODE 파일 형식이다.
② 두께 결정은 프린터 노즐의 사이즈와 프린팅 속도 요구 성능 등 여러 가지 복합 요인으로 결정된다.
③ 제어 코드 전송은 PC에서 앞선 전 과정들이 수행되고 나면 최종적인 결과물인 gcode로 된 프로그램 제어

명령어 코드를 프린터로 전송하는 과정이다.
④ 제어 명령어 프로그램 코드에 따라 프린터 헤드를 이송하며 재료를 순차적으로 분사한다. 이 과정을 통해 본격적인 프린팅이 이루어진다.

해설

확장자는 *.stl 파일 형식

177 움직이고자 하는 좌표를 지정해 주면 현재 설정된 좌표계의 원점을 기준으로 해서 지정된 좌표로 헤드 혹은 플랫폼이 이송된다. 이를 무슨 좌표 방식이라 하는가?

① 절대 좌표 방식
② 증분 좌표 방식
③ 상대 좌표 방식
④ 원점 좌표 방식

해설

- 절대 좌표 방식 : 움직이고자 하는 좌표를 지정해 주면 현재 설정된 좌표계의 원점을 기준으로 해서 지정된 좌표로 헤드 혹은 플랫폼이 이송된다.
- 증분 좌표 방식 : 헤드 또는 플랫폼의 현재 위치를 기준으로 지정된 값만큼 이송된다.

178 다음 G코드 내용의 의미가 틀린 것은?

M98 ┌ P□□□□ ○○○○ F△△△△;
     └ P□□□□ L□□□□;

① P○○○○ : 보조 프로그램 번호
② M98 : 보조 프로그램 호출코드
③ F△△△△ : 이송속도
④ P□□□□ : Fanuc 1 시리즈 호출 방식

해설

P□□□□ : Fanuc 0 시리즈 호출 방식

179 G코드와 M코드에 대한 설명으로 틀린 것은?

① G코드의 지령 숫자는 1에서 99까지이며, 지령 숫자에 따라서 의미가 다르다.
② G코드는 기능에 따라서 연속 유효 G코드와 1회 유효 G코드로 분류할 수 있다.
③ 공구의 이동이나 가공, 기계의 움직임 등의 제어를 위해 준비하는 중요한 기능을 G기능이라고 한다.
④ 프로그램 제어 및 NC 기계의 보조 장치 On/Off 작동을 수행하는 보조 기능을 M기능이라 한다.

해설

지령 숫자는 0~99까지이다.

180 3D프린터 제어용 마이크로프로세서에 대한 설명으로 틀린 것은?

① 마이크로프로세서에서 처리하는 프로그램 명령어는 기계코드이다.
② 명령 사이클은 패치사이클과 실행 사이클로 구성된다.
③ 패치사이클은 명령 해독 결과에 따라 명령에서 정해진 타이밍 및 제어 신호를 순차적으로 발생하여 주어진 명령을 실행하는 단계이다.
④ 3D프린터 제어 프로그래밍은 프로그램이 개발되는 환경과 실행되는 환경이 다른 크로스 플랫폼 개발이다.

[해설]
실행 사이클에서는 명령 해독 결과에 따라 명령에서 정해진 타이밍 및 제어 신호를 순차적으로 발생하여 주어진 명령 실행 단계이다.

181 위치 P1에서 위치 P2로 이동하기 위한 G코드 이동 명령 프로그램으로 옳은 것은?

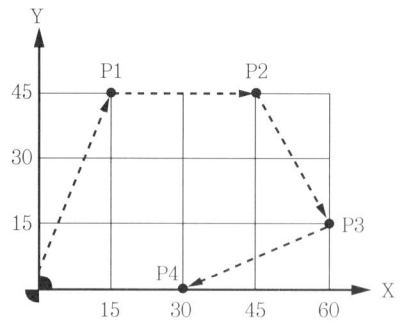

① G90 G00 X30.0 Y0.0
② G91 G00 X30.0 Y0.0
③ G90 G00 X30.0 Y45.0
④ G91 G00 X45.0 Y45.0

[해설]
G91은 직전 좌표를 기준으로 상대 위치 값으로 작동함.

182 마이크로프로세서에 대한 설명 중 옳지 않은 것은?

① 프로그램에 의해 제어되는 반도체 소자이다.
② 매우 복잡하고 다양한 논리회로로 구성되었다.
③ 산술논리 연산장치의 기능을 집적 회로화 하였다.
④ 외부 회로와 연결하기 위해 주소 버스, 데이터 버스, 제어선 등을 가진다.

183 15m 이내 단거리에서 가장 많이 사용되는 통신 방식이며 3D프린터의 컨트롤 보드에서 많이 사용되는 Atmel 개열의 프로세서에서는 UART라는 파트에서 통신을 지원하는 통신은 무엇인가?

① RS232C   ② SDA
③ TWI   ④ SPI

184 주로 회로 내의 프로세서 간에 두 가닥의 와이어로만 통신하는 방식으로 일명 TWI(Two Wire Interface)라고 불리는 통신 방식은 무엇인가?

① RS232C
② I2C
③ 프로토콜통신
④ SPI

185 다음 마이크로 프로세서 데이터 통신의 종류에 대해 틀리게 설명한 것은?

① RS232C 통신은 15m 이내 단거리에서 가장 많이 사용되는 통신 방식이며 3D프린터의 컨트롤 보드에서 많이 사용되는 Atmel 계열의 프로세서에서는 UART라는 파트에서 통신을 지원한다.
② I2C는 주로 회로 내의 프로세서 간에 두 가닥의 와이어로만 통신하는 방식으로 일명 TWI(Two Wire Interface)라고 불리는 통신 방식이다.
③ SPI는 마이크로 프로세서에서 많이 쓰이는 통신 방식으로 네 개의 선을 사용하여 직렬로 통신하는 방식이다.
④ SPI는 신호선이 I2C에 비해 3개가 더 늘어나면서 데이터 속도가 빠른 장점이 있지만 연결 배선이 많아지는 단점이 있다.

[해설]

신호선이 I2C에 비해 2개가 더 늘어나면서 데이터 속도가 빠른 장점이 있지만 연결 배선이 많아지는 단점이 있다.

186 시스템 초기화에 대한 과정이다. 초기화에 필요한 사항이 아닌 것은?

① 시리얼이나 외부 통신을 위한 통신 초기화 함수
② 각 port와 연결된 요소에 대한 사전 정의 부
③ 재료 장착 센서 확인
④ 각 모터 모션 제어

[해설]

- AVR 포트 및 통신 등 프로세서의 동작에 대한 시스템 설정을 위해 레지스트리 정의
- 시리얼이나 외부 통신을 위한 통신 초기화 함수
- 각 port와 연결된 요소에 대한 사전 정의 부
- 프린터 노즐의 현재 위치 인식 및 0점 위치 이동
- 베드 및 재료 노즐의 히터를 가동 및 온도 제어
- 재료 장착 센서 확인
- 팬 작동 및 온도 제어
- 초기화 완료 신호 출력

187 제어 프로그램에서 I/O 포트에 대한 설명이 아닌 것은?

① 온도, 압력, 음성, 영상 신호, 전압 등 연속적으로 측정되는 자연계에서의 수치를 전압의 세기로 변환시켜 기준 전압에 의해 일정 범위의 디지털 값으로 변경한 수치를 입력받는 포트이다.
② 전자 회로에서 전기 신호의 기본적인 동작인 On/Off 기능을 구현하는 포트이다.
③ 전기적 특성은 전기적 신호의 단락 즉 스위칭을 기반으로 하고 있다
④ 입력의 경우는 비교 기능을 이용하여 High/Low를 판별하도록 동작한다.

[해설]

① A/D 포트

188 송신기에서 ASCⅡ코드 1100101에 이븐(Even) 패리티를 사용하여 전송할 경우에 알맞은 데이터는?

① 11001010 ② 11001011
③ 11100100 ④ 11100101

[해설]

패리티 비트란 직렬 데이터 전송에서 데이터 라인 종류와 관계없이 에러가 발생하는데 이 에러를 검출하기 위한 방법으로, 데이터에 포함된 "1"의 수를 세어서 그 합이 짝수인지 홀수인지에 따라 패리티 비트 값을 결정하는 방법이다. 짝수일 때를 이븐 패리티, 홀수일 때를 오드 패리티라고 한다. 이븐 패리티를 사용할 때 전송되는 데이터를 포함하여 "1" 개수가 짝수가 아니면, 패리티 비트를 "1"로 만들어 짝수가 되도록 개수를 맞춰 준다.

189 다음 그림에서 레지스터의 동작을 입력이나 출력으로 결정하는 것은?

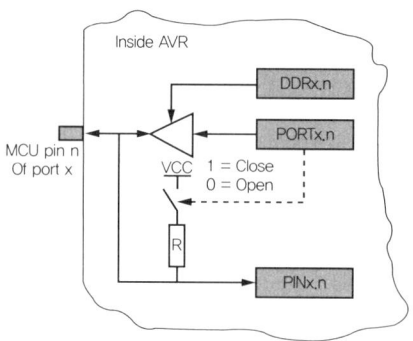

① DDRx.n ② PORTx.n
③ VCC   ④ PINx.n

[해설]

MCU 내부에는 스위치 소자인 TR이 있고 이의 동작에 대한 설정은 레지스터가 출력으로 동작할지 입력으로 동작할지 결정한다. 출력일 경우 TR 기능을 이용하여 Vcc의 인가 혹은 단락으로 on/off를 스위칭하고, 만약 입력의 경우는 비교 기능을 이용하여 High/Low를 판별하도록 동작한다.

190 다음 중 FDM 방식 3D프린터의 경우 익스트루더에 반드시 필요한 센서는?

① 습도센서   ② 온도센서
③ 이미지센서 ④ 초음파센서

[해설]

온도 센서는 3D프린터 주변 장치 중 매우 중요한 장치이다. FDM방식 3D프린터의 경우 필라멘트를 열을 이용하여 녹이기 때문에 온도가 매우 중요하기 때문이다. 베드의 온도도 필라멘트의 재료에 따라서 조절이 필요하기 때문에 온도 센서는 없어선 안될 장치이다.
온도 센서는 접촉식과 비접촉식으로 나뉜다. 접촉식은 온도 측정점의 열전도를 통해 센서가 온도를 인식하여 온도가 측정된다. 비접촉식은 온도 측정점의 열방사를 통해 센서가 온도를 인식하게 된다.

191 순서도 사용에 대한 설명 중 틀린 것은?

① 프로그램 코딩의 직접적인 자료가 된다.
② 오류 발생 시 그 원인을 찾아 수정하기 쉽다.
③ 프로그램의 내용과 일처리 순서를 파악하기 쉽다.
④ 프로그램 언어마다 다르게 표현되므로 공통적으로 사용할 수 없다.

192 순서도 기호 중에서 비교, 판단 등을 나타내는 기호는?

① ▭ ② ◇
③ ▱ ④ ▱

193 운영체제(Operating System)가 아닌 소프트웨어는?

① UNIX ② WINDOWS 98
③ MS-DOS ④ Or-CAD

194 프로세스 제어는 어느 제어에 속하는가?

① 추치 제어 ② 속도 제어
③ 정치 제어 ④ 프로그램 제어

195 다음 중 고급 언어로 작성된 프로그램을 한꺼번에 번역하여 목적 프로그램을 생성하는 프로그램은?

① 어셈블리어 ② 컴파일러
③ 인터프리터 ④ 로더

196 다음의 프로그램 언어 중 인간중심의 고급언어로서 컴파일러 언어만으로 짝지어진 것은?

① 코볼, 베이직
② 포트란, 코볼
③ 베이직, 어셈블리 언어
④ 기계어, 어셈블리 언어

197 어셈블리어(Assembly Language)의 설명 중 틀린 것은?

① 기호 언어(Symbolic Language)라고도 한다.
② 번역프로그램으로 컴파일러(Compiler)를 사용한다.
③ 기종 간에 호환성이 적어 전문가들만 주로 사용한다.
④ 기계어를 단순히 기호화한 기계 중심 언어이다.

198 다음 언어 중 컴파일러 언어에 해당하는 것은?

① BASIC ② LISP
③ APL ④ C

199 다음 순서도 기호 중 산술연산, 데이터의 이동, 편집 등의 처리(Process) 과정을 나타내는 것은?

① ▱ ② ▭
③ ◇ ④ ⬡

200 미국 표준 코드로서 Data 통신에 많이 사용되는 자료의 표현 방식은?

① BCD 코드
② ASCII 코드
③ EBCDIC 코드
④ GRAY 코드

정답 | 192. ② 193. ④ 194. ③ 195. ② 196. ② 197. ② 198. ③ 199. ② 200. ②

201 흐름도(flow chart)를 작성하는 이유가 아닌 것은?

① 코딩하기가 쉽다.
② 논리적인 체계를 쉽게 이해할 수 있다.
③ 프로그램 흐름을 쉽게 파악하여 수정을 용이하게 한다.
④ 계산기의 내부 동작 상태를 쉽게 알 수 있다.

202 순서도의 역할과 거리가 먼 것은?

① 프로그램을 코딩하기가 쉽다.
② 입력과 출력의 설계를 쉽게 할 수 있다.
③ 문제의 정확성 여부를 쉽게 판단할 수 있다.
④ 업무의 전체적인 개요를 쉽게 파악할 수 있다.

203 순서도 사용에 대한 설명 중 틀린 것은?

① 프로그램 코딩의 직접적인 자료가 된다.
② 오류 발생시 그 원인을 찾아 수정하기 쉽다.
③ 프로그램의 내용과 일 처리 순서를 파악하기 쉽다.
④ 프로그램 언어마다 다르게 표현되므로 공통적으로 사용할 수 없다.

204 다음 중 객체 지향 언어에 해당하는 것은?

① C　　　　② 어셈블리어
③ COBOL　　④ JAVA

205 어셈블리어의 특징이 아닌 것은?

① 기계어에 비해 프로그램 작성이나 수정이 어렵다.
② 호환성이 없으므로 전문가 외에는 사용하기 어렵다.
③ 컴퓨터 동작 원리에 대한 전문 지식이 필요하다.
④ 기계어보다 사용하기 편리하다.

PART 04

3D프린터 교정 및 유지보수
- 예상문제 -

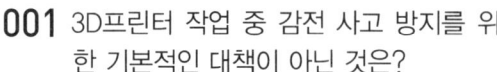

001 3D프린터 작업 중 감전 사고 방지를 위한 기본적인 대책이 아닌 것은?

① 보전, 수리, 점검 등은 관련 전문가에게 맡긴다.
② 사용 전류에 상관없이 절연 피복이 얇은 것을 사용한다.
③ 전선 등을 배선해야 될 경우 손에 물기를 제거한 후 한다.
④ 전류가 흐르는 부분 등으로부터 인체와의 접촉을 방지한다.

002 노즐 / 베드 간 간격에 대항 설명이 틀린 것은?

① 노즐 끝단과 베드 간의 상대적인 수평도가 중요하다.
② 노즐 끝단과 베드 간의 간격이 일정하게 유지되어야 한다.
③ 노즐/ 베드 간 간격의 최대 허용치는 노즐로부터 압출되는 소재의 직경 (통상적으로 0.4mm) 만큼이다.
④ 초기 출력 층을 베드에 잘 안착시키기 위해 소재 직경보다는 조금 큰 값으로 설정해 주는 것이 바람직하다.

[해설]

초기 출력 층을 베드에 잘 안착시키기 위해 소재 직경보다는 조금 작은 값으로 설정해 주는 것이 바람직하다

003 FDM 방식 3D프린터에서 필라멘트가 압출되지 않는 문제 발생 시 해결방법으로 가장 거리가 먼 것은?

① 노즐온도가 소재의 용융온도보다 높기 때문에 발생하므로 노즐온도를 소재의 용융온도보다 낮게 설정한다.
② 노즐 / 베드 간 간격의 문제이므로 노즐 / 베드 간 간격이 조금 더 벌어지도록 조정한다.
③ 모터의 토크가 부족한 경우에 발생하므로 모터에 인가되는 전류를 증가시켜 토크를 증가시킨다.
④ 필라멘트에 걸리는 장력이 부족한 경우에 발생하므로 해당 부위의 체결을 강화하여 장력을 증가시켜 준다.

[해설]

노즐 온도는 통상적으로 필라멘트 소재의 용융온도 이상으로 설정

004 필라멘트 토출에 문제가 발생에 대한 내용이 틀린 것은?

① 프린터의 노즐에 문제가 있거나(막힘 또는 잔여물 존재) 노즐의 온도가 낮은 경우 발생한다.
② 필라멘트가 적절히 연화되지 않아 발생한다.
③ 노즐의 설정 온도를 낮게 하거나 노즐 청소를 통해 필라멘트가 균일하게 토출되도록 성능을 개선해 주어야 한다.
④ 익스트루더의 장력이 부족한 경우에도 유사한 불량이 발생할 수 있으므로 익스트루더의 장력을 점검해야 한다.

[해설]

노즐의 설정 온도를 높여준다.

005 점진적 스트레스에 관한 설명으로 옳은 것은?

① 정해 놓은 일정 수준의 스트레스를 지속적으로 부과하는 방식으로, 가장 대표적으로 사용되기 때문에 신뢰성 추정을 위한 자료 분석법으로 사용되는 방식
② 스트레스 강도를 시간에 따라 그래프로 나타낼 때 사인곡선 모양으로 나타나게 되며, 금속 피로 시험에 적용하는 방식
③ 일정 시간 내에 일정 스트레스를 부과하고, 일정 시간 내에도 고장이 발생하지 않는 표본에는 좀 더 강도가 높은 스트레스를 부과하여 시험을 반복 진행하는 방식
④ 계단식 스트레스처럼 단계적으로 스트레스 강도를 높이는 것이 아닌, 연속적으로 스트레스 강도를 증가시키는 방식

해설

- 일정 스트레스 : 가속 수명 시험 시 가장 대표적으로 사용되는 스트레스 방법
- 계단식 스트레스 : 계단식으로 일정 간격을 두어 일정 간격마다 더 높은 스트레스가 부과되는 방식
- 점진적 스트레스 : 연속적으로 스트레스 강도를 증가시키는 방법이다.
- 주기적 스트레스 : 주기적인 형태를 띠는 경우도 있다. 그에 맞춰서 가속 수명 시험에서 주기적인 스트레스를 부과하는 방법

006 안전성 검사 수행과 신뢰성 확보를 위한 시험에 관한 설명으로 틀린 것은?

① 스크리닝 시험은 재료의 열화로 인한 제품고장이 그 대상이다.
② 고장률 시험은 제품의 안전기에 있는 고장률 또는 평균 수명을 구하는 시험이다.
③ 초기 고장을 제거하기 위해 실시하는 시험을 스크리닝 시험이라고도 한다.
④ 고장률 시험은 사용 환경 스트레스와 파국고장을 일으키기 쉬운 요인에 의해 고장 발생을 시험한다.

해설

초기 고장을 제거하기 위해 실시하는 시험, 디버깅이라고도 함. 보통 제조 품질의 편차와 설계 미숙에서 비롯되는 고장을 검출하는 시험이 주가 된다.

007 재료 압출형 3D프린터의 성능 검사 항목이 아닌 것은?

① 노즐 온도
② 베드 수평도
③ 베드 온도
④ 실내 온도

정답 | 5. ④ 6. ① 7. ④

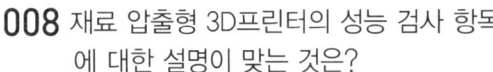

008 재료 압출형 3D프린터의 성능 검사 항목에 대한 설명이 맞는 것은?

① 융점이 낮은 ABS의 경우, 베드 가열 없이 사용해도 큰 문제는 없으나 상대적으로 융점이 높은 PLA의 경우, 베드를 가열하지 않는 경우 출력물이 베드에 안착되지 않고 뜨는 현상이 발생한다.
② 각 축의 구동부가 주어진 신호대로 정확한 정밀도로 구동이 되어야 프린팅 출력물이 원하는 형상대로 출력이 되므로, 구동부의 해상도 및 정밀도에 대한 성능 검증을 수행해야 한다.
③ 보통 노즐 온도는 보통 ABS 소재의 경우 190 ~ 220℃, PLA 소재의 경우 220 ~ 240℃에 해당된다.
④ 노즐 온도는 S/W적으로 설정한 노즐 온도와 실제 노즐 온도가 차이가 5℃ 이상 발생되는 경우도 많아 노즐부의 온도 측정을 통해 S/W 설정값의 보정이 필요하다.

해설

① 융점이 낮은 PLA의 경우
③ PLA 소재의 경우 190 ~ 220℃, ABS 소재의 경우 220 ~ 240℃에 해당된다.
④ 온도가 차이가 10℃ 이상 발생되는 경우

009 재료 압출형 3D프린터의 성능 검사 항목에 대한 설명이 잘못된 것은?

① 필라멘트에 걸리는 장력이 강한 경우 익스트루더 모터가 회전하더라도 필라멘트가 제대로 공급되지 않는 문제가 발생한다.
② 출력물의 수평 유지 측면에서 볼 때 베드 자체의 절대적인 수평도보다는 상부 XY 테이블에 연결된 노즐 끝단과의 상대적인 수평도가 중요하다.
③ 초기 출력 층을 베드에 잘 안착시키기 위해서는 노즐 / 베드 간의 간격을 좁혀 주는 방법과 함께 베드의 온도를 적절히 설정해 주는 것이 필요하다.
④ 노즐 온도가 낮은 경우 소재가 고화되어 소재가 원활히 압출되지 않거나 노즐이 막히는 경우도 발생한다.

해설

필라멘트에 걸리는 장력이 약한 경우 익스트루더 모터가 회전하더라도 필라멘트가 제대로 공급되지 않는 문제가 발생한다.

010 노즐 온도 검사 방법 설명이 잘못된 것은?

① 노즐 온도는 통상적으로 필라멘트 소재의 용융 온도 이상으로 설정해야 한다.
② S/W적으로 설정한 노즐 온도와 실제 노즐 온도가 차이가 발생되는 경우도 있지만 노즐부의 온도 측정을 통해 S/W 설정값의 보정은 필요 없다.
③ 노즐부 온도 측정은 디지털 온도계를 사용하며 접촉식 온도계와 적외선을 사용한 비접촉식 온도계를 사용하여 수행이 가능하다.
④ 비접촉식 온도계를 사용하는 경우, 접촉식 온도계에 비해 사용은 편리하나 측정부위 표면의 방사율을 적절하게 조절해야 한다.

해설

보정이 필요하다.

011 필라멘트 공급 성능 검사 방법에 대한 설명이 잘못된 것은?

① 필라멘트의 공급 성능은 프린팅 출력 상태로부터 확인할 수 있다.
② 프린팅 진행 도중에 끊기는 경우는 대부분 필라멘트 재료 자체에 문제가 있는 것으로 추정할 수 있다.
③ 필라멘트에 유성펜 등으로 일정 간격으로 눈금 표시를 하고, 1눈금이 넘어가는 데 소요되는 시간을 측정하여 필라멘트가 균일한 속도로 공급되는지 검사할 수 있다.
④ 공급부에서 소음이 발생할 경우 필라멘트가 원활히 공급되는지 육안으로 확인해 볼 수 있다.

[해설]

프린팅 진행 도중에 끊기는 경우는 대부분 필라멘트 공급에 문제가 있는 것으로 추정할 수 있다.

012 베드 수평도 측정 및 조정 방법 중 맞는 것은?

① 베드의 영점 조정은 베드와 노즐 끝단이 접촉되지 않으면서도 노즐로부터 압출되는 필라멘트의 직경(통상적으로 0.2mm)보다 약간 작은 거리를 유지할 수 있도록 설정해야 한다.
② 3D프린터 종류에 따라 베드의 영점 조정을 수동으로 수행하는 경우와 전동으로 수행하는 방법이 있다.
③ 통상적으로 베드 사이즈가 소형(200×200mm)인 경우에는 모서리 9점(2×2)에서 수평도를 측정한다.
④ 베드 사이즈가 중형 이상인 경우에는 4점(3×3) 이상의 지점에서 수평도를 측정한다.

[해설]

① 통상적으로 0.4mm
③ 통상적으로 베드 사이즈가 소형(200×200mm)인 경우에는 모서리 4점(2×2)에서 수평도를 측정
④ 베드 사이즈가 중형 이상인 경우에는 9점(3×3) 이상의 지점에서 수평도를 측정한다.

013 Torture test를 통한 출력 성능 검사항목의 설명이 잘못된 것은?

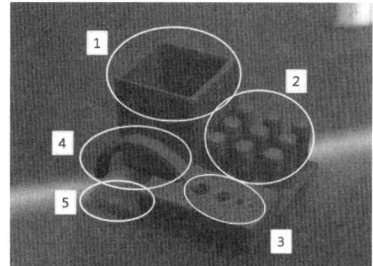

① 사각 튜브 형상으로 마주보는 2변이 서로 다른 벽 두께(1.0, 2.0)를 갖도록 설계되어 있다. 출력물의 두께를 측정하여 원하는 치수대로 출력이 되었는지 검사한다.
② 직경 6mm, 높이 18mm인 원기둥이 가로/세로 각 3개씩 배열되어 있으며, 각각의 원기둥은 8mm의 간격으로 배열되어 있다.
③ 3개의 서로 다른 원형 구멍(직경 6, 3, 2mm)과 1개의 육각형 구멍이 육면체 상에 형성되어 있다.
④ 바닥면에 두께 0.5mm의 얇은 외팔보 형상이 추가되었는데, 이는 출력물이 바닥에 잘 밀착되어 출력되는지를 확인하기 위한 목적으로 사용된다.

[해설]

직경 6mm, 높이 18mm인 원기둥이 가로/세로 각 3개씩 배열되어 있으며, 각각의 원기둥은 4mm의 간격으로 배열되어 있다.

014 Torture test를 통한 출력 성능 검사항목의 설명이 잘못된 것은?

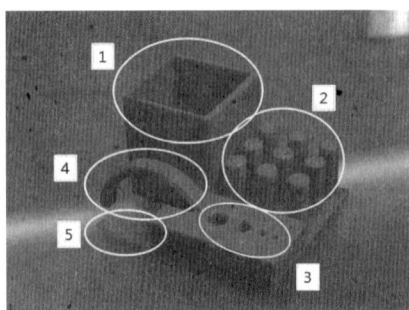

① 2번은 서로 다른 벽 두께(1.0, 2.0)를 갖도록 설계되어 있다. 출력물의 두께를 측정하여 원하는 치수대로 출력이 되었는지 검사한다.
② 3번은 출력물에서의 각각의 구멍이 원하는 형상과 크기로 프린팅되었는지 측정하여 성능 검사에 활용 할 수 있다.
③ 4번은 아치 형상의 출력물을 검토하여 아치의 곡면 형상과 그에 따른 지지대 구조가 적절히 출력되었는지 검사할 수 있다.
④ 5번은 출력물이 바닥에 잘 밀착되어 출력되는지를 확인하기 위한 목적으로 사용된다.

[해설]
① 1번에 대한 설명

015 전기용품 안전관리 제도를 설명한 내용 중 옳은 것은?

① 전기용품 안전관리법에 의거 시행되는 강제 인증 제도로서 대상 전기용품의 안전 인증을 받아야 제조, 판매가 가능하도록 하는 제도이다.
② 전기용품 안전확인제도는 안전관리 절차를 차등 적용하기 위해 도입하여 2015년 1월 1일부터 시행되었다.
③ 공급자 적합성 확인제도는 안전 확인 대상 전기용품 중 A/V기기 등 고위험 품목을 우선적으로 적용하였다.
④ 공급자 적합성 확인제도는 제조업자가 공급자 적합성 시험결과서 및 공급자 적합확인서를 작성하여 최종 제조일로부터 2년간 비치해야 한다.

[해설]
- 2009년 1월 1일부터 시행.
- 안전 확인 대상 전기용품 중 A/V기기 등 저위험 품목(예. 3D프린터의 경우 직류42V, 교류 30V 이하)에 우선 적용하였으며, 점진적으로 대상을 늘려 갈 계획임
- 제조업자는 공급자 적합성 확인 시험 결과서 및 공급자 적합 확인서를 작성하여 최종 제조일로부터 5년간 비치해야 함

016 신뢰성 검사 계획 수립 시 유의 사항이 아닌 것은?

① 제품의 외부 반출 여부
② 자체 검사 및 외부 의뢰 여부
③ 신뢰성 고장의 정의 및 시험 실시 항목
④ 표본 개수(제품 개수)와 시험 시간 및 비용

017 FDM방식 3D프린터에서 출력 오류를 최소화할 수 있는 방법이 아닌 것은?

① 높낮이를 조절하는 방법은 명함을 노즐 끝 부분과 베드 사이에 넣었다 뺄 때 약간 긁히는 느낌이 나는 정도로 세팅해 주는 것이 적당하다.
② 노즐 핀이 막혔을 경우에 노즐을 분해하여 토치로 강하게 달궈 노즐 내부를 완전 연소시킨다. 그리고 공업용 아세톤에 2시간 가량 담가두면 내부에 눌어 붙은 필라멘트가 녹아 없어진다.
③ 장비 사용 중의 진동으로 인하여 모터를 고정하고 있는 블록이 조금씩 풀리기 때문에 나사를 조여 주면 된다.
④ 레이어의 두께가 두꺼우면 간혹 출력물에 구멍이 보이는 현상이 생기며 출력물의 표면이 깔끔하다

018 제품의 출력 도중에 재료가 압출되지 않는 이유가 아닌 것은?

① 스풀에 더 이상 필라멘트가 없을 때
② 필라멘트 재료가 얇아졌을 때
③ 압출 노즐이 막혔을 때
④ 압출기 내부에 재료가 채워져 있을 때

019 압출 적층 조형방식으로 출력할 때는 베드판에 출력물이 잘 붙어 있어야만 정상적인 결과물을 얻을 수 있다. 다음 방법 중 베드판의 접착력을 높이는 방법이 아닌 것은?

① 베드판에 내열 테이프를 부착하여 베드판을 보호하고 출력물의 접착력을 높인다.
② 베드판에 글루액을 발라 접착력을 높인다.
③ 베드판에 PVA를 발라 접착력을 높인다.
④ 베드판에 매트 배니쉬를 붓을 이용하여 발라 접착력을 높인다.

020 전기제품을 안정적으로 사용하기 위해서는 접지를 하여야 한다. 접지에 관한 설명으로 틀린 것은?

① 접지저항이 크면 클수록 좋다.
② 접지공사의 접지선은 과전류차단기를 시설하여서는 안 된다.
③ 접지극의 시설은 부식될 우려가 없는 장소를 선정하여 설치한다.
④ 직접접지 방식은 계통에 접속된 변압기의 중성점을 금속선으로 직접 접지하는 방식이다.

021 3D프린터 장비의 위해요소를 파악하기 위한 시험방법 중 절연저항 시험에 관한 설명이 아닌 것은?

① 충전, 유지, 측정, 방전의 4단계를 거친다.
② 전기적으로 결합되어 있는 한 지점의 절연저항을 측정하는 것이다.
③ 제품이 생산된 직후뿐만 아니라 일정 기간 사용한 후 절연의 상태를 검사하는데 유용하다.
④ 정기적으로 절연저항 시험을 실시하면 절연 파괴가 일어나기 전에 절연 불량을 판별해 낼 수 있다.

[해설]
절연 저항 시험은 전기적으로 절연되어 있는 어느 두 지점 사이의 절연 저항을 측정하는 테스트로 전류의 흐름을 방해하기 위한 전기적 절연이 얼마나 효과적으로 되어 있는가를 판정한다.

022 재료가 플랫폼에 부착되지 않은 경우 그 이유가 아닌 것은?

① 필라멘트 재료가 얇아졌을 때
② 플랫폼의 수평이 맞지 않을 때
③ 노즐과 플랫폼 사이의 간격이 너무 클 때
④ 첫 번째 층이 너무 빠르게 성형될 때

023 압출되는 플라스틱의 양이 적게 되는 이유는?

① 필라멘트 재료의 지름이 적절하지 않은 경우
② 플랫폼의 수평이 맞지 않을 때
③ 노즐과 플랫폼 사이의 간격이 너무 클 때
④ 첫 번째 층이 너무 빠르게 성형될 때

024 3D프린터 성능검사항목 체크리스트 작성 시 포함되어야 할 사항과 거리가 먼 것은?

① 프린팅 속도
② 적층 두께
③ 실외 온도
④ 사용 필라멘트

[해설]
실내 온도가 포함된다.

025 일종의 가혹 조건 시험법으로 3D프린터 출력 시 불량이 발생하기 쉬운 다양한 형상을 정의하여 출력하고 그 품질을 평가하는 성능검사 방법은?

① Best test
② Torture test
③ Support test
④ Extrusion test

[해설]
출력물의 품질을 평가함으로써 3D프린터의 성능을 검사하는 방법이다

026 파레토 차트의 활용에 대한 설명으로 틀린 것은?

① 문제의 원인을 파악하고 개선효과를 확인하기 위하여 사용된다.
② 조사 대상 결정, 점유율 계산, 그래프 작성 및 필요사항 기재로 이루어진다.
③ 어느 항목이 가장 문제가 되는지 찾아낼 수 있고, 문제 항목의 크기, 순위를 한눈에 알 수 있다.
④ 제품 및 프로세스의 발생 가능한 문제점 및 원인들을 사전에 예측하고 위험도를 평가하여 사전 예방이 가능하도록 한다.

[해설]

개선 항목의 우선순위를 결정하고, 문제점의 원인을 파악하고, 개선 효과를 확인하기 위하여 사용된다.

027 3D프린팅 작업환경에 대한 설명으로 틀린 것은?

① 3D프린팅 작업장 내에서는 식사, 음료 섭취를 하지 않아야 한다.
② 모든 표면 작업은 산도가 높은 휘발성 물질로 습식청소를 해야 한다.
③ 사용되는 자재에 따라 다양한 종류의 화학증기가 발생할 수 있다.
④ 일반적으로 PLA 소재가 ABS 소재보다 위험성이 적은 편이다.

[해설]

건식청소를 해야 한다.

028 3D프린터 안전점검 항목으로 거리가 먼 것은?

① 화학 물질들의 보관방법
② 신속한 작업을 위한 편안한 복장
③ 사용하는 물질 및 화학물질 안전 정보
④ 안전수칙에 의한 개인용 보호구 사용 여부

029 전기용품 안전인증 신청 시 필수적으로 제출하여야 하는 서류인 것은?

① 기업 재무제표
② 부품 사양서
③ 등기부등본
④ 인감증명서

[해설]

- 사업자 등록증 사본
- 제품 설명서(사진 포함)
- 안전 확인 시험 결과서
- 대리인임을 증명하는 서류(대리인이 신청하는 경우)

030 출력물의 퀄리티를 높이는 방법이 아닌 것은?

① 출력 속도를 빠르게 한다.
② 노즐에 쿨러를 적용한다.
③ 챔버(프린팅 주변 온도 유지)에 넣는다.
④ 색상의 선택(어둡거나 투명 계열일수록 단점이 눈에 덜 띄고, 백색일 경우 결점이 두드러지게 눈에 뜨임)

정답 | 26. ④ 27. ② 28. ② 29. ② 30. ①

031 재료 압출형 3D프린터의 성능 검사 항목에서 노즐 온도에 대한 사항 중 잘못된 것은?

① 노즐 온도는 통상적으로 필라멘트 소재의 용융 온도와 동일하게 설정한다.
② 노즐 온도가 낮은 경우 소재가 고화되어 소재가 원활히 압출되지 않거나 노즐이 막히는 경우도 발생한다.
③ 보통 PLA 소재의 경우 190 ~ 220℃, ABS 소재의 경우 220 ~ 240℃에 해당 된다.
④ S/W적으로 설정한 노즐 온도와 실제 노즐 온도가 차이가 10℃ 이상 발생되는 경우도 많아 노즐부의 온도 측정을 통해 S/W 설정 값의 보정이 필요하다.

032 필라멘트 공급 장치가 이상이 있을 때 발생하는 사항은?

① 소재가 원활히 압출되지 않거나 노즐이 막히는 경우도 발생한다.
② 출력물이 똑바로 출력되지 않는다.
③ 기어가 헛돌거나 간헐적으로 회전하며 불연속적인 기계음을 발생시키게 되고, 결과적으로 3D프린팅 출력 시 중간에 끊기는 현상이 발생하게 된다.
④ 출력물이 베드에 안착되지 않고 들뜨는 현상이 발생한다.

033 재료 압출형 3D프린터의 성능 검사 항목에서 베드 수평도에 대한 사항 중 잘못된 것은?

① 실제로 프린팅이 수행되는 공간으로 베드의 수평도가 맞지 않으면 출력물이 똑바로 출력되지 않는다.
② 적층 공정에 기반한 3D프린팅의 경우에는 심각한 출력 불량이 발생할 소지가 있다.
③ 출력물의 수평 유지 측면에서 볼 때 베드 자체의 절대적인 수평도보다는 상부 XY 테이블에 연결된 노즐 끝단과의 상대적인 수평도가 중요하다.
④ 불연속적인 기계음을 발생시키게 되고, 결과적으로 3D프린팅 출력 시 중간에 끊기는 현상이 발생하게 된다.

034 3D프린터의 주요 성능에 하나라도 문제가 있을 경우에는 3D프린팅 출력물의 품질에 영향을 미치게 된다. 이러한 점을 종합적으로 판단하기 위해 3D프린터 사용자들 사이에서 사용하는 테스트 모델을 무엇이라고 하는가?

① Torture test
② Load Test
③ Endurance Test
④ Spike Test

035 Torture test 용 출력 모델 및 주요 검사 항목이 아닌 것은?

① 다양한 벽 두께 형상
② 3개의 원기둥 형상
③ 다양한 형태와 크기의 구멍 형상
④ 측면부 아치 형상

036 그림과 같은 성능 테스트 방법을 무엇이라고 하는가?

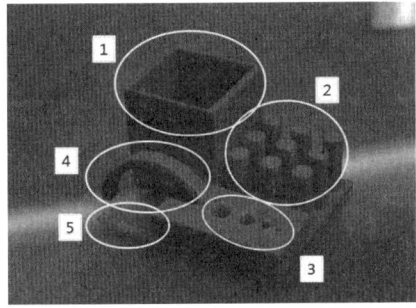

① Torture test
② Load Test
③ Endurance Test
④ Spike Test

037 익스트루더 모터가 회전하지 않는 경우는 언제 발생하는가?

① 필라멘트 공급 압력보다 모터의 토크가 부족한 경우 발생한다.
② 필라멘트에 걸리는 장력이 부족한 경우 발생한다.
③ CPU 보드의 드라이버가 미설치되었거나 설치에 오류가 있는 경우 발생한다.
④ 익스트루더 쿨엔드 부위의 조립이 헐겁게 되었을 때 발생한다.

038 전기적/소프트웨어적 문제 개선 방안 중 COM 포트 인식이 안 되는 경우(연결 불량)인 경우는 어떻게 해야 하는가?

① 온도 센서에 문제가 있을 가능성이 높으므로 교체한다.
② Software의 설정을 확인하여 수정해 준다.
③ 드라이버를 재설치하거나 보드를 교체해 주어야 한다.
④ 전원부에 문제가 있는지 점검해 본다.

039 주어진 시간에서 고장 발생까지의 시간으로 수리 후 다음 고장까지의 시간을 의미하는데 수리 불가능한 제품의 평균 고장 시간을 산출할 때 사용하는 것을 무엇이라고 하는가?

① MTTF(Mean Time To Failure)
② MTBF(Mean Time Between Failure)
③ MTTR(Mean Time to Repair)
④ MTTS(Mean Time to success)

040 출력된 제품의 윗부분에 구멍이 생길 때는 다음과 같은 몇 가지 대책 중 맞는 것은?

① 출력물 두께를 조절해 준다.
② 리트랙션 속도를 조절해 준다.
③ 온도 설정을 변경해 준다.
④ 압출 헤드가 긴 거리를 이송하도록 해 준다.

정답 | 35. ② 36. ① 37. ① 38. ③ 39. ① 40. ①

041 출력된 제품의 옆면이 갈라지는 데는 몇 가지 경우가 있다. 이에 따른 대책이 맞는 것은?

① 층 높이가 너무 높은 경우 설정을 통하여 해결한다.
② 리트랙션 속도를 조절해 준다.
③ 온도 설정을 변경해 준다.
④ 압출 헤드가 긴 거리를 이송하도록 해 준다.

042 고장에서 다음 고장까지의 시간을 의미함. 수리가 가능한 제품/시스템의 평균 고장 시간을 산출할 때 사용것을 무엇이라고 하는가?

① MTTF(Mean Time To Failure)
② MTBF(Mean Time Between Failure)
③ MTTR(Mean Time to Repair)
④ MTTS(Mean Time to success)

043 MTTR(Mean Time to Repair)제품에 고장이 발생한 경우 고장에서 수리되는 데까지 소요되는 시간을 의미하는데 무엇을 말하는 것인가?

① MTTR = MTBF ÷ MTTF
② MTTR = MTBF × MTTF
③ MTTR = MTBF + MTTF
④ MTTR = MTBF − MTTF

044 품목의 특성(성질)이 규정된 요구 사항에 적합한지를 판정하기 위한 시험이며 통계적으로 검정에 해당되는 시험을 무엇이라고 하는가?

① 현장 시험   ② 실험실 시험
③ 결정시험   ④ 적합시험

해설

- 시험 목적에 따른 종류
  · 적합시험 : 품목의 특성(성질)이 규정된 요구 사항에 적합한지를 판정하기 위한 시험. 통계적으로 검정에 해당됨
  · 결정시험 : 품목의 특성(성질)을 확인하기 위한 시험. 통계적으로 추정에 해당됨
- 개발 단계에 따른 종류
  · 성장 시험, 보증 시험, 양산 신뢰성 보증 시험, 번인(또는 ESS)등이 있다.
- 시험 장소에 따른 종류
  · 실험실 시험 : 제어되는 규정된 조건에서 수행되는 시험
  · 현장 시험 : 운용, 환경, 보전 및 측정 조건이 기록되는 현장에서 수행되는 시험
- 가속 여부에 따른 종류
  · 가속 시험 : 시험 기간을 단축하기 위하여 기준 조건보다 가혹한 스트레스를 인가하는 시험
  · 정상 시험 : 실사용 조건에서 인가되는 스트레스에서 수행되는 시험
- 정형과 비정형 여부에 따른 종류
  · 정형 시험 : IEC, ISO, KS 등에 규정된 표준화된 시험
  · 비정형 시험 : 신규성이 높고 고장 메커니즘이 불분명하며, 필드 정보가 충분하지 않은 시험

045 개발 단계에 따른 시험의 종류가 아닌 것은?

① 가속 시험
② 개발 · 성장 시험
③ 보증 시험
④ 양산 신뢰성 보증 시험

046 신뢰성 시험 항목에 대한 설명이 잘못된 것은?

① 고온 시험 – 고온 상태에서 기능상의 내성을 평가하는 시험(절연 불량, 기계적 고장, 열 변형에 의한 구동 불량 등)
② 저온 시험– 저온 상태에서 기능상의 내성을 평가하는 시험(취약화, 결빙, 기계적 고장, 열 변형에 의한 구동 불량 등)
③ 온도 사이클(열 충격) 시험– 온도 변화가 주기적으로 반복될 경우 제품의 기능상의 내성을 평가하는 시험(기계적 고정, 누설 발생 등)
④ 온습도 사이클 시험– 고온/고습 상태에서 사용될 때 기능상의 내성을 평가하는 시험(수분 흡수, 팽창, 절연 불량, 기계적 고장, 화학 반응 등)

> [해설]
> ④-고온 고습 시험

047 형태가 비주기적이고 일정하지 않게 무작위적으로 발생하는 진동에 노출되는 경우의 내성을 평가하기 위한 시험을 무엇이라고 하는가?

① 광대역 랜덤 진동 시험
② 정현파 진동 시험
③ 충격 시험
④ 진동 사이클 시험

048 신뢰성 시험 검사 계획 수립 시 유의 사항이 아닌 것은?

① 신뢰성 고장의 정의, 시험 실시 항목
② 환경 스트레스의 종류, 시험 수준 수
③ 검사 방법 및 검사 장비
④ 검사 인원

> [해설]
> – 신뢰성 고장의 정의, 시험 실시 항목
> – 환경 스트레스의 종류, 시험 수준 수
> – 표본 수(제품 개수), 시험 시간 및 비용
> – 검사 방법 및 검사 장비
> – 자체 검사 및 외부 의뢰 여부
> – 고장 분석 결과의 피드백 방법

049 결정된 시험 조건과 환경 조건상 발생할 수 있는 외부 조건에 기인한 시험 대상의 성능에 직접적으로 영향을 주는 주관심 고장을 무엇이라고 하는가?

① 간헐 고장
② 입증된 고장
③ 유관 고장
④ 중복 고장

정답 | 45. ① 46. ④ 47. ① 48. ④ 49. ③

050 BIT(built-in test) 중 발생한 고장에 대한 설명이 맞는 것은?

① 장비나 측정 장비가 구성되어 제품의 자체 진단 기능으로 고장을 관측할 수 있음을 의미한다.
② 하드웨어 설계 및 제조 결함에 기인한 고장, 또는 소프트웨어의 잘못에 기인한 고장이다. 단, 시험 중에 시정 및 확인이 가능하면 무관 고장으로 처리한다.
③ 수명이 한정된 소모성 부품(예: 배터리)을 사용한 경우, 부품의 수명이 다하기 전에 고장이 발생하면 유관 고장으로 처리하지만, 수명이 다한 후에 발생한 고장은 무관 고장으로 처리한다.
④ 조사 중이거나 중복되지 않는 고장으로서, 아직 그 원인을 알 수 없는 고장이다.

[해설]
② 입증된 고장
③ 소모성 부품에 기인한 고장
④ 입증되지 않은 고장

051 무관 고장이 아닌 것은?

① 시험실 내의 부적당한 시설에 기인한 고장이다.
② 규정된 교체 기간이 지난 후 사용 중에 발생한 고장이다.
③ 타 장비의 운용, 정비 또는 수리 절차의 잘못에 기인한 고장이다.
④ 하드웨어 설계 및 제조 결함에 기인한 고장, 또는 소프트웨어의 잘못에 기인한 고장

[해설]
④ 입증된 고장

052 3D프린터의 위해요소에 대한 설명으로 적절하지 않은 것은?

① 고열 장비 : 노즐, 베드 등 프린터 장비 내 다수의 고발열 장비 주의
② 고전력 장비 : UV 장비, 전기제어 장비 등 다수의 고전력 장비 주의
③ UV 복사 : UV 장비 작동 중 안구에 직접 노출이 되어도 상관이 없으나 주기적인 노출 주의
④ 구동 장비 : 3D프린터는 모터와 기어로 구성되어 있는 기계 장비로 장비 내 모터와 기어 사이 혹은 기어와 기어 사이에 주의

053 출력 시 냄새가 거의 나지 않는 것이 특징이고, Heating bed가 아니더라도 bed에 접착이 잘 되어 수축에 강한 소재는?

① PLA
② ABS
③ 유리
④ 나무 소재

054 자체 진단 기능으로 고장을 관측할 수 있음을 의미하는 고장형태는?

① 중복 고장
② 무관 고장
③ 간헐 고장
④ BIT(Build-In Test) 중 발생한 고장

055 시험조건에 대한 설명이 잘못된 것은?

① 사용 조건은 대표값과 함께 최고 · 최저 온도와 같은 가혹한 조건의 값이 중요하다.
② 환경 조건은 자연 환경(온도, 습도, 고도, 태양열, 기압 등)에만 해당이 된다.
③ 환경 조건의 조합은 과도적인 변화가 제품의 고장을 일으킬 수 있으므로 이들 조건도 명확히 알아야 한다.
④ 내구성 시험 조건은 사용 조건에서 문제가 되는 고장 모드와 메커니즘에 관한 정보, 운용 및 환경 요소의 종류와 가혹도, 환경 요소의 조합과 순서에 따른 영향 등을 주의 깊게 조사하여 설정해야 한다.

[해설]
환경 조건은 자연 환경(온도, 습도, 고도, 태양열, 기압 등)과 인공 환경(진동, 충격, 가속도, 전압, 전류 등)으로 구분된다.

056 외부로부터 전자파 간섭 또는 교란에 의해 전자 회로의 기능이 약화되거나 동작의 불량 여부를 평가하는 시험은?

① EMA 시험
② EMI 시험
③ EMR 시험
④ EMS 시험

[해설]
EMC 시험의 하부 개념으로 전자파 장애(EMI) 시험과 전자파 내성(EMS) 시험

057 3D프린팅 제조사의 장비생산 공정에서 작업자의 불안전한 행동을 유발하는 상황이 자주 발생하고 있다. 이를 해결하기 위한 개선의 ECRS가 아닌 것은?

① Combine
② Standard
③ Eliminate
④ Rearrange

[해설]
ECRS : 개선

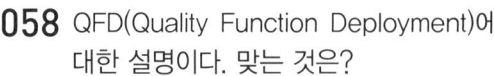

058 QFD(Quality Function Deployment)에 대한 설명이다. 맞는 것은?

A. 고객의 요구가 무엇인지(What)와 고객의 요구를 충족시키기 위해 서 제품과 서비스를 어떻게(How) 설계하고 개선할 것인지에 대해 목적과 수단을 서로 관련시켜 나타내 주는 매트릭스를 이용하여 구조화하는 것이다.

B. 목적-수단 매트릭스를 이용하여 고객의 요구(목적)와 기술적 특성(수단) 및 경쟁력 평가를 나타낸 품질의 집(HOQ : House of Quality) 이라 불리는 품질표를 구성할 수 있다.

C. 설계 단계, 부품 단계, 공정 단계, 생산 단계로 나누어 품질 개선을 위한 기능 전개를 해 나갈 수 있다.

D. 제품 및 프로세스의 가능한 문제점 및 원인 들을 사전에 예측하고 위험도를 평가하여 사전 예방이 가능하도록 한 기법

① A, B, C   ② A, B, D
③ A, C, D   ④ B, C, D

059 제품 및 프로세스의 가능한 문제점 및 원인들을 사전에 예측하고 위험도를 평가하여 사전 예방이 가능하도록 한 기법을 무엇이라고 하는가?

① QFD   ② QC
③ FMEA   ④ KS

060 시제품의 문제를 시제품을 구성하는 항목별로 분류하여 크기 순으로 나열한 그림을 무엇이라고 하는가?

① 파레토도   ② 벤다이어그램
③ 체크리스트   ④ 표준사양서

061 파레토 차트에 대한 설명이 맞는 것은?

① 사용 목적은 개선 항목의 우선순위를 결정하고, 문제점의 원인을 파악하고, 개선 효과를 확인하기 위하여 사용된다.
② 제품 및 프로세스의 가능한 문제점 및 원인들을 사전에 예측한다.
③ 소비자의 요구 사항을 제품의 설계 특성으로 변환한다.
④ 품질 개선을 위한 기능 전개를 해 나갈 수 있다.

해설

파레토도의 특징은 어느 항목이 가장 문제가 되는지 찾아낼 수 있고, 문제 항목의 크기, 순위를 한 눈에 알 수 있다. 또한 문제 항목이 전체에서 차지하는 비중을 알 수 있고 수월하게 그림을 그릴 수 있다는 점이다. 파레토도의 작성 절차는 조사 대상을 결정, 데이터 수집, 데이터 분류, 항목 정렬, 점유율 계산, 그래프 작성, 누적 곡선 작성 및 필요 사항 기재로 이루어진다

062 3D프린팅에 대한 안전 및 윤리 문제에 대해 잘못 설명한 것은?

① 3D프린터 재료에 대한 안전기준이 필요하다.
② 3D프린터 자체에 대한 안전기준이 필요하다.
③ 3D프린팅 출력물에 대한 안전기준이 필요하다.
④ 3D프린팅된 출력물에 대한 윤리기준이 필요하지 않다.

063 전자파 장애(EMI) 시험 불합격 시 전원부의 EMI 대책으로 틀린 것은?

① 입력 단에 설치하는 L과 C의 값을 적게 한다.
② 입력단자로부터 필터까지의 거리를 가능하면 짧게 유지한다.
③ 출력용 다이오드는 노이즈가 작은 것으로 교체한다.
④ 출력 단 근처에 적절한 콘덴서를 추가하여 전원성 노이즈를 최소화한다.

해설

입력단에 설치하는 L과 C의 값을 크게 한다.

064 유해·위험 요인 설명 중 잘못된 것은?

① 3D프린팅은 분말 또는 고체 형태의 수지, 금속, 세라믹 등의 사용하는 소재와 적층 기술방식에 따라 다양한 종류의 유해물질과 초미세입자가 다량 발생
② 출력물을 경화시키거나 후가공 처리를 위해 순간접착제, 아세톤, 스프레이 착색제 등 다양한 화학약품을 사용하여 휘발성 유기 화합물을 방출
③ 레이저 변환장치, 자외선 램프 커넥터는 고전압이며, 프린터 작동시 손에 물기가 있거나 전원을 켜고 수리 등을 하면 감전 위험이 높음
④ 프린터를 장시간 가동해도 화재나 폭발 위험이 없음

해설

장시간 사용시 폭발 위험 있음

065 안전한 이용 수칙에 대한 설명 중 잘못된 것은?

① 장시간 작업시 화재감지 및 자동 소화 장치를 설치한다.
② 무독성, 친환경 소재를 활용한다.
③ 프린터에 도어나 덮개 등 방호 조치를 한다.
④ 밀폐된 장소에서 이용한다.

해설

환기를 자주한다.

066 미세먼지 노출 위험으로 나타나는 증상이 아닌 것은?

① 심폐 질환
② 천식 등 호흡기 질환
③ 두통
④ 골절

067 미세먼지 노출 위험에 대한 안전대책이 아닌 것은?

① 3D프린터는 작업장 환기가 잘 되는 곳에 설치
② 프린터 수량, 종류, 소재 및 사용시간 등을 고려하여 사용
③ 미세먼지 저감용 헤파필터를 설치하고 정기적으로 교체
④ 전원부는 밀폐하거나 덮개 설치

068 3D프린터를 캘리브레이션 하기 위해 가장 먼저 해야 할 것은?

① 익스트루더의 온도를 조절
② 라인 굵기 조절
③ XYZ 크기 조절
④ 홀 사이즈 조절

069 3D프린터 관련 신뢰성 시험 항목이 아닌 것은?

① 시험시간을 단축하기 위해 사용조건보다 가혹한 조건에서 수행하는 가속수명 시험
② 운송 또는 사용 중 빈도가 적고 반복이 없는 충격에 적정한 내성을 갖는지 평가하기 위한 시험
③ 온도변화가 주기적으로 반복될 경우 제품의 기능상의 내성을 평가하는 시험
④ 고온, 고습 상태에서 사용될 때 기능상의 내성을 평가하는 시험

> **해설**
> 고온 시험, 저온 시험, 온도 사이클(열 충격) 시험, 고온 고습 시험, 온습도 사이클 시험정현파 진동 시험, 광대역 랜덤 진동 시험, 충격 시험

070 얇은 선이 생길 때의 오류를 해결방법이 아닌 것은?

① 속도를 조절해 준다.
② 리트랙션 속도를 조절해 준다.
③ 온도 설정을 변경해 준다.
④ 브림이나 라프트를 사용한다.

071 출력물을 경화시키거나 후가공 처리를 위해 순간접착제, 아세톤, 스프레이 착색제 등 다양한 화학약품을 사용하여 휘발성 유기화합물을 방출하는 것을 무엇이라고 하는가?

① 화학적 위험   ② 전기적 위험
③ 기계적 위험   ④ 화재·화상 위험

072 3D프린팅은 분말 또는 고체 형태의 수지, 금속, 세라믹 등의 사용하는 소재와 적층 기술방식에 따라 다양한 종류의 유해물질과 초미세입자가 다량 발생되는 것으로 확인됨을 나타내는 위험은?

① 화학적 위험
② 전기적 위험
③ 기계적 위험
④ 미세먼지 노출 위험

073 기계위험에 대한 안전조치사항은?

① 무독성, 친환경 소재 활용
② 방진 마스크와 같은 호흡용 보호구 착용
③ 긴급 상황시 정지할 수 있는 비상정지 장치를 설치
④ 3D프린터는 환기가 잘 되는 작업장에 설치

[해설]

안전한 이용 수칙

구분	안전 대책
미세 먼지 노출	- 3D프린터는 작업장 환기가 잘 되는 곳에 설치 - 프린터 수량, 종류, 소재 및 사용시간 등을 고려하여 사용 - 미세먼지 저감용 헤파필터를 설치하고 정기적으로 교체 - 국소배기장치를 설치하여 활용 - 방진 마스크와 같은 호흡용 보호구 착용
화학 위험	- 무독성, 친환경 소재 활용 - 국소배기장치 설치 - 고무장갑, 안면보호구, 눈보호구, 방독마스크, 보호복 등 착용 - 물질안전보건자료(MSDS)를 숙지하고 예방조치, 응급조치, 취급 및 저장방법 등 공유
전기 위험	- 수리시 전원 차단 - 전원부는 밀폐하거나 덮개 설치 - 수리나 개조는 전문가를 활용
기계 위험	- 프린터에 도어나 덮개 등 방호 조치 - 긴급상황시 정지할 수 있는 비상정지 장치를 설치 - 면장갑 보다는 가죽제 장갑이 전동공구에 말려드는 위험 예방
화재 · 화상	- 출력후 프린터나 출력물 온도가 내려갈 때까지 기다려 작업하거나 도어록 등 안전장치 설치 - 장시간 작업시 화재감지 및 자동소화장치 설치 - 소화기 구비
레이저 · UV	보안경 착용
폐기물 관리	- 휘발성 유기용제는 밀봉하여 지정된 장소 보관 - 폐기물 보관장소는 직사광선을 피하고 통풍이 잘되는 곳 - 방수가능 바닥재에 보관 - 인화물질은 위험물관리법에 적합하도록 충분한 거리 확보 - 폐기물 보관소에 금연, 화기 취급 엄금 등 표지 부착 - 잠금장치를 설치하여 폐기물 반출입 관리 철저

074 모델링시 성공적인 프린팅을 위한 고려사항이 아닌 것은?

① 외곽선의 끊김을 확인한다.
② 모든 면에 두께를 주는 것이 재료를 아끼고 형태 변형을 줄이는 방법이다.
③ 치수를 확인해 모델링한다
④ 기본 채움 정도는 100%로 한다.

[해설]

기본 채움 정도는 10 ~ 20%로 재료의 온도 변화에 따른 수축률과 속도, 강도를 테스트한 경험에서 나온 수치이다. 이것을 기본값으로 프린팅해 본 후 필요에 따라 채움의 정도를 변경하는 것이 좋다. 내부 채움 방식 설정은 경험치에 의한 것이므로 많은 시험 출력이 필요하다. ABS 재료는 수축률이고 PLA 재료는 수축률이 적다.

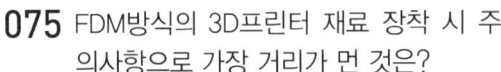

075 FDM방식의 3D프린터 재료 장착 시 주의사항으로 가장 거리가 먼 것은?

① 3D프린터 작동 시 히팅 열에 주의 한다.
② 필라멘트 삽입 혹은 탈거 시 억지로 힘을 가하지 않게 주의한다.
③ 노즐이 상하지 않게 주의 한다.
④ 3D프린터 재료에 외부의 빛을 직접 적으로 받지 않도록 한다.

076 처음부터 재료가 압출되지 않을 때 원인이 아닌 것은?

① 압출기 내부에 재료가 채워져 있지 않을 때
② 압출기 노즐과 플랫폼 사이의 거리가 너무 가까울 때
③ 압출 헤드의 모터가 과열되었을 때
④ 필라멘트 재료가 얇아졌을 때

해설

- 압출기 내부에 재료가 채워져 있지 않을 때
- 압출기 노즐과 플랫폼 사이의 거리가 너무 가까울 때
- 필라멘트 재료가 얇아졌을 때
- 압출 노즐이 막혀 있을 때

077 이물질이 압출 노즐 내부에 들어가거나, 가열된 플라스틱 재료가 노즐 내부와 너무 오래 접촉해 있거나, 혹은 압출 노즐의 냉각이 충분하지 않아 필라멘트가 용융 노즐 내부의 용융부 이외의 지역에서 용융되면 발생할 때 조치사항은?

① G코드를 수정한다.
② 얇은 철사 등을 노즐 내부에 밀어 넣어 막힌 것을 제거해 보는 것도 방법이다.
③ 리트랙션 속도를 반 정도로 줄여 준다.
④ 출력 속도를 낮게 해준다.

078 필라멘트 재료가 기어 이빨에 의해서 깎이게 되는 몇 가지 원인이 아닌 것은?

① 기어 이빨이 필라멘트 재료를 뒤로 빼 주는 리트랙션 속도가 너무 빠르거나 혹은 필라멘트 재료를 너무 많이 뒤로 빼 줄 때 발생한다.
② 압출 노즐의 온도가 너무 낮을 때 발생한다.
③ 출력 속도가 너무 높을 때 발생한다.
④ 이물질이 압출 노즐 내부에 들어가서 발생한다.

079 출력 도중에 재료가 압출되지 않는 원인이 아닌 것은?

① 스풀에 더 이상 필라멘트가 없을 때
② 필라멘트 재료가 얇아졌을 때
③ 압출 노즐이 막혔을 때
④ 압출기 노즐과 플랫폼 사이의 거리가 너무 가까울 때

[해설]
- 스풀에 더 이상 필라멘트가 없을 때
- 필라멘트 재료가 얇아졌을 때
- 압출 노즐이 막혔을 때
- 압출 헤드의 모터가 과열되었을 때

080 필라멘트 재료가 얇아지면 압출 노즐로 필라멘트 재료를 공급하는 것이 불량이 발생할 수 있다. 이에 대한 대책은?

① 리트랙션 속도를 반 정도로 줄여 준다. 이렇게 해서 문제가 해결되면 관련된 설정이 문제가 있는 것으로 판단하여 설정을 변경한다.
② 얇은 철사 등을 노즐 내부에 밀어 넣어 막힌 것을 제거해 보는 것도 방법이다.
③ 노즐을 분해하여 청소한 후 다시 결합해 본다.
④ G코드를 수정하여 Z축 방향 오프셋 값을 좀 더 크게 변경하면서 적절한 오프셋 값을 찾으면 된다.

081 재료가 플랫폼에 부착되지 않을 때의 대책에 대한 설명으로 틀린 것은?

① 필라멘트가 감겨져 있는 스풀의 라벨을 확인하여 적절한 지름의 필라멘트가 감겨져 있는 스풀로 바꿔준다.
② 플랫폼의 수평을 조절해 주어야 한다.
③ 첫 번째 층을 상대적으로 느리게 성형해 주어 플랫폼에 충분히 부착될 시간을 확보한다.
④ 제품이 출력되는 동안 히팅 베드의 온도를 적절히 고온으로 유지시켜 준다.

[해설]
- 플랫폼의 수평이 맞지 않을 때
- 노즐과 플랫폼 사이의 간격이 너무 클 때
- 첫 번째 층이 너무 빠르게 성형될 때
- 온도 설정이 맞지 않은 경우
- 플랫폼 표면의 문제가 있는 경우
- 출력물과 플랫폼 사이의 부착 면적이 작은 경우

082 재료의 압출량이 적을 때의 대책은?

① 필라멘트가 감겨져 있는 스풀의 라벨을 확인하여 적절한 지름의 필라멘트가 감겨져 있는 스풀로 바꿔준다.
② 출력물과 플랫폼 사이의 부착 면적을 넓게 해 주기 위해서 출력물의 아래에 바닥 보조물을 출력물과 함께 성형해 준다.
③ 출력 전 플랫폼의 표면에 먼지나 기름 등의 이물질이 없는지 확인하여 제거해 준다.
④ 출력에 사용되는 재료에 맞는 테이프를 플랫폼 위에 붙인 후 그 위에 제품을 출력한다.

[해설]
- 필라멘트 재료의 지름이 적절하지 않은 경우
- 압출량 설정이 적절하지 않은 경우

083 바닥이 말려 올라가는 현상에 대한 대책이 아닌 것은?

① 가열된 플랫폼을 사용한다.
② 냉각팬이 동작하지 않도록 한다.
③ 높은 온도가 유지되는 밀폐된 환경에서 출력한다.
④ 프로그램의 설정 메뉴에서 압출량을 좀 더 적어지도록 설정을 조정한다.

084 프린터의 출력 도중 몇 개의 층이 만들어지지 않고 전체 구조물이 성형되는 경우이다. 출력 도중 일부 단면의 성형 시 일시적으로 3D프린터의 압출 헤드에서 충분한 양의 재료가 공급되지 않는 경우 발생한다. 이 경우는 필라멘트 재료에 문제가 있는 경우가 많을 때 발생하는 현상은?

① 일부 층이 만들어지지 않음
② 갈라짐
③ 출력물 도중에 단면이 밀려서 성형됨
④ 바닥이 말려 올라감

085 얇은 선이 생김 현상에 대해 대책이 아닌 것은?

① 리트랙션 거리를 조절해 준다.
② 리트랙션 속도를 조절해 준다.
③ 필라멘트의 토출 온도를 적정 온도로 설정해 주어야 한다.
④ 압출 헤드가 긴 거리를 이송하지 않도록 해 준다.

086 탈조현상이 아닌 것은?

① 일부 층이 말려 올라가는 경우
② 출력 중에 원래 자리에서 벗어나 엉뚱한 곳에서 적층하는 경우
③ 움직여야 하는데 움직이지 않는 경우
④ 프린터 헤드와 베드의 이동거리가 제멋대로인 경우

087 Extruder 모터에서 틱틱 소리가 나는 탈조현상이 발생하는 원인이 아닌 것은?

① 3D프린터의 설정 시 용융된 필라멘트 재료의 압출량이 적절하게 설정되지 않은 경우
② 노즐이 막혀서 필라멘트를 제대로 못 빼내서 skipping 발생
③ PTFE 튜브를 노즐 끝까지 안 밀어 넣은 경우
④ Extruder 모터의 토크가 약함

해설

- 노즐이 막혀서 필라멘트를 제대로 못 빼내고, 그래서 skipping 발생. 이 원인이 90%라고 말함
- PTFE 튜브를 노즐 끝까지 안 밀어 넣은 경우. 끝까지 안 밀어 넣으면 필라멘트가 중간에 걸림
- Z축 베드가 너무 가까움. 너무 가까우면 압출이 제대로 안되고, 노즐은 막히고, skipping 발생
- Extruder 모터의 토크가 약함. 즉 모터 힘이 약한 경우.

088 출력 오류가 아닌 것은?

① 서포트가 발생한 경우
② 3D프린터를 동작시켰으나, 처음부터 플라스틱 재료를 압출하지 않는 경우
③ 출력물의 바닥이 플랫폼에 부착되어 있지 않고 위쪽으로 말려 올라가는 경우
④ 압출 노즐에서 충분한 양의 플라스틱 재료가 압출되지 않아서 출력된 면에 빈 공간이 생기는 경우

089 3D프린터 출력 퀄리티를 높이기 위해 프린팅 이전에 적용할 수 있는 방법으로 가장 옳지 않은 것은?

① 출력 속도를 늦춘다.
② 노즐에 쿨러를 적용한다.
③ 챔버에 넣는다.
④ 아세톤 훈증을 실시한다.

090 3D프린터 출력을 높이기 위해 Raft가 밀착되도록 하는 방법으로 가장 관계가 없는 것은?

① 노즐과 베드와의 간격을 증가시켰다.
② 베드의 온도를 필라멘트에 알맞은 온도를 올렸다.
③ 유리판 위에 필라멘트가 잘 붙는 성분의 스프레이를 도포한다.
④ 테이프를 베드에 붙인다.

091 출력물 불량 발생 시 개선 방법에 대한 설명으로 틀린 것은?

① 출력물에 잔류 응력이 발생되어 출력물이 휘게 된다. 이는 출력물의 형상 정밀도 저하를 초래하고 출력 오류와 노즐 손상까지도 발생할 수 있어 개발 시 유의해야 한다.
② 수축에 의한 휨 불량은 재료의 출력 온도가 낮을수록 더욱 심해지는데, 일반적으로 기계적 강도가 낮은 재료일수록 출력온도가 낮아야 하므로 유의해야 한다.
③ 출력물의 수축은 소재의 경우 PLA보다 ABS가 크며, 출력물의 경우 크기가 커질수록 많이 발생한다.
④ PC, PA 재료를 출력하기 위해서는 챔버를 사용하여 챔버 내부의 온도를 일정 온도 이상으로 제어해 주는 기능이 추가적으로 필요하다.

> **해설**
> 수축에 의한 휨 불량은 재료의 출력 온도가 높을수록 더욱 심해지는데, 일반적으로 기계적 강도가 높은 재료일수록 출력 온도가 높아야 하므로 유의해야 한다.

092 스텝 모터의 공진현상에 대한 대책방법으로 옳지 않은 것은?

① 진동방지 댐퍼를 설치한다.
② 스텝 모터 드라이버를 교체한다.
③ 스텝 모터 드라이버의 전압을 조절한다.
④ 스텝 모터와 연결된 벨트 장력을 올려준다.

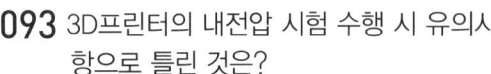

093 3D프린터의 내전압 시험 수행 시 유의사항으로 틀린 것은?

① 테스트가 완전히 끝나면 고전압 출력을 정지시킨다.
② 테스트를 시작하기 전에 장비와 결선 등의 설치 상태를 확인하고 케이블의 피복 상태를 검사한다.
③ 테스트 중에는 피측정체나 연결 부위, 고전압 프로브의 금속 부분을 상시 확인하여야 하며, 프로브를 잡을 때에는 전원이 연결된 부분만 잡는다.
④ 고전압이 Off 되었다는 것을 확인하기 전에는 피측정체에 어떠한 결선이라도 해서는 안되며, 피측정체에 테스트 케이블을 연결할 때에는 항상 접지(-)클립을 먼저 연결한다.

해설

테스트 중에는 절대로 피측정체나 연결 부위, 고전압 프로브의 금속 부분을 만지지 않도록 유의하며, 프로브를 잡을 때에는 절연된 부분만을 잡는다.

094 3D프린터 용어 중 다음 설명에 대한 것은 무엇인가?

- 하드웨어에 대한 기술로 출력품질에 많은 영향을 준다.
- 슬라이싱 프로그램에서 설정을 하고 일부는 펌웨어에서 설정을 한다.
- 전 조정단계가 반드시 필요하다.

① 3D프린팅
② Option
③ Calibration
④ Printrun

095 필라멘트가 정확하게 토출되지 않는 경우 실행할 수 있는 Calibration은 무엇인가?

① Step per units 값
② Home Position 값
③ Feeder E 값
④ Bed Leveling 값

096 Calibration과 관련지어 볼 때 필라멘트 구입시 확인 사항으로 가장 거리가 먼 것은?

① Color
② 탄성도 확인
③ 지름값 확인
④ Flow rate 확인

097 펌웨어에서 configuration.h 특징이 아닌 것은?

① 파라미터의 지정
② 헤더화일
③ 프로그램의 일종
④ 변경이 불가능

해설

변경가능

098 전자파는 원자로나 비행기, 자동차도 고장이 발생하거나 오동작을 일으키게 만들 수 있기 때문에 규제가 심해지고 있다. 이러한 전자파로 인한 전자 기기의 오동작이나 고장을 방지하기 위한 시험을 무엇이라고 하는가?

① EMC   ② EMS
③ ICM   ④ IMC

099 전자파 적합성 (EMC)에 대한 설명 중 틀린 것은?

① 전자파의 영향으로 인해 일어날 수 있는 현상을 방지하고자 만든 검사 규칙이 전자파 적합성 (EMC)이라는 개념이다.
② 전자파로 인한 전자 기기의 오동작이나 고장을 방지하기 위한 시험이 EMC 시험이다.
③ EMC 시험의 하부 개념으로 전자파 장애(EMI) 시험과 전자파 내성 (EMS) 시험이 있다.
④ EMC는 EMI와 EMS를 별도로 구분하는 개념이다.

[해설]
EMC는 EMI와 EMS를 총칭하는 개념이다.

100 외부로부터의 전자파 간섭 또는 교란에 의해 전자 회로의 기능이 악화되거나 동작이 불량해지는지 여부를 평가하는 시험을 무엇이라고 하는가?

① EMI   ② EMS
③ ICM   ④ IMC

101 전자파 장애 (EMI)에 대한 설명으로 잘못된 것은?

① EMI의 규제 목적은 공중 통신용 주파수를 보호하고 외부 전자파로부터 취약한 전자기기의 오동작을 방지하는 데 있다.
② EMI 시험은 외부로부터의 전자파 간섭 또는 교란에 의해 전자 회로의 기능이 악화되거나 동작이 불량해지는지 여부를 평가하는 시험이다.
③ EMI 잡음은 크게 낙뢰 등의 기상 변화 시 발생되는 자연 잡음과 사람이 장치를 사용할 때 부수적으로 발생되는 인공 잡음으로 분류된다.
④ 방사잡음은 기기나 회로 간을 연결하는 신호선이나 제어선, 전원선 등이 본래 전송해야 할 신호들과 달리 이들 도선을 통해 잡음이 피해 측에 유도된다.

[해설]
- 방사잡음 : 전송 케이블이나 무선 통신 단말 등의 통신용 전파에 의한 장애는 물론 전송선의 코로나 방전 등 공간으로 직접 피해 측에 전파됨
- 전도 잡음 : 기기나 회로 간을 연결하는 신호선이나 제어선, 전원선 등이 본래 전송해야 할 신호들과 달리 이들 도선을 통해 잡음이 피해 측에 유도됨

102 EMI의 시험 항목으로는 전원선을 통해 전파되는 잡음을 무엇이라고 하는가?

① 전도 잡음
② 방사 잡음
③ 인공 잡음
④ 자연 잡음

103 자연환경 조건 혹은 주변 기기로부터 유입되는 전자파에 견디는 능력을 여러 가지 방법으로 평가하여 전자 기기의 오동작을 방지하는 데 있으며, 특히 프로세서가 내장된 기기의 오동작을 방지하기 위한 목적으로 사용되는 시험은?

① EMI ② EMS
③ ICM ④ IMC

104 전자파 내성 (EMS)대한 설명으로 맞는 것은?

① 전자파로 인한 전자 기기의 오동작이나 고장을 방지하기 위한 시험이다.
② 전자 기기가 외부 전자파로부터 견디는 능력을 평가하기 위해 시험되며, 시험 항목으로는 전자파 방사, 정전기 방전, 전기적 빠른 과도 현상, 서지, 전압 강하, 순간정전 등의 시험이 있다.
③ 외부로부터의 전자파 간섭 또는 교란에 의해 전자 회로의 기능이 악화되거나 동작이 불량해지는지 여부를 평가하는 시험이다
④ 공중 통신용 주파수를 보호하고 외부 전자파로부터 취약한 전자기기의 오동작을 방지하는 데 있다.

[해설]

③④-전자파 장애 (EMI), ①-전자파 적합성 (EMC)

105 전기용품 안전 인증 구비 서류가 아닌 것은?

① 안전 인증 신청서
② 사업자 등록증 사본
③ 제품 설명서(사용 설명서 포함)
④ 공장 심사 보고서

[해설]

- 안전 인증 신청서
- 사업자 등록증 사본
- 제품 설명서(사용 설명서 포함)
- 전기적인 안전에 직접적인 영향을 주는 부품의 명칭(제조 업체명, 모델, 정격 및 파생 모델명 포함)
- 전기적 특성 등을 기재한 서류
- 절연 재질(온도 특성, 난연성 특성)의 명세서
- 전기 회로 도면
- 대리인임을 증명하는 서류(대리인이 신청하는 경우)

106 안전 인증 대상 전기용품을 제조하고자 하는 공장의 제조 설비, 검사 설비, 기술 능력 및 제조 체제를 평가하여 안전 인증 대상 제품의 안전을 확보할 수 있는지를 확인하기 위한 심사를 무엇이라고 하는가?

① 초기 공장 심사 ② 정기 공장 심사
③ 일시 공장 심사 ④ 최종 공장 심사

[해설]

- 정기 공장 심사
· 심사 목적 : 안전 인증을 받은 안전 인증 대상 전기용품이 계속하여 안전을 유지하고 있는지를 확인하기 위하여 제조 공장의 제조 설비, 검사 설비, 기술 능력 및 제조 체제를 연 1회 이상 심사
· 심사 내용 : 시험 검사, 검사 설비, 품질 시스템 확인 등

107 전원용 커패시터 및 전원 필터에 대한 시험 규격에 따른 계측 장비 및 설비가 아닌 것은?

① 마이크로미터, 버어니어캘리퍼스
② 전압계, 전류계
③ 내전압 시험기
④ 인장 시험기, 저울, 항온조

108 변압기 및 전압조정기에 대한 시험 규격에 따른 계측 장비 및 설비는?

① 마이크로미터, 버어니어캘리퍼스
② 인장 시험기, 저울, 항온조
③ 퓨즈 용단 시험기
④ 더블브리지

109 일반적으로 Withstanding Voltage Test 라고 부르며 피측정체(DUT)의 절연 성분 사이에 얼마나 높은 전압을 견딜 수 있는지 평가하는 시험은?

① 내전압 시험   ② 누설 전류 시험
③ 절연 저항 시험 ④ 전력시험

해설
- 누설 전류 시험 : 전기 · 전자 제품이 실제로 전원이 인가되어 동작 중이고 제품 외부로 노출된 도체 부분을 사용자가 만졌을 때, 인체를 통해 흐르는 누설 전류가 안전한 값(Safe Level) 이하로 흐르는가 여부를 평가하는 시험법이다.
- 절연 저항 시험 : 전기적으로 절연되어 있는 어느 두 지점 사이의 절연 저항을 측정하는 테스트로 전류의 흐름을 방해하기 위한 전기적 절연이 얼마나 효과적으로 되어 있는가를 판정한다.

110 다음 중 누설전류시험에 해당되는 것은?

① 충전, 유지, 측정 그리고 방전의 4단계를 거친다.
② 통상 정상 동작 전압의 두 배에 1,000V를 더한 전압을 사용한다.
③ 전기 · 전자 제품이 실제로 전원이 인가되어 동작 중이고 제품 외부로 노출된 도체 부분을 사용자가 만졌을 때, 인체를 통해 흐르는 누설 전류가 안전한 값 이하로 흐르는가 여부를 평가하는 시험법이다.
④ 전기적으로 절연되어 있는 어느 두 지점 사이의 절연 저항을 측정하는 테스트로 전류의 흐름을 방해하기 위한 전기적 절연이 얼마나 효과적으로 되어 있는가를 판정한다.

해설
②-내전압 시험, ①④절연 저항 시험

111 전기적으로 절연되어 있는 어느 두 지점 사이의 절연 저항을 측정하는 테스트로 전류의 흐름을 방해하기 위한 전기적 절연이 얼마나 효과적으로 되어 있는가를 판정시험은?

① 내전압 시험
② 누설 전류 시험
③ 절연 저항 시험
④ 전력시험

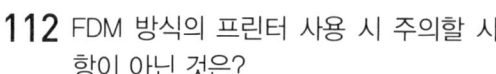

112 FDM 방식의 프린터 사용 시 주의할 사항이 아닌 것은?

① 3D프린터의 매뉴얼을 제대로 숙지 후 사용한다.
② FDM 방식 3D프린터 작동 시 히팅 열에 주의한다.
③ 필라멘트 삽입 혹은 탈거 시 힘을 가하여 끼운다.
④ 노즐이 상하지 않게 주의한다.

113 MJ 방식의 프린터 사용 시 주의할 사항이 아닌 것은?

① MJ 방식 3D프린터 작동 시 외부 온도는 신경쓰지 않아도 된다.
② MJ 방식 3D프린터 작동 시 빛을 직접 보지 않는다.
③ MJ 방식 3D프린터 재료에 외부의 빛을 직접적으로 받지 않도록 한다.
④ 재료의 용도에 따라 재료 통이 섞이지 않게 주의한다.

114 출력물 회수 시 주의할 사항이 아닌 것은?

① 반드시 마스크, 장갑 및 보안경을 착용한다.
② 장비 내부가 뜨거울 수 있으므로 화상을 입지 않도록 주의해야 한다.
③ 일반용 공구를 사용하도록 한다.
④ 다쳤을 때는 즉시 응급 처치를 하고 필요시 병원을 찾아가야 한다.

115 SLA 프린터 사용 시 주의할 사항이 아닌 것은?

① 반드시 마스크, 장갑 및 보안경을 착용한다.
② 광경화성 수지가 피부에 닿았을 때에는 가만히 있으면 날라간다.
③ 전용 공구를 사용할 때 상처를 입지 않도록 주의해야 한다.
④ 다쳤을 때는 즉시 응급 처치를 하고 필요시 병원을 찾아가야 한다.

116 SLS 프린터 사용 시 주의할 사항이 아닌 것은?

① 반드시 마스크, 장갑 및 보안경을 착용한다.
② 분말을 흡입하였을 경우에는 즉시 의사의 진단을 받아야 한다.
③ 피부에 분말이 묻었을 때에는 즉시 전용 용제로 씻어야 한다.
④ 다쳤을 때는 즉시 응급 처치를 하고 필요시 병원을 찾아가야 한다.

117 훈증 작업 시 주의할 사항이 아닌 것은?

① 환기가 안 되는 밀폐공간에서 작업을 하도록 한다.
② 보호 장구(마스크, 보안경, 장갑)를 착용하고 작업한다.
③ 훈증기에서 발생하는 가스를 마시지 않도록 주의한다.
④ 훈증기를 다룰 때 화재가 발생하지 않도록 주의한다.

정답 | 112. ③ 113. ① 114. ③ 115. ② 116. ③ 117. ①

118 도장 작업 시 주의할 사항이 아닌 것은?

① 도장 작업에서 발생하는 가스를 마시지 않도록 주의해야 한다.
② 환기가 잘 되는 환경에서 도장 작업을 해야 한다.
③ 에어건을 사용한 후에는 남아 있는 도료가 날아가므로 세척할 필요는 없다.
④ 도장 작업이 끝난 후 에어펌프 안에 기체가 남아 있어서 내부 압력이 올라가 있으면 에어펌프가 고장 날 수 있으므로 주의해야 한다.

119 다음 안전표시 중 의미가 틀린 것은?

① 고온경고	② 급성독성물질
③ 보안경착용	④ 안전장갑착용

① 고온경고
② 급성독성물질
③ 보안경착용
④ 안전장갑착용

[해설]
① 1 불 사용금지

120 화재 분류 중 전기시설물 화재는 몇 급에 해당되는가?

① A급　　② B급
③ C급　　④ D급

[해설]
A : 일반화재　　B : 유류화재
C : 전기화재　　D : 금속화재

121 화상을 당했을 때, 가장 적절한 응급조치는?

① 빨리 잉크를 바른다.
② 빨리 요드를 바른다.
③ 빨리 찬물에 담구었다가 아연화연고를 바른다.
④ 빨리 찬물에 담구었다가 붕대를 감는다.

122 작업자가 감전되었을 때, 가장 좋은 응급처치법은?

① 빨리 감전자를 떼어 놓는다.
② 병원에 신속하게 연락한다.
③ 전원을 내린 다음 감전자를 응급 치료한다.
④ 물을 붓고 감전자를 응급 치료한다.

123 성인 심정지환자의 심폐소생술(CPR)에 대한 설명으로 옳지 않은 것은?

① 가장 먼저 환자의 호흡과 반응을 확인하고 119에 구조를 요청한다.
② 신속히 기도개방과 인공호흡을 한 후 가슴압박을 실시한다.
③ 가슴압박 깊이는 최소 5~6 cm 정도로 한다.
④ 가슴압박과 인공호흡의 비율은 30회 : 2회로 반복 실시한다.

124 산업안전보건법령에 따른 안전보건관리 규정에 포함되어야 할 세부 내용이 아닌 것은?

① 위험성 감소대책 수립 및 시행에 관한 사항
② 하도급 사업장에 대한 안전·보건관리에 관한 사항
③ 질병자의 근로 금지 및 취업 제한 등에 관한 사항
④ 물질안전보건자료에 관한 사항

125 정전 작업 시 작업 전 안전조치 사항으로 가장 거리가 먼 것은?

① 단락 접지
② 잔류 전하 방전
③ 절연 보호구 수리
④ 검전기에 의한 정전확인

126 감전사고의 방지 대책으로 가장 거리가 먼 것은?

① 전기 위험부의 위험 표시
② 충전부가 노출된 부분에 절연 방호구 사용
③ 충전부에 접근하여 작업하는 작업자 보호구 착용
④ 사고발생 시 처리 프로세스 작성 및 조치

127 위험방지를 위한 전기기계·기구의 설치 시 고려할 사항으로 거리가 먼 것은?

① 전기기계·기구의 충분한 전기적 용량 및 기계적 강도
② 전기기계·기구의 안전효율을 높이기 위한 시간 가동율
③ 습기·분진 등 사용 장소의 주위 환경
④ 전기적·기계적 방호 수단의 적정성

128 200A의 전류가 흐르는 단상 전로의 한 선에서 누전되는 최소 전류(mA)의 기준은?

① 100   ② 200
③ 10   ④ 20

129 정전기 방전에 의한 폭발로 추정되는 사고를 조사함에 있어서 필요한 조치로서 가장 거리가 먼 것은?

① 가연성 분위기 규명
② 사고현장의 방전흔적 조사
③ 방전에 따른 점화 가능성 평가
④ 전하발생 부위 및 축적 기구 규명

130 감전쇼크에 의해 호흡이 정지되었을 경우 일반적으로 약 몇 분 이내에 응급처치를 개시하면 95% 정도를 소생시킬 수 있는가?

① 1분 이내
② 3분 이내
③ 5분 이내
④ 7분 이내

131 다음 중 방폭 구조의 종류가 아닌 것은?

① 본질안전 방폭 구조
② 고압 방폭 구조
③ 압력 방폭 구조
④ 내압 방폭 구조

132 전선의 절연 피복이 손상되어 동선이 서로 직접 접촉한 경우를 무엇이라 하는가?

① 절연　　② 누전
③ 접지　　④ 단락

133 다음 중 유류화재에 해당하는 화재의 급수는?

① A급　　② B급
③ C급　　④ D급

134 다음 중 운반 작업 시 주의사항으로 옳지 않은 것은?

① 운반 시의 시선은 진행방향을 향하고 뒷걸음 운반을 하여서는 안 된다.
② 무거운 물건을 운반할 때 무게 중심이 높은 화물은 인력으로 운반하지 않는다.
③ 어깨높이보다 높은 위치에서 화물을 들고 운반하여서는 안 된다.
④ 단독으로 긴 물건을 어깨에 메고 운반할 때에는 뒤쪽을 위로 올린 상태로 운반한다.

135 안전점검의 종류 중 태풍, 폭우 등에 의한 침수, 지진 등의 천재지변이 발생한 경우나 이상 사태 발생 시 관리자나 감독자가 기계·기구, 설비 등의 기능상 이상 유무에 대하여 점검하는 것은?

① 일상점검
② 정기점검
③ 특별점검
④ 수시점검

136 재해발생의 직접원인 중 불안전한 상태가 아닌 것은?

① 불안전한 인양
② 부적절한 보호구
③ 결함 있는 기계설비
④ 불안전한 방호장치

정답 | 130. ① 131. ② 132. ④ 133. ② 134. ④ 135. ③ 136. ①

137 산업안전보건법에는 보호구를 사용 시 안전인증을 받은 제품을 사용토록 하고 있다. 다음 중 안전인증 대상이 아닌 것은?

① 안전화
② 고무장화
③ 안전장갑
④ 감전위험방지용 안전모

138 감전사고로 인한 호흡 정지 시 구강대 구강법에 의한 인공호흡의 매분 회수와 시간은 어느 정도 하는 것이 가장 바람직한가?

① 매분 5~10회, 30분 이하
② 매분 12~15회, 30분 이상
③ 매분 20~30회, 30분 이하
④ 매분 30회 이상, 20분~30분 정도

139 누전차단기의 구성요소가 아닌 것은?

① 누전 검출부   ② 영상변류기
③ 차단장치   ④ 전력퓨즈

140 취급 · 운반의 원칙으로 옳지 않은 것은?

① 곡선 운반을 할 것
② 운반 작업을 집중하여 시킬 것
③ 생산을 최고로 하는 운반을 생각할 것
④ 연속 운반을 할 것

141 들기 작업 시 요통재해예방을 위하여 고려할 요소와 가장 거리가 먼 것은?

① 들기 빈도
② 작업자 신장
③ 손잡이 형상
④ 허리 비대칭 각도

142 일반적으로 작업장에서 구성요소를 배치할 때, 공간의 배치 원칙에 속하지 않는 것은?

① 사용빈도의 원칙
② 중요도의 원칙
③ 공정개선의 원칙
④ 기능성의 원칙

143 안전점검 보고서 작성내용 중 주요 사항에 해당되지 않는 것은?

① 작업현장의 혈 배치 상태와 문제점
② 재해다발요인과 유형분석 및 비교 데이터 제시
③ 안전관리 스텝의 인적사항
④ 보호구, 방호장치 작업환경 실태와 개선제시

144 산업안전보건법상 안전 · 보건표지의 종류 중 보안경 착용이 표시된 안전 · 보건표지는?

① 안내표지   ② 글자표지
③ 경고표지   ④ 지시표지

145 정전작업 시 조치사항으로 부적합한 것은?

① 작업 전 전기설비의 잔류 전하를 확실히 방전한다.
② 개로된 전로의 충전여부를 검전 기구에 의하여 확인한다.
③ 개폐기에 시건 장치를 하고 통전금지에 관한 표지판은 제거한다.
④ 단락접지 기구를 사용하여 단락 접지를 한다.

146 다음 로고가 의미하는 것이 잘못된 것은?

① CE : 유럽공동체 안전 인증
② FCC : 미국 연방정부 전파 인증
③ CCC : 중국 안전 및 품질 인증
④ UL : 일본 전기용품 안전 인증 기준

[해설]

대한민국	전기용품안전인증 (KC)	KC
미국	미국 연방정부 안전기준 (UL)	UL
미국	미국 연방정부 전파인증 (FCC)	FC
유럽	유럽공동체 안전 인증 (CE)	CE
일본	일본 전기용품 안정인증기준 (PSE)	PSE
중국	중국 안전 및 품질인증 (CCC)	CCC

147 유해·위험방지계획서 첨부 서류에 해당되지 않는 것은?

① 안전관리를 위한 교육자료
② 안전관리 조직표
③ 건설물, 사용 기계설비 등의 배치를 나타내는 도면
④ 재해 발생 위험 시 연락 및 대피방법

148 감전 재해자가 발생하였을 때 취하여야 할 최우선 조치는? (단, 감전자가 질식상태라 가정함.)

① 부상 부위를 치료한다.
② 심폐소생술을 실시한다.
③ 의사의 왕진을 요청한다.
④ 우선 병원으로 이동시킨다.

149 작업장의 소음문제를 처리하기 위한 적극적인 대책이 아닌 것은?

① 소음의 격리
② 소음원을 통제
③ 방음보호 용구 사용
④ 차폐장치 및 흡음재 사용

150 안전성 평가 항목에 해당하지 않은 것은?

① 작업자에 대한 평가
② 기계설비에 대한 평가
③ 작업공정에 대한 평가
④ 레이아웃에 대한 평가

정답 | 145. ③ 146. ④ 147. ① 148. ② 149. ③ 150. ①

151 전기 작업 안전의 기본 대책에 해당되지 않는 것은?

① 취급자의 자세
② 전기설비의 품질 향상
③ 전기시설의 안전관리 확립
④ 유지보수를 위한 부품 재사용

152 정전작업을 방지하기 위한 작업 전 조치 사항이 아닌 것은?

① 단락접지 상태를 수시로 확인
② 전로의 충전 여부를 검전기로 확인
③ 전력용 커패시터, 전력케이블 등 잔류전하방전
④ 개로개폐기의 잠금장치 및 통전금지 표지판 설치

153 산업안전보건법상 안전인증대상 기계·기구 등의 안전 인증 표시에 해당하는 것은?

① 　②

③ 　④

154 프린터의 유지보수 시 틀린 사항은?

① 발열 부위(노즐히터, 베드히터, 스텝모터, 보드 방열판)에서는 고온이 발생하니 반드시 전원을 끄고 냉각 후 작업한다.
② 프린터의 각부에는 DC 12V 가 흐르고 있으며 감전의 위험은 없으나 10A 이상의 대전류가 흐르고 있으므로 합선 발생시 화재 및 부상 가능성이 있으므로 주의한다.
③ 노즐이 가열되는 상태로 출력없이 계속 유지하면 노즐 내부의 수지가 경화되어 막히게 되므로 사용하지 않을 때는 전원을 끄거나 히터를 OFF 해 준다.
④ 비일상적 작업, 위험한 작업을 시작하기 전에 굳이 동료에게 알리고 시작할 필요가 없다.

155 성능개선 보고서 작성 요소 중 가장 거리가 먼 것은?

① 성능 시험 문제점 현상 기술
② 성능 시험 문제점 원인 분석
③ 성능 시험 문제점 개선 방안 도출 및 검증
④ 성능 시험 문제점 개선결과 적용 보고서 작성

> **해설**
>
> - 성능 시험 문제점 현상 기술
> - 성능 시험 문제점 원인 분석
> - 성능 시험 문제점 개선 방안 도출 및 검증
> - 개선 결과를 적용 계획 수립

156 다음 중 화재 예방에 있어 화재의 확대 방지를 위한 방법으로 적절하지 않은 것은?

① 가연물량의 제한
② 난연화 및 불연화
③ 화재의 조기발견 및 초기 소화
④ 공간의 통합과 대형화

157 다음 중 재해예방의 4원칙에 관한 설명으로 틀린 것은?

① 재해의 발생에는 반드시 원인이 존재한다.
② 재해의 발생과 손실의 발생은 우연적이다.
③ 재해예방을 위한 가능한 안전대책은 반드시 존재한다.
④ 재해는 원인 제거가 불가능하므로 예방만이 최우선이다.

158 전기로 인한 위험방지를 위하여 전기 기계·기구를 적정하게 설치하고자 할 때의 고려사항이 아닌 것은?

① 전기적 기계적 방호수단의 적정성
② 습기, 분진 등 사용 장소의 주위 환경
③ 비상전원설비의 구비와 접지극의 매설깊이
④ 전기 기계·기구의 충분한 전기적 용량 및 기계적 강도

159 안전한 3D프린팅 작업장 환경 조성에 관한 사항으로 옳지 않은 것은?

① 가급적 3D프린터는 개방형보다 밀폐형(박스형)의 사용이 권장되며 장비 내 오염물질 제거 장치가 구비된 장비를 설치하는 것이 좋다.
② 소재의 선택시 KC인증 및 기타 친환경인증 소재를 사용하는 것이 좋으며 소재 선택시 물질안전정보(MSDS)를 확인한다.
③ 3D프린터 가동시 유해물질의 저감을 위해 기본적으로 실내용 환기팬과 같은 환기설비를 설치하고 창문이 있어 수시로 외부 공기를 유입할 수 있는 공간을 작업장으로 하면 좋다.
④ 3D프린터를 수십 대씩 설치하여 사용하는 경우 소음이나 실내온도가 올라갈 수 있고, 작업장 내 공기질이 나빠질 우려가 있으므로 실내 적정 온도를 가능한 한 고온으로 유지하는 것이 좋다.

160 다음 설명에 해당하는 고장 형태는?

> 시험 조건 및 운용상 발생할 수 없는 외부 조건에 기인한 것이라고 판단되는 고장으로 시험대상의 성능에 직접적으로 영향을 주지 않는 고장이다.

① 간헐고장   ② 무관고장
③ 유관고장   ④ 중복고장

해설

- 간헐 고장 : 짧은 기간 동안 일부의 기능이 상실되었다가 즉시 정상으로 복구되는 고장이며, 동일 아이템에서 동일한 고장이 간헐적으로 발생하는 경우에는 처음 발생하였을 때에만 유관 고장으로 계산하고, 그 후 발생된 고장은 무관 고장으로 취급한다.
- 중복 고장 : 2개 이상의 고장이 독립적으로 동시에 발생하는 것으로서, 고장이 동시에 여러 개 발생하였을 경우 어느 한 부품의 고장으로 인하여 다른 부품이 고장난 경우의 종속 고장은 유관 고장 수에 포함하지 않고 독립 고장의 개수만 고장으로 포함한다.

161 다음 설명에 해당하는 고장 형태는?

> 결정된 시험 조건과 환경 조건상 발생할 수 있는 외부 조건에 기인한 시험 대상의 성능에 직접적으로 영향을 주는 주 관심 고장이다.

① 간헐고장　② 무관고장
③ 유관고장　④ 중복고장

162 다음 중 무관 고장이 아닌 경우는?

① 시험 조건 및 운용상 발생될 수 없는 외부 조건에 기인한 것이라고 판단되는 고장으로, 시험 대상의 성능에 직접적으로 영향을 주지 않는 고장
② 조사 중이거나 중복되지 않는 고장으로서, 아직 그 원인을 알 수 없는 고장
③ 시험 장비나 모니터 장비의 고장에 기인한 고장
④ 규정된 교체 기간이 지난 후 사용 중에 발생한 고장

163 출력물 불량 발생 시 개선 방법이 잘못된 것은?

① 휨 불량은 사용 소재에 따른 적정 온도(노즐 온도, 베드온도)를 소프트웨어적으로 설정해 주는 것이 좋다.
② 출력물의 품질 향상을 위해서는 베드부와 노즐 끝단 간의 간격 설정이 중요하다.
③ 베드의 수평도가 맞지 않으면 레이어 출력이 고르지 않아 출력물이 베드에서 이탈되는 경우가 발생하므로 유의해야 한다.
④ 챔버 내부의 온도를 일정 온도 이하로 제어해 주는 기능이 추가적으로 필요하다.

164 ABS 소재의 필라멘트를 사용하여 장시간 작업할 경우 주의해야 할 사항으로 옳은 것은?

① 융점이 기타 재질에 비해 높으므로 냉방기를 가동하여 작업한다.
② 작업 시 냄새가 심하므로 작업장의 환기를 적절히 실시한다.
③ 옥수수 전분 기반 생분해성 재질이므로 특별히 주의해야할 사항은 없다.
④ 물에 용해되는 재질이므로 수분이 닿지 않도록 주의해야 한다.

165 3D프린터 사용 중 전기화재가 발생했을 때 원인으로 가장 거리가 먼 것은?

① 합선　　② 누전
③ 과전류　④ 페라이트 코어

> **해설**
>
> 페라이트 코어는 0kHz~200MHz 이상의 고주파에 이르기까지 투자율이 좋으며, 이 특성을 이용하여 제품 사이의 배선에 통과시키면 그 선에 흐르는 유효한 신호는 잘 통과시키며, 해로운 고주파 및 잡음 성분을 차단하는 역할을 한다. 페라이트 코어를 넣어 주게 되면 전선의 L이 증가하게 되고, 이로 인해 고주파 성분의 신호 전류는 잘 흐르지 못하고 저주파는 잘 통과하게 됨으로써 마치 콘덴서와 같이 동작한다.

정답 | 161. ③　162. ②　163. ④　164. ②　165. ④

166 전선, 케이블 및 코드류에 대한 시험 규격에 따른 계측 장비 및 설비가 아닌 것은?

① 마이크로미터, 버어니어캘리퍼스
② 내전압 시험기, 절연 저항 시험기, 난연성 시험기
③ 인장 시험기, 저울, 항온조
④ 온도 기록계, 열전대 온도계

해설

– 스위치/전자개폐기
· 마이크로미터, 버어니어캘리퍼스
· 전압계, 전류계, 전력계
· 온도 기록계, 열전대 온도계
· 전압 조정기, 절연 저항계, 내전압 시험기

167 전기 작업 안전의 기본 대책에 해당되지 않는 것은?

① 취급자의 자세
② 전기설비의 품질 향상
③ 전기시설의 안전관리 확립
④ 유지보수를 위한 부품 재사용

168 3D프린터 장비의 안전 인증테스트에 대한 설명으로 틀린 것은?

① 절연저항 테스트는 제품에 사용된 전기 절연특성을 측정하는 것이다.
② 내전압시험 테스트는 제품의 회로와 접지사이에 고전압을 인가해서 제품이 견디는 능력을 측정하는 것이다.
③ 접지 도통 테스트는 절연된 제품표면과 Power시스템 접지사이의 경로를 점검하는 것이다.
④ 누설 전류 테스트는 AC전원과 접지 사이에 흐르는 전류가 안전규격을 넘지 않는지를 점검하는 것이다.

해설

접지 도통 테스트는 노출된 제품표면

169 3D프린터의 안전한 이용 수칙에 대한 설명 중 잘못된 것은?

① 밀폐된 장소에서 이용한다.
② 무독성, 친환경 소재를 활용한다.
③ 3D프린터에 도어나 덮개 등 방호 조치를 한다.
④ 장시간 작업 시 화재감지 및 자동 소화 장치를 설치한다.

해설

환기를 자주한다.

170 필라멘트 공급 장치가 이상이 있을 때 발생하는 사항은?

① 소재가 원활히 압출되지 않거나 노즐이 막히는 경우도 발생한다.
② 출력물이 똑바로 출력되지 않는다.
③ 기어가 헛돌거나 간헐적으로 회전하며 불연속적인 기계음을 발생시키게 되고, 결과적으로 3D프린팅 출력 시 중간에 끊기는 현상이 발생하게 된다.
④ 출력물이 베드에 안착되지 않고 들뜨는 현상이 발생한다.

171 FDM 방식 3D프린터에서 필라멘트에 걸리는 장력이 약할 경우, 익스트루더 모터가 회전하더라도 기어가 헛돌거나 출력물이 중간에 끊기는 현상이 발생할 때 점검해야할 부분은?

① 노즐 온도
② 베드 수평도
③ XYZ축 구동부
④ 필라멘트 공급장치

172 정기 공장 심사 내용이 아닌 것은?

① 전기용품 제조업자 및 제조 공장 변경 여부 확인
② 안전 인증서에 기재된 제조 공장에서 전기용품을 생산하는지 여부
③ 품질 시스템 확인
④ 안전 인증을 받은 전기용품의 안전 기준 및 안전 인증 내용의 준수 여부

173 누설 전류 시험에 대한 사항이 틀린 것은?

① 누설 전류가 안전한 값 이하로 흐르는가 여부를 평가하는 시험법이다.
② 사용자 안전을 위해 규격 기관에서는 누설 전류의 제한치를 보통 0.1mA 이하로 요구하고 있다.
③ 일반적으로는 설계나 모델 테스트(Type test) 단계에만 적용되나, 의료용 장비의 경우에는 생산 시 전수 검사를 하도록 하고 있다.
④ 제품이 동작 중일 때의 누설 전류 시험은 접지가 안 되었거나 전원 단자가 거꾸로 연결되었을 때 등 비정상적인 상황에서 테스트하게 된다.

[해설]

0.5mA 이하

174 3D프린터 신뢰성시험 검사 중 온도 변화가 주기적으로 반복될 경우 제품의 기능상의 내성을 평가하는 시험은?

① 고온 시험
② 저온 시험
③ 온습도 사이클 시험
④ 온도 사이클(열충격) 시험

175 절연 저항 시험에 대한 설명 중 잘못된 것은?

① 절연 저항 시험은 전기적으로 절연되어 있는 어느 두 지점 사이의 절연 저항을 측정하는 테스트이다.
② 제품이 생산된 직후에만 절연의 상태를 검사하는 데 유용하다.
③ 절연 파괴에 의한 사용자 안전사고나 비용이 많이 드는 고장 발생을 예방할 수 있다.
④ 충전 유지, 측정 그리고 방전의 4단계를 거친다.

[해설]

제품이 생산된 직후뿐만 아니라 일정 기간 사용한 후 절연의 상태를 검사하는 데 유용하다.

176 전자파 적합성(EMC) 시험 항복 중 전자파 내성(EMS) 시험에 해당하지 않는 것은?

① 전압강하　　② 전자파 방사
③ 정전기 방전　④ 전도 잡음(CE)

> **해설**
>
> EMS는 전자 기기가 외부 전자파로부터 견디는 능력을 평가하기 위해 시험되며, 시험 항목으로는 전자파 방사, 정전기 방전, 전기적 빠른 과도 현상, 서지, 전압 강하, 순간 정전 등의 시험이 있음.
> ④-EMI

177 전자파의 영향으로 인해 일어날 수 있는 현상을 방지하고자 만든 검사 규칙은?

① 전자파 적합성(EMC)
② 전자파 장애(EMI)
③ 전자파 내성(EMS)
④ 전자파 내구성(EMD)

> **해설**
>
> EMC 시험의 하부 개념으로 전자파 장애(EMI) 시험과 전자파 내성(EMS) 시험

178 시험기간을 단축하기 위하여 기준 조건보다 가혹한 스트레스를 인가하는 신뢰성 시험은?

① 가속시험　　② 통계시험
③ 정형시험　　④ 현장시험

179 시험 목적에 따른 종류에 속하는 시험은?

① 적합시험　　② 통계시험
③ 정형시험　　④ 현장시험

> **해설**
>
> – 시험 목적에 따른 종류
> · 적합시험 : 품목의 특성(성질)이 규정된 요구 사항에 적합한지를 판정하기 위한 시험. 통계적으로 검정에 해당됨
> · 결정시험 : 품목의 특성(성질)을 확인하기 위한 시험. 통계적으로 추정에 해당됨

180 품목의 특성(성질)을 확인하기 위한 시험은?

① 적합시험　　② 결정시험
③ 정형시험　　④ 현장시험

181 습도 관련 신뢰성 시험에 해당하는 것은?

① 고온 시험
② 저온 시험
③ 온습도 사이클 시험
④ 온도 사이클(열충격) 시험

182 FDM(Fused Deposition Modelling)방식의 3D프린팅을 할 때 최대 조형 크기에 영향을 주지 않는 요소는?

① 베드판의 가로길이와 세로길이
② Z축의 최대 길이
③ 베드판과 노즐과의 거리
④ 압출기의 성능

정답 | 176. ④　177. ①　178. ①　179. ①　180. ②　181. ③　182. ④

183 출력시 베드판의 수평을 자동으로 맞추어 주는 기능은?

① 쿨링　　　　② 오토레벨링
③ 오토 수평　　④ 오토스틱

184 다음 로고가 의미하는 것은?

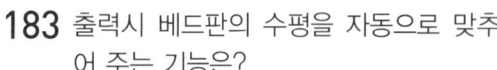

① 유럽공동체 안전 인증
② 미국 연방정부 전파 인증
③ 중국 안전 및 품질 인증
④ 일본 전기용품 안전 인증 기준

해설

대한민국	전기용품안전인증 (KC)	
미국	미국 연방정부 안전기준 (UL)	
미국	미국 연방정부 전파인증 (FCC)	
유럽	유럽공동체 안전 인증(CE)	
일본	일본 전기용품 안정인증기준 (PSE)	
중국	중국 안전 및 품질인증 (CCC)	

185 3D프린터 출력 품질 및 성능을 높이기 위해 고려해야 할 사항으로 거리가 먼 것은?

① 출력물의 형상과 규모, 사용하는 소프트웨어 종류에 따라 다양한 설정이 존재할 수 있다.
② 출력속도에 따라 압출구멍이 막힐 수도 있기 때문에 재료와 관계없이 속도를 느리게 설정해 주어야 한다.
③ 노즐과 베드의 간격이 너무 가까우면 베드면에 노즐이 막힐 수 있기 때문에 노즐과 베드 사이에 적정한 간격 유지가 필요하다.
④ 3D프린터에서 비용, 시간, 품질 등은 서로 Trade Off 관계이며 모든 요구를 만족시키는 세팅은 존재하지 않는다.

186 얇은 선이 생길 때의 오류를 해결할 방법이 아닌 것은?

① 속도를 빠르게 조절해 준다.
② 리트랙션 속도를 조절해 준다.
③ 온도 설정을 변경해 준다.
④ 압출 헤드가 긴 거리를 이송하도록 해 준다.

187 제품이 주어진 조건 하에서 일정 기간 동안 요구되는 기능을 만족스럽게 수행하는지 여부를 평가하는 시험은?

① 신뢰성 시험　② 내구성 시험
③ 충격시험　　④ 인장시험

188 신뢰성 시험의 필요성이 아닌 것은?

① 제품의 기능이 날로 다양해지고 복잡해져 사용 과정에서 고장이 발생할 가능성이 높아짐
② 예상되는 불량은 조기에 검출하여 초기 고장 기간부터 마모 고장 단계까지 시장 불량률의 감소를 꾀하기 위하여 신뢰성 시험이 요구됨
③ 초기 품질이 불량한 경우와 내구성이 저하되는 경우가 많음
④ 새로운 소재가 출현하고 기술 개발 속도가 빨라짐에 따라 기존의 품질 관리 기법으로는 제품의 품질을 보장하는 데 한계가 있음

189 3D프린팅 소재에 따른 안전관리에서 틀린 내용은?

① 광경화성수지는 인쇄 과정에서 UV 빛에 대한 노출을 이용하여 경화시킨다. 이들은 종종 아크릴레이트와 같은 유해한 물질을 포함한다. 또한 자외선은 시력과 피부에 손상을 줄 수 있다.
② 서포트 재료에서 열가소성 아크릴폴리머에 포함된 페닐 인산염과 같은 유해한 화학 물질이 포함되어 있으므로 위험하다. 사용 및 폐기 시에는 주의를 해야 한다.
③ 금속재료에서 티타늄과 알루미늄과 같이 미세하게 분쇄된 금속분말은 폭발성이 있지만, 스스로 발화되어 화재(발화성)를 일으킬 수 없다.
④ 레이저, 전자빔 등 매우 높은 열을 사용하기 때문에, 사용자가 열에 의한 부상을 입을뿐만 아니라 중금속 분말을 흡입 시에는 폐에 심각한 병을 유발을 할 수가 있다.

해설

스스로 발화가능

190 무재해운동의 기본이념 3원칙 중 다음 설명으로 옳은 것은?

> 직장 내에 모든 잠재위험요인을 적극적으로 사전에 발견, 파악, 해결함으로써 뿌리에서부터 산업재해를 제거하는 것

① 무의 원칙   ② 선취의 원칙
③ 참가의 원칙   ④ 확인의 원칙

191 3D프린터의 신뢰성 시험이 필요한 이유는?

① 제품의 기능이 날로 단순해진다.
② 인증서를 요구하는 기관이 많아지고 있다.
③ 예상되는 불량을 조기에 검출할 필요는 없다.
④ 새로운 소재가 출현하고 기술 개발 속도가 빨라짐에 따라 기존의 품질 관리 기법으로는 제품의 품질을 보장하는데 한계가 있다.

해설

- 제품의 기능이 날로 다양해지고 복잡해져 사용 과정에서 고장이 발생할 가능성이 높아짐(초기 품질은 우수하나 내구성이 저하되는 경우가 많음)
- 예상되는 불량은 조기에 검출하여 초기 고장 기간부터 마모 고장 단계까지 시장 불량률의 감소를 꾀하기 위하여 신뢰성 시험이 요구됨
- 새로운 소재가 출현하고 기술 개발 속도가 빨라짐에 따라 기존의 품질 관리 기법으로는 제품의 품질을 보장하는 데 한계가 있음

192 3D프린팅 공정 중 일반 안전 수칙 중 잘못된 것은?

① 비 일상적 작업, 위험한 작업을 시작하기 전에 동료에게 알리고 시작한다.
② 호흡기 질환을 예방하려면, 장비와 소재를 사용하는 공간을 및 환기를 시키다.
③ 3D프린팅 작업이 시작된 후에는 덮개를 열지 말고, 인터록 스위치를 해제 하지 않는다.
④ 3D프린팅 후 , 후처리 공정에 들어갈 때는 비침투성, 열에 안전한 장갑과 먼지 마스크 (P100)를 착용하지 않아도 된다.

193 3D프린터 장비의 유지보수 관리를 위한 기술조사 방법에 관한 설명으로 틀린 것은?

① 횡단조사는 특정한 표본이 가지고 있는 특성에 따라 집단을 분류한 표본을 활용하여 정보를 수집하는 조사 방법이다.
② 인과조사는 특정 현상의 원인과 결과를 구체적으로 이해하거나 예측하고자 하는 경우에 사용하는 조사 기법이다.
③ 종단조사는 조사 대상의 변화를 측정하는 것으로 일정한 간격을 두고 측정하여 동일한 표본을 일정한 시간으로 설정한 후 반복적으로 조사하는 기법이다.
④ 현장조사는 변수들 간의 인과관계를 명확하게 규명하여 변수들 간의 관계를 파악하는데 이용하는 조사 기법이다.

194 3D프린터 체크리스트 항목이 아닌 것은?

① 노즐 온도를 설정
② 치수/크기를 선정
③ 베드/챔버의 가열 여부
④ 인터넷 연결 상태를 확인

해설

- 외형크기, 출력물 크기, 구동방식, 사용 필라멘트, 노즐 온도, 베드 가열 사용 여부, 챔버 가열 사용 여부, 프린팅 속도, 적층 두께, 슬라이싱 S/W, 베드 수평 유지

195 3D프린터의 본체를 구성하는 주요 부품이 아닌 것은?

① 베드　　　　② 구동모듈
③ 필라멘트　　④ 익스트루더

196 시험 및 계측 장비의 준비 설명이 틀린 것은?

① 전자관이나 저항과 같은 소자들은 자체에서 열은 아무런 관계가 없다.
② 시험 샘플에 돌발적으로 단락, 개방, 스파크 등의 고장이 발생한 경우에 그 영향이 다른 샘플에 미치지 않도록 또 그것을 알 수 있도록 설계하여야 한다.
③ 장기 시험에 대한 화재와 인명에 대한 안전성을 고려하여야 하므로 고장 안전 설계를 실시하여야 한다.
④ 신뢰성 시험에서 시료뿐만 아니라 장비도 가혹한 스트레스 상태에 놓이므로 시험 장비도 충분히 신뢰성이 높게 설계되어야 한다.

197 시험의 균일성, 정확성에 대한 내용이 잘못된 것은?

① 측정을 하기 위한 계측기의 경우에는 규정된 기간이 되면 검교정을 실시하여 측정의 오차를 반드시 줄여야 한다.
② 계측기의 오차는 재현성에, 측정자 간의 오차는 반복성에 영향을 미치게 된다.
③ 챔버 내 시료의 위치별로 온도 센서를 부착하여 안정화되는 시간 및 온도 분포를 측정하여 변동이유의 수준에 있는지를 확인한다.
④ 압력, 먼지, 습도 등 많은 파라미터들에 대하여 시험하기 전 예비 시험을 통하여 균일성을 확보한 후 시험을 실시하여야 한다.

해설

계측기의 오차는 반복성에, 측정자 간의 오차는 재현성에 영향을 미치게 된다.

198 고장에 대한 이해에 대한 설명 중 잘못된 것은?

① Where : 고장 발생 부위를 파악한다.
② When : 고장 발생 시점을 파악한다.
③ Why : 고장이 왜 발생하였는지에 대한 이유를 분석한다.
④ How : 고장 결과가 제품에 끼치는 영향에 대해 분석한다.

해설

- Where : 고장 발생 부위를 파악한다.
- When : 고장 발생 시점을 파악한다.
- Why : 고장이 왜 발생하였는지에 대한 이유를 분석한다.
- How : 고장이 어떻게 발생하였는지에 대한 메커니즘을 이해한다.
- What : 고장 결과가 제품에 끼치는 영향에 대해 분석한다.

199 신뢰성 설계 및 예측을 통한 개선에 대한 설명이 잘못된 것은?

① 신뢰성 설계의 유효성을 실행하기 위한 대책으로서 한계 시험과 설계 값으로 평가할 수 있는 능력을 길러서 신뢰성이 높은 설계를 해야 한다
② 부품, 재료의 승인을 위해서는 양품 해석을 충분히 수행해야 한다.
③ 신뢰성 설계 구현은 가능하면 개발 후기에 이루어져야 한다.
④ 신뢰성 설계에서는 사례를 잘 만들어 내어 이것을 축적하고 활용해야 할 필요성이 증대되고 있다.

해설

신뢰성 설계 구현은 가능하면 개발 초기에 이루어져야 한다.

200 고객의 요구를 제품 개발 과정으로 통합시키기 위한 구조적 접근 방법으로 소비자의 요구 사항을 제품의 설계 특성으로 변환하고 이를 다시 부품 특성, 공정 특성, 최종적으로 생산을 위한 시방으로 변환하는 것을 무엇이라고 하는가?

① QFD   ② QC
③ FEMA   ④ KS

201 안전 인증을 받은 안전 인증 대상 전기 용품이 계속하여 안전을 유지하고 있는지를 확인하기 위하여 제조 공장의 제조 설비, 검사 설비, 기술 능력 및 제조 체제를 연 1회 이상 심사를 무엇이라고 하는가?

① 초기 공장 심사
② 정기 공장 심사
③ 일시 공장 심사
④ 최종 공장 심사

202 소프트웨어를 하드웨어화한 것으로 어떤 특정한 목적이나 기능을 갖는 프로그램 등을 하드웨어에 영구적으로 저장하는 것을 무엇이라 하는가?

① 디버깅(Debugging)
② 펌웨어(Firmware)
③ 레지스터(Register)
④ 미들웨어(Middleware)

203 산업 규모가 커지고, 제품의 대량 생산화와 더불어 원활한 산업 활동과 국가 간의 교류 및 공동의 이익을 얻기 위하여 표준 규격을 제정하고 있다. 이와 같이 표준 규격을 제정함으로써 나타나는 특징으로 볼 수 없는 것은?

① 제품의 균일화가 이루어진다.
② 생산의 능률화가 이루어진다.
③ 제품의 세계화가 어려워진다.
④ 제품 상호 간의 호환성이 좋아진다.

모의고사

- 제1회 모의고사 -
- 제2회 모의고사 -

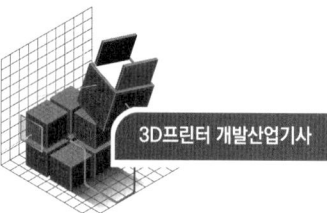

국가기술자격검정 필기 모의고사

자격종목 및 등급(선택분야)	종목코드	시험시간	문제지형별	수험번호	성명
3D프린터개발산업기사		2시간	A		

※ 답안카드 작성시 시험문제지 형별누락, 마킹착오로 인한 이익은 전적으로 수검자의 귀책사유임을 알려드립니다.

제 1 과목 : 3D프린터 회로 및 기구

01 멀티미터의 설명 중 잘못된 것은?

① 여러 가지의 측정 기능을 결합한 전자계측기이다
② 전형적인 멀티미터는 전압, 전류, 전기저항을 측정하는 능력을 기본적으로 가진다.
③ 아날로그 멀티미터와 디지털 멀티미터의 두 분류가 있다.
④ 낮은 정확도가 단점이다.

02 부품을 실장하기 위해 사용하는 납땜에 대한 설명으로 틀린 것은?

① 기판 종류는 단면, 양면, PCB가 있고 납땜하는 부분이 동, 은, 금 등으로 되어 있는 기판이 있다.
② 은기판과 금기판은 납이 잘 붙고 동기판에 비해 잘 떨어지지 않는다.
③ 양면 기판은 앞뒤가 다 납땜이 가능하도록 구성되어 있으며 앞뒤로 납땜을 하여 사용할 경우 사용한다.
④ PCB 단면, 양면 기판을 납땜할 때처럼 와이어나 연납을 이용해서 이어야 한다.

03 다음 기하공차의 종류 중 모양공차에 해당되는 것은 ?

① ✏ ② ⌖
③ // ④ ○

04 신뢰성 평가에 사용하는 용어에서 주어진 시간에서 고장 발생까지의 시간으로 수리 후 다음 고장까지의 시간을 의미하며, 수리 불가능한 제품의 평균 고장 시간을 산출하는 용어는?

① MTTF ② MTBR
③ MTTR ④ MTTF

05 키르히호프의 법칙에 대한 설명으로 틀린 것은?

① 전자 회로 내의 전압, 전류의 변화를 설명하는 것이 Kirchoff 법칙이다.
② Kirchoff에는 전압의 법칙과 전류의 법칙 두 가지가 있다.
③ 전압의 법칙은 하나의 닫힌 회로에 모든 전압의 합은 0이 된다.
④ 노드에 들어오거나 나가는 전류의 값을 모두 더하면 1이 되는 것이다.

06 빛 에너지를 전기 에너지로 변환하는 광전 변환기의 일종으로 황화납과 같이 빛을 받으면 전도성이 높아지는 반도체 물질을 이용하여 빛을 검출하고 그 강도를 측정하는 부품은?

① 광전도 셀
② 서미스터
③ 광 다이오드
④ 버렉터 다이오드

07 3D프린터로 출력하고자 하는 대상 제품에 따른 소재 선정 시 검토해야 할 설명으로 잘못된 것은?

① 대상 제품이 높은 강도(200MPa 이상)나 내열 온도(300℃ 이상)를 요구하는 경우 플라스틱 소재로는 한계가 있으며, 금속 소재를 사용해야 한다.
② 대상 제품의 출력 해상도(적층 두께)가 0.05mm 이하일 경우 열가소성 플라스틱을 사용하는 재료 압출형 프린터로는 출력이 불가하며 광경화성 수지를 사용한 수조 광경화(SLA) 혹은 DLP 방식의 프린터를 사용해야 한다.
③ 대상 제품에 요구되는 강도가 100MPa 이상이거나 내열 온도가 100℃ 이상인 경우 범용 플라스틱을 사용하는 개인용 프린터로는 출력이 불가하며, 고강도 플라스틱(PC, PEI 등)출력을 지원하는 산업용 프린터를 사용해야 한다.
④ 높은 취성을 필요로 하는 경우 Flexible 재료를 사용해야 하며, 현재 TPU 필라멘트가 개인용 프린터로 출력 가능하다.

08 전기 기구/전자 제품 안전성 테스트(UL)에 대한 설명이 잘못된 것은?

① 미국 보험 회사들이 전기 기구나 전자 제품의 안전도를 평가하기 위한 목적으로 시작한 테스트이다.
② 전기 기구나 전자 제품에 사용되는 플라스틱 소재에서는 필수적으로 제공되고 있다.
③ 세계에서 가장 널리 사용되는 절연성 평가 기준으로 시편을 전기가 통하는지 평가한다.
④ 플라스틱의 장기 내열 온도를 평가하는 항목이 있다.

09 3D프린터 구성에서 구동부에 해당하는 부품은?

① 레이저
② 익스트루더
③ 리니어모터
④ DC 서보모터

10 Vat Photopolymerization 방식 중 최초의 발명 방식으로 레이저를 광원으로 스캔하여 재료를 경화시켜야 한다는 점과 광원의 위치가 상부에 있는 방식은?

① FDM(Fused Deposition Modeling) 방식
② DLP(Digital Light Processing) 방식
③ SLA(Stereo Lithography Apparatus)방식
④ 3DP 방식

11 폴리에틸렌(Poly ethylene)의 일반적인 설명 중 맞는 것은?

① 가스나 냄새의 투과성이 없다.
② 상온에서 유연성이 없다.
③ 도료가 표면에 잘 접착된다.
④ 열가소성 수지이다.

12 하중을 제거해도 원래 상태로 되돌아오지 않는 성질은?

① 탄성   ② 소성
③ 연성   ④ 취성

13 고온/저온에 대한 온도 시험이나 열 충격 등에 대해서 실시되는 안정성 시험을 무엇이라고 하는가?

① 반복 정밀도 시험
② 위치 정밀도 시험
③ 넘어짐 안정성 시험
④ 사용환경 안정성 시험

14 신뢰성 시험의 필요성이 대두한 이유가 아닌 것은?

① 제품의 기능이 날로 다양해지고 복잡해져 사용 과정에서 고장이 발생할 가능성이 높아짐
② 예상되는 불량은 조기에 검출하여 초기 고장 기간부터 마모 고장 단계까지 시장 불량률의 감소를 꾀하기 위하여 신뢰성 시험이 요구됨
③ 새로운 소재가 출현으로 내구성이 증가되는 경우가 많음
④ 기술 개발 속도가 빨라짐에 따라 기존의 품질 관리 기법으로는 제품의 품질을 보장하는 데 한계가 있음

15 직렬 연결된 두 저항에 직류 전원이 다음 회로에서 전류가 I= 100mA 일 R의 전력규격으로 적절한 것은?

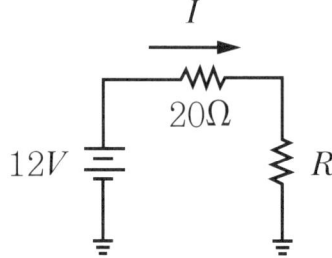

① $\frac{1}{8} W$ ② $\frac{1}{4} W$
③ $\frac{1}{2} W$ ④ $1 W$

16 ASTM에서 규정하는 대표적인 7가지 3D 프린팅 기술 방식에 속하지 않는 것은?

① 광중합방식(PP : Photo Polymerization)
② 재료분사방식(MJ : Material Jetting)
③ 재료압출방식(ME : Meterial Extrusion)
④ 플라스틱분사방식(PJP : Plastic Jet Printing)

17 이송 장치의 위치를 인식하기 위하여 사용이 되며 위치 검출 방식에 따라서 분류하는 장치는?

① 직선 이송 가이드
② 엔코더(Encoder)
③ 볼 스크류
④ 서포터

18 소재의 변형 거동에 대한 설명이 잘못된 것은?

① 탄성변형은 하중을 제거하면 원래 상태로 되돌아오는 변형으로 응력과 변형률은 반비례 관계를 유지한다.
② 소성변형은 하중을 제거해도 원래 상태로 되돌아오지 않고 영구 변형이 남는 경우로 응력과 변형율은 비선형적 관계를 유지한다.
③ 연성 재료는 소성 변형이 큰 재료로 항복 응력(Yield strength) 이후 특정 부위가 얇아진다.
④ 취성 재료는 소성 변형이 거의 없고 탄성 변형을 지속하다 바로 파단이 발생한다.

19 구조적으로 가루 재료를 공급하는 장치와 인쇄면을 일정하게 해주는 레벨링 롤러가 있으며 제품의 강도를 높이고 색의 발현을 좋게 하기 위해서는 전용용제에 담궈 함침을 해주어야 하는 방식은?

① Vat Photopolymerization
② Material Extrusion
③ Binder Jetting
④ Powder Bed Fusion

20 다음 달링턴(Darlington)회로에서 전류 K 의 값은?

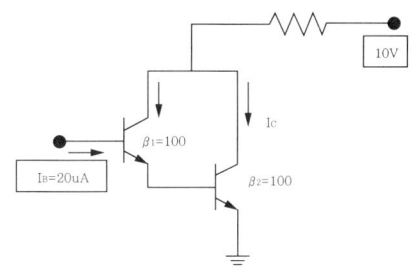

① 100mA
② 200mA
③ 300mA
④ 400mA

제 2 과목 : 3D프린터 장치

21 하이브리드 3D프린터에 대한 설명이 다른 것은?

① 하이브리드(Hybrid)는 이종의 개체에서 새로운 개체가 생성되는 것을 나타내는 용어이다.
② 3차원 프린팅에서 이종 기술을 토대로 새로운 기술 혹은 이전에 없던 기능을 가진 공정을 개발하는 것이라고 할 수 있다.
③ 서로 다른 공정의 장점을 취하고 새로운 공정, 더 나아가 이러한 새로운 공정을 통해서 기존 3차원 프린팅 공정에서는 제작할 수 없는 새로운 성형품을 제작할 수도 있다.
④ 현재 다양한 하이브리드형 3차원 프린팅 공정이 존재하지 않는다.

22 3D프린터의 하드웨어 제어에 대한 프로세서는?

> A. 프린터에서 전송된 프로그램 코드를 실행하는 제어 동작 단계
> B. PC 쪽에서 프린팅하고자 하는 CAD 데이터를 실제 사물 공간 좌표에서 물리적인 데이터로 변환하는 단계
> C. 전처리에서 결정된 공간으로 프린터의 노즐이 이동할 수 있도록 프린터 제어 프로그램 코드를 생성하는 단계

① A-B-C ② A-C-B
③ B-C-A ④ C-A-B

23 제팅 방식의 노즐 설계에 대한 내용이 다른 것은?

① 노즐은 그 크기에 따라서 액적의 크기가 정해진다.
② 1인치 안에 몇 개의 개별 액적을 분사할 수 있는지를 나타내는 척도인데, 그 수치가 높으면 높을수록 해상도가 높아진다.
③ 현재 상용 장비는 보통 XY 평면 상에서 1200dpi, 적층 방향인 Z축으로 600dpi 상의 정밀도를 가지고 있다.
④ 노즐의 개수가 많을수록 한꺼번에 넓은 영역을 프린팅할 수 있어 가공 속도가 상승하게 된다.

24 제팅 방식 3D프린터에서 소재의 재사용에 대한 설명으로 틀린 것은?

① 광경화성 재료를 사용하며, 제팅된 2차원 단면 형상이 자외선 램프로 경화가 된다.
② 제팅 공정은 주로 모델(model) 재료와 서포터 재료 두 가지가 사용이 된다.
③ 서포트 재료는 모델 재료를 지지하기 위해서 사용이 되며 가공이 끝난 후 세척 과정을 통해서 제거가 된다. 이렇게 제거된 서포트 재료는 재사용이 가능하다.
④ 재료는 카트리지에 보관이 되며, 각 카트리지가 3차원 프린터에 장착이 되어서 사용된다.

25 전극 사이의 정전 용량의 변화를 감지하여 이를 변위 검출에 사용하는 방식은?

① 광학식 변위 센서
② 초음파 변위 센서
③ 인덕턴스 변위센서
④ 정전용량 변위 센서

26 볼록 및 오목 렌즈의 조합으로 구성할 수 있으며, 보통 두 개의 렌즈 사이의 거리를 조정함으로써 빔의 직경의 크기를 조절할 수 있는 장치는?

① 마스크　　　② 초점렌즈
③ 반사경　　　④ 빔 익스팬더

27 SLA 방식 3D프린터 광학계 설명 중 잘못된 것은?

① 레이저 빔의 단면이 작으면 작을수록 최소 성형 가능한 크기, 즉 가공 해상도는 높아져서 결과적으로 정밀한 성형품을 제작할 수 있다.
② 아주 작은 빔 사이즈는 많은 주사 경로를 만들어 가공 시간이 짧게 걸린다.
③ 해상도와 가공 시간을 고려해서 광학계를 설계해야 한다.
④ 넓은 면적을 주사해야 할 경우에는 가공 영역의 가장자리에서도 초점이 맺힐 수 있게 특수한 광학계(동적 초점 조절기 등)를 사용하여 전 영역에서초점이 잡히도록 설계해야 한다.

28 다음 하이브리드 3D프린터에 관한 설명 중 ( )안에 들어갈 용어로 알맞은 것은?

> 금속 파우더에 더 초점을 두고 있다. 금속 파우더를 이용한 공정에서는 표면이 매끄럽지 못하기 때문에 이를 (A) 공정으로 매 층 혹은 수 층마다 머시닝을 병행할 수 있다. 이는 (B) 공정의 표면 거칠기의 한계와 이를 극복할 수 있는 (A) 장비의 결합에서 탄생한 공정이다.

① A : DLMS, B : CNC
② A : CNC , B : SLS
③ A : SLS, B : 광경화
④ A : SLS, B : FDM

29 서보모터 시스템(closed-loop control) 기본 구성인 아닌 것은?

① 모터　　　　② 드라이브
③ 위치 센서　　④ 스테핑 모터

30 비 접촉식 변위 센서 중 3차원 프린팅 장비에 많이 사용하는 것은?

① 인덕턴스 변위 센서
② 자기 저항식 변위 센서
③ 정전 용량형 변위 센서
④ LVDT(Linear Variable Differential Transformer)

31 액적(droplet)에 대한 설명이 잘못된 것은?

① 제팅 속도는 생산성에 영향을 미치는 것으로 1초당 생성 가능한 최대 액적의 수에 대한 정보를 제공해야 한다. 이는 보통 ml 단위로 나타낸다.
② 필요로 하는 성능에 따라 설계된 노즐은 일정한 크기의 액적을 연속적으로 프린팅하기 위해서 치수가 보장이 되어야 한다.
③ 액적 생성 속도가 떨어지면 그만큼 헤드를 이송하는 속도가 느려지게 된다.
④ 고속 카메라를 이용하여 생성되는 액적을 측정할 수 있다.

32 3D프린터 방식 중 구동 장치의 Z축 이송 방식이 필요한 것은?

① DLP ② FDM
③ SLA ④ SLS

33 광학 모듈 설계 시 주사 방식에서의 광원 및 광학계의 구조에 대한 설명이 맞는 것은?

① 광조형 공정에서는 주로 적외선 레이저가 사용이 된다.
② 선택적 소결 방식에서는 열에너지를 이용해서 재료를 소결 혹은 용융시키기 때문에 높은 열에너지를 발생시키는 자외선 레이저를 많이 사용한다.
③ 레이저의 파장대가 광 개시제의 파장대 영역보다 커야 한다.
④ 레이저의 파워가 높을수록 고속 주사가 가능하다.

34 FDM 방식 3D프린터에 사용한 소재를 재사용하기 위해 필요한 핵심장치를 모두 고른 것은?

a. 필라멘트 압출기
b. 필라멘트 수집 장치
c. 진공 펌프 및 집진 장치
d. 교반 장치 및 필터

① a, b ② a, d
③ b, c ④ c, d

35 이송 방향으로 이송축의 커버 등의 외부 구조물에 주로 부착이 되어 있는 매우 미세한 자(scale)를 광학, 자기, 정전 용량 등의 방식으로 읽어 내는 엔코더는?

① 광학식 엔코더
② 선형 엔코더
③ 자기식 엔코더
④ 정전용량식 엔코더

36 디퓨저를 통과하는 유체의 입구 유속(Vin)과 출구 유속($Vout$) 사이의 관계로 옳은 것은?

① $Vin = Vout$ ② $Vin \geq Vout$
③ $Vin > Vout$ ④ $Vin < Vout$

37 FDM 방식의 노즐 설계에 대한 내용이 다른 것은?

① 노즐 헤드는 온도를 분산할 수 있는 방열 핀 및 프린팅 정밀도를 결정하는 매우 미세한 노즐 팁으로 구성되어 있다.
② FDM 노즐을 설계하기 위해서 첫 번째로 고려해야 할 부분은 노즐 팁의 직경이다.
③ 팁 사이즈에 따라서 토출된 필라멘트의 사이즈가 달라짐으로, 토출이 된 이웃 필라멘트 사이의 간격이 달라지며 이를 가공 경로 생성에 반영해야 한다.
④ 동일한 팁을 사용하면 재료에 관계없이 필라멘트의 사이즈가 같다.

38 다른 센서에 비해서 측정 시간이 빠르며, 1마이크로미터 이하의 매우 높은 해상도를 갖고 있다. 이 중 삼각 측량법이 가장 먼저 개발되었으며 가장 많이 사용된다. 또한 가격도 가장 저렴한 방식은?

① 광학식 변위 센서
② 자기 저항식 변위 센서
③ 정전 용량형 변위 센서
④ 초음파 변위 센서

39 서보모터 시스템의 위치센서가 아닌 것은?

① 광학식 엔코더
② 자기식 엔코더
③ 비광학식 엔코더
④ 레졸버

40 초점면에서의 레이저 빔의 크기(W)와 레이저의 파장(a), 광학계로 입사하기 전의 레이저 빔 직경(D) 및 광학계의 초점 거리(F)간의 상관관계 식으로 옳은 것은?

① $W = (\frac{4\pi}{a} \times \frac{F}{D})^2$
② $W = (\frac{4\pi}{a} \times \frac{D}{F})^2$
③ $W = (\frac{4\pi}{a} \times \frac{F}{D}) \times \frac{1}{2}$
④ $W = (\frac{4\pi}{a} \times \frac{D}{F}) \times \frac{1}{2}$

제 3 과목 : 3D프린터 프로그램

41 다음 G코드 명령어의 의미로 옳은 것은?

> G2 X90.6 Y13.8 I5 J10 E22.4

① 노즐을 X=90.6, Y=13.8 지점으로 이동하되, X=current_X+5, Y=current_Y+10 지점을 원점으로 하는 원의 호를 따라 시계 방향으로 이동하고, 재료는 22.4mm 까지 분사
② 노즐을 X=90.6, Y=13.8 지점으로 이동하되, X=current_X+5, Y=current_Y+10 지점을 원점으로 하는 원의 호를 따라 반시계 방향으로 이동하고, 재료는 22.4mm 까지 분사
③ 노즐을 X=90.6, Y=13.8 지점으로 이동하되, X=current_X+5, Y=current_Y+10 지점을 원점으로 하는 타원의 호를 따라 시계 방향으로 이동하고, 재료는 22.4mm 까지 분사
④ 노즐을 X=90.6, Y=13.8 지점으로 이동하되, X=current_X+5, Y=current_Y+10 지점을 원점으로 하는 타원의 호를 따라 반시계 방향으로 이동하고, 재료는 22.4mm 까지 분사

42 전자 회로에서 전기 신호의 기본적인 동작인 On/Off 기능을 구현하는 포트는?

① I/O 포트   ② A/D 포트
③ TXD 포트   ④ PWM 포트

43 A/D 포트 동작 원리에 대한 설명이 잘못된 것은?

① 연속적인 신호인 아날로그 신호를 디지털 장치인 MCU에서 처리하기 위해서는 부호화된 디지털 신호로 변환한다.
② 온도, 압력, 음성, 영상 신호, 전압 등 연속적으로 측정되는 자연계에서의 수치를 전압의 세기로 변환시켜 기준 전압에 의해 일정 범위의 디지털 값으로 변경한 수치를 입력받는 포트이다.
③ AVR MCU의 ADC는 기본 전압을 내부에서 사용되는 기준 전압으로 작동된다.
④ 3D프린터의 경우 프린터에 있는 DC 모터를 속도 제어할 때 사용되어진다.

44 프로그래밍 언어에 대한 설명이 잘못된 것은?

① 프로그래밍 언어를 간단하게 정의하자면 "프로그램을 작성하기 위해서 사용하는 언어" 라고 정의할 수 있다.
② 프로그램의 뜻은 "컴퓨터가 수행할 명령의 집합" 이고 프로그래밍은 "명령의 집합을 구성하는 행위" 라고 정의할 수 있다.
③ 프로그래밍 언어란 "컴퓨터가 수행할 명령의 집합을 구성하기 위해서 사용하는 명령어 체계" 라고 정의내릴 수 있다.
④ 최초의 프로그래머는 척혈이다.

45 자바의 특징이 아닌 것은?

① 단순성   ② 객체 지향 언어
③ 효율성   ④ 보안성

46 Object File을 라이브러리와의 상호작용으로 실행 프로그램을 작성하는 것은?

① 링커(Linker)
② 에디터(Editer)
③ 실행(Execution)
④ 컴파일러(Compiler)

47 펄스의 반복주파수 600Hz이고 펄스 폭이 1.5ms인 펄스의 Duty Cycle은?

① 15.667ms   ② 16.667ms
③ 26.667ms   ④ 36.667m

48 분말 기반 3D프린터 방식 설명에 해당되는 것은?

① 약 0.1mm 이하의 해상도를 가지기 때문에 품질이 좋다.
② 소재의 종류가 500종 이상으로 다양하다.
③ 출력 속도가 빠르고 컬러 출력도 지원된다.
④ 분진이 발생하므로 피부와 호흡기에 영향을 미칠 수 있다

49 3D프린터의 제어 프로세스에 대한 설명으로 틀린 것은?

① 통상 3D프린터 프로그램에서 많이 통용되는 확장자는 *.dwg 파일 형식이다.
② 두께 결정은 프린터 노즐의 사이즈와 프린팅 속도요구 성능 등 여러 가지 복합 요인으로 결정된다.
③ 제어 코드 전송은 pc에서 앞선 전 과정들이 수행되고 나면 최종적인 결과물인 gcode로 된 프로그램 제어 명령어 코드를 프린터로 전송하는 과정이다.
④ 제어 명령어 프로그램 코드에 따라 프린터 헤드를 이송하며 재료를 순차적으로 분사한다. 이 과정을 통해 본격적인 프린팅이 이루어진다.

50 주축의 회전 속도를 지령해 주는 기능은?

① F 기능   ② S 기능
③ T 기능   ④ M 기능

51 설정된 home 위치로 이동하는 G-Code는 무엇인가?

① G01   ② G21
③ G28   ④ G90

52 기계를 제어 조정해 주는 코드로 보조 기능이라 불린다. 프로그램을 제어하거나, 기계의 보조 장치들을 On/Off 해 주는 역할을 한다. 코드는 무엇인가?

① G코드   ② M코드
③ A코드   ④ P코드

53 원시 프로그램의 의미를 직접 수행함으로써 결과를 도출하며, 개발 시스템이나 교육용 시스템에서 사용하는 것은?

① 어셈블리어
② 인터프리터
③ 프리프로세서
④ 크로스 컴파일러

54 다음에서 ( )안에 들어갈 용어는?

> A/D 변환 과정은 아날로그 입력을 받아서 샘플링한 뒤, (A)을 시킨 후 부호화의 과정을 거친다. (B)는 시간 축 방향에서 일정 간격으로 샘플을 추출하여 이산 신호로 변환시키는 과정이다.

① A : 양자화, B : 표본화
② A : 표본화, B : 양자화
③ A : 양자화, B : 부호화
④ A : 부호화, B : 표본화

55 다음 프로그램 개발과정에서 A에 들어갈 내용으로 적절한 것은?

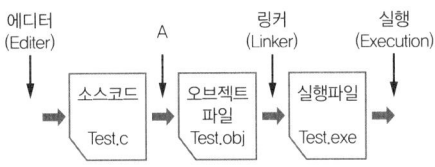

① 디버깅(Debugging)
② 컴파일러(Compiler)
③ 실행(Execution)
④ 에디터(Editer)

56 PWM 제어는 디지털 신호(HIGH와 LOW) 상태의 지속 시간을 변화시켜 전압을 변환하며 전압 5V, 지원 포트(핀) DP 256개(0부터 255까지)의 범위 값을 출력할 수 있다. 다음 analogWrite 함수에서 출력 전압(V)은?

> analog Write(3, 255 * 0.15);

① 0.75   ② 0.15
③ 0.38   ④ 1.5

57 스태핑 모터의 구동성능이 100pulse/1reverse이며, 구동축 Z의 pitch가 2mm일 경우 구동 정밀도는?

① 0.01 mm/pulse
② 0.02 mm/pulse
③ 0.03 mm/pulse
④ 0.04 mm/pulse

58 3D프린터 방식 중 액체 기반형에 해당되는 것은?

① FDM   ② LOM
③ SLA   ④ 3DP

59 움직이고자 하는 좌표를 지정해 주면 현재 설정된 좌표계의 원점을 기준으로 해서 지정된 좌표로 헤드 혹은 플랫폼이 이송된다. 이를 무슨 좌표 방식이라 하는가?

① 절대 좌표 방식   ② 증분 좌표 방식
③ 상대 좌표 방식   ④ 원점 좌표 방식

60 다음 G코드 내용의 의미가 틀린 것은?

> M98 ┌P□□□□ ○○○○ F△△△△;
>   └P□□□□ L□□□□;

① P□□□□ : Fanuc 1 시리즈 호출 방식
② P○○○○ : 보조 프로그램 번호
③ M98 : 보조 프로그램 호출코드
④ F△△△△ : 이송속도

제 4 과목 : 3D프린터 교정 및 유지보수

61 다음 설명에 해당하는 고장 형태는?

> 결정된 시험 조건과 환경 조건상 발생할 수 있는 외부 조건에 기인한 시험 대상의 성능에 직접적으로 영향을 주는 주관심 고장이다.

① 간헐고장　② 무관고장
③ 유관고장　④ 중복고장

62 필라멘트 토출에 문제가 발생에 대한 내용이 틀린 것은?

① 프린터의 노즐에 문제가 있거나(막힘 또는 잔여물 존재) 노즐의 온도가 낮은 경우 발생한다.
② 필라멘트가 적절히 연화되지 않아 발생한다.
③ 노즐의 설정 온도를 낮게 하거나 노즐 청소를 통해 필라멘트가 균일하게 토출되도록 성능을 개선해 주어야 한다.
④ 익스트루더의 장력이 부족한 경우에도 유사한 불량이 발생할 수 있으므로 익스트루더의 장력을 점검해야 한다.

63 다음 중 화재 예방에 있어 화재의 확대방지를 위한 방법으로 적절하지 않은 것은?

① 가연물량의 제한
② 난연화 및 불연화
③ 화재의 조기발견 및 초기 소화
④ 공간의 통합과 대형화

64 3D프린터 안전한 이용 수칙에 대한 설명 중 잘못된 것은?

① 밀폐된 장소에서 이용한다.
② 무독성, 친환경 소재를 활용한다.
③ 3D프린터에 도어나 덮개 등 방호 조치를 한다.
④ 장시간 작업시 화재감지 및 자동소화 장치를 설치한다.

65 재료 압출형 3D프린터의 성능 검사 항목에서 베드 수평도에 대한 사항 중 잘못된 것은?

① 실제로 프린팅이 수행되는 공간으로 베드의 수평도가 맞지 않으면 출력물이 똑바로 출력되지 않는다.
② 적층 공정에 기반한 3D프린팅의 경우에는 심각한 출력 불량이 발생할 소지가 있다.
③ 출력물의 수평 유지 측면에서 볼 때 베드 자체의 절대적인 수평도보다는 상부 XY 테이블에 연결된 노즐 끝단과의 상대적인 수평도가 중요하다.
④ 불연속적인 기계음을 발생시키게 되고, 결과적으로 3D프린팅 출력 시 중간에 끊기는 현상이 발생하게 된다.

66 누설 전류 시험에 대한 사항이 틀린 것은?

① 누설 전류가 안전한 값(Safe Level) 이하로 흐르는가 여부를 평가하는 시험법이다.
② 사용자 안전을 위해 규격 기관에서는 누설 전류의 제한치를 보통 0.1mA 이하로 요구하고 있다.
③ 일반적으로는 설계나 모델 테스트(Type test) 단계에만 적용되나, 의료용 장비의 경우에는 생산 시 전수 검사를 하도록 하고 있다.
④ 제품이 동작 중일 때의 누설 전류 시험은 접지가 안 되었거나 전원 단자가 거꾸로 연결되었을 때 등 비정상적인 상황에서 테스트하게 된다.

67 전자파의 영향으로 인해 일어날 수 있는 현상을 방지하고자 만든 검사 규칙은?

① 전자파 적합성(EMC)
② 전자파 장애(EMI)
③ 전자파 내성(EMS)
④ 전자파 내구성(EMD)

68 시험 목적에 따른 종류에 속하는 시험은?

① 적합시험　　② 통계시험
③ 정형시험　　④ 현장시험

69 습도 관련 신뢰성 시험에 해당하는 것은?

① 고온 시험
② 저온 시험
③ 온습도 사이클 시험
④ 온도 사이클(열충격) 시험

70 품목의 특성(성질)을 확인하기 위한 시험은?

① 적합시험　　② 결정시험
③ 정형시험　　④ 현장시험

71 절연 저항 시험에 대한 설명 중 잘못된 것은?

① 절연 저항 시험은 전기적으로 절연되어 있는 어느 두 지점 사이의 절연 저항을 측정하는 테스트이다.
② 제품이 생산된 직후에만 절연의 상태를 검사하는데 유용하다.
③ 절연 파괴에 의한 사용자 안전사고나 비용이 많이 드는 고장 발생을 예방할 수 있다.
④ 충전(Charge), 유지(Dwell), 측정(Measure) 그리고 방전(Discharge)의 4단계를 거친다.

72 전기 작업 안전의 기본 대책에 해당되지 않는 것은?

① 취급자의 자세
② 전기설비의 품질 향상
③ 전기시설의 안전관리 확립
④ 유지보수를 위한 부품 재사용

73 필라멘트 공급 장치가 이상이 있을 때 발생하는 사항은?

① 소재가 원활히 압출되지 않거나 노즐이 막히는 경우도 발생한다.
② 출력물이 똑바로 출력되지 않는다.
③ 기어가 헛돌거나 간헐적으로 회전하며 불연속적인 기계음을 발생시키게 되

고, 결과적으로 3D프린팅 출력 시 중간에 끊기는 현상이 발생하게 된다.
④ 출력물이 베드에 안착되지 않고 들뜨는 현상이 발생한다.

74 출력물 불량 발생 시 개선 방법이 잘못된 것은?

① 휨 불량은 사용 소재에 따른 적정 온도(노즐 온도, 베드온도)를 소프트웨어적으로 설정해 주는 것이 좋다.
② 출력물의 품질 향상을 위해서는 베드부와 노즐 끝단 간의 간격 설정이 중요하다.
③ 베드의 수평도가 맞지 않으면 레이어 출력이 고르지 않아 출력물이 베드에서 이탈되는 경우가 발생하므로 유의해야 한다.
④ 챔버 내부의 온도를 일정 온도 이하로 제어해 주는 기능이 추가적으로 필요하다.

75 다음 중 무관 고장이 아닌 경우는?

① 시험 조건 및 운용상 발생될 수 없는 외부 조건에 기인한 것이라고 판단되는 고장으로, 시험 대상의 성능에 직접적으로 영향을 주지 않는 고장
② 조사 중이거나 중복되지 않는 고장으로서, 아직 그 원인을 알 수 없는 고장
③ 시험 장비나 모니터 장비의 고장에 기인한 고장
④ 규정된 교체 기간이 지난 후 사용 중에 발생한 고장

76 ABS 소재의 필라멘트를 사용하여 장시간 작업할 경우 주의해야 할 사항은?

① 융점이 기타 재질에 비해 높으므로 냉방기를 가동하여 작업한다.
② 작업시 냄새가 심하므로 작업장의 환기를 적절히 실시한다.
③ 옥수수 전분 기반 생분해성 재질이므로 특별히 주의해야 할 사항은 없다.
④ 물에 용해되는 재질이므로 수분이 닿지 않도록 주의해야 한다.

77 전자파 적합성(EMC) 시험 항목 중 전자파 내성(EMS) 시험에 해당하지 않는 것은?

① 전압강하   ② 전자파 방사
③ 정전기 방전   ④ 전도 잡음(CE)

78 3D프린터 장비의 위해요소를 파악하기 위한 시험방법 중 절연저항 시험에 관한 설명이 아닌 것은?

① 충전, 유지, 측정, 방전의 4단계를 거친다.
② 전기적으로 결합되어 있는 한 지점의 절연저항을 측정하는 것이다.
③ 제품이 생산된 직후뿐만 아니라 일정 기간 사용한 후 절연의 상태를 검사하는데 유용하다.
④ 정기적으로 절연저항 시험을 실시하면 절연 파괴가 일어나기 전에 절연 불량을 판별해 낼 수 있다.

79 일종의 가혹 조건 시험법으로 3D프린터 출력시 불량이 발생하기 쉬운 다양한 형상을 정의하여 출력하고 그 품질을 평가하는 성능검사 방법은?

① Best test
② Torture test
③ Support test
④ Extrusion test

80 파레토 차트(Pareto Chart)의 활용에 대한 설명으로 틀린 것은?

① 문제의 원인을 파악하고 개선효과를 확인하기 위하여 사용된다.
② 조사 대상 결정, 점유율 계산, 그래프 작성 및 필요 사항 기재로 이루어진다.
③ 어느 항목이 가장 문제가 되는지 찾아낼 수 있고, 문제 항목의 크기, 순위를 한눈에 알 수 있다.
④ 제품 및 프로세스의 발생 가능한 문제점 및 원인들을 사전에 예측하고 위험도를 평가하여 사전 예방이 가능하도록 한다.

1	2	3	4	5	6	7	8	9	10
④	④	④	④	④	①	④	③	④	③
11	12	13	14	15	16	17	18	19	20
④	②	④	③	④	④	②	②	③	②
21	22	23	24	25	26	27	28	29	30
④	③	③	③	④	④	②	②	④	①
31	32	33	34	35	36	37	38	39	40
①	③	④	①	②	③	④	①	③	③
41	42	43	44	45	46	47	48	49	50
①	①	④	④	③	①	②	④	①	②
51	52	53	54	55	56	57	58	59	60
③	②	②	①	②	①	②	③	①	①
61	62	63	64	65	66	67	68	69	70
③	③	④	①	④	②	①	①	③	②
71	72	73	74	75	76	77	78	79	80
②	④	③	④	②	④	④	②	②	④

국가기술자격검정 필기 모의고사

자격종목 및 등급(선택분야)	종목코드	시험시간	문제지형별	수험번호	성명
3D프린터개발산업기사		2시간	B		

※ 답안카드 작성시 시험문제지 형별누락, 마킹착오로 인한 이익은 전적으로 수검자의 귀책사유임을 알려드립니다.

제 1 과목 : 3D프린터 회로 및 기구

01 멀티미터의 사용법에 대한 설명으로 틀린 것은?

① 저항을 측정할 때는 회로에서 분리하여 저항 단독으로 연결해야 한다.
② 회로에 연결된 저항은 전원이 없어 동작하지 않더라도 다른 부품이 저항치(다른 저항과 병렬 동작)를 갖기 때문에 회로에 연결된 상태로 저항을 측정하면 정확하지 않다.
③ 전류 측정시 대상의 위치에 대상과 병렬로 측정기를 연결한다.
④ 전류 측정 시, 측정 위치에 삽입된 측정기는 매우 낮은 임피던스 값을 가져야 대상 회로에 영향이 적다.

02 납땜에 대한 설명으로 틀린 것은?

① 기판과 와이어 사이에 공간이 남도록 납땜을 하여야 한다.
② 소자 다리가 휘면 빼곡이 납땜하였을 경우 옆의 다른 소자에 닿아 쇼트를 발생시킬 수도 있다.
③ 무연납의 경우 녹는점이 높아 전용 인두기를 사용하지 않으면 납땜이 쉽지 않다.
④ PCB 기판은 소자끼리 연결하는 부분 모두가 기판에 새겨져 단면, 양면 기판을 납땜할 때처럼 와이어나 연납을 이용해 이을 필요가 없고 소자 부분만 납땜을 한다.

03 다음 중 기하공차의 기호 설명이 잘못된 것은?

① 평면도 : ▱
② 원통도 : ⌭
③ 대칭도 : ═
④ 위치도 : ◎

04 MTTR(Mean Time to Repair)에 해당하는 것은?

① MTTR = MTBF − MTTF
② MTTR = MTBF + MTTF
③ MTTR = MTBF × MTTF
④ MTTR = MTBF ÷ MTTF

05 고체입자의 파우더 재료를 사용하며, 레벨링 롤러에 의해 편평하게 정리된 재료 위에 레이저 광원을 선택적으로 조사함으로써 재료가 부분적으로 용융이 일어나 접합되게 되는 3D프린터 방식은?

① Vat Photopolymerization
② Material Extrusion
③ Binder Jetting
④ Powder Bed Fusion

06 열가소성(可塑性)수지에 관한 설명 중 올바른 것은?

① 가열하면 유동성을 가지며 가소성을 나타낸다.
② 가열하면 유동성은 없으나 가소성을 나타낸다.
③ 가열하면 유동성은 있으나 가소성이 없다.
④ 가열하여도 유동성과 가소성이 없다.

07 서보모터 시스템에서 정밀한 움직임이 가능하도록 모터에 공급되는 전력을 서보모터에 적합한 형태로 변환시켜 공급하는 역할을 하는 것은?

① 모터   ② 위치 센서
③ 드라이브   ④ 동작 센서

08 다음 회로에 대한 설명으로 틀린 것은?

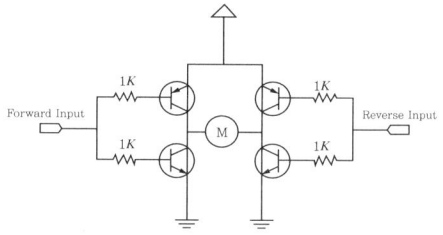

① 4개의 스위칭 소자로 구성되어 있고, 외형상 2개의 스위칭 소자가 붙어 있는 모습이 알파벳 H와 유사하여 통상 H- bridge 회로로 통해진다.
② 큰 전압으로 작은 전압이나 전류로 변환하는 기능과 전류 방향을 전환할 수 있는 방향 전환이 있어서 보통 DC 모터나 Stepper 모터 등 모터의 드라이버로 활용된다.
③ 전자석 시스템 등 전류 제어 회로에서 많이 사용되는 회로이다.
④ 4개의 TR을 사용하며 양단에 서로 방향을 교차시켜 스위치 신호에 따라 각각 switch on과 Off를 동작시켜 전류의 흐름을 생성시킨다.

09 초음파 변위 센서에 설명이 다른 것은?

① 초음파 송신부에서 음파를 조형 받침대로 발사하고 피측정물에서 반사된 음파가 수신부까지 돌아오기까지 걸린 시간을 계산하여 거리를 측정하는 방식이다.
② 초음파 송수신 시간을 측정함으로써 거리를 구하는 방식이다.
③ 피측정물의 재질과 관계없이 사용할 수 있으며 3D프린터에서도 측정 거리와 상관없이 사용이 가능하다.
④ 측정 방식상 정밀한 측정이 가능하여 고정밀을 요구하는 3D프린터에서는 사용이 적합하다.

10 동작 검사용 지그 제작에 대한 설명이 잘못 된 것은?

① 전자, 전기 PCB 제품 및 부품 등의 조정 및 검사를 하기 위해 제작한다.
② PCB 개발 및 제작이 정상적으로 수행되었는지 확인하는 작업에 검사용 지그가 필요하다.
③ 설계 요건에 따라 다르게 개발되고 제작되어야 한다.
④ 검사용 지그의 부품은 대부분 아연 도금을 한다.

11 그림과 같은 회로에서 a, b 양단의 전압 Vab는 몇 V인가?

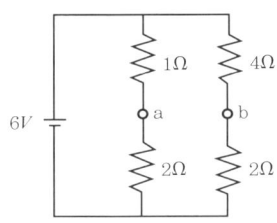

① 1 ② 2
③ 3 ④ 6

12 도면에서 2종류 이상의 선이 같은 장소에 겹치게 될 경우선의 우선 순위로 맞는 것은?

① 외형선, 숨은선, 절단선, 중심선, 무게중심선, 치수보조선
② 외형선, 절단선, 숨은선, 중심선, 무게중심선, 치수보조선
③ 외형선, 숨은선, 중심선, 절단선, 무게중심선, 치수보조선
④ 외형선, 숨은선, 절단선, 무게중심선, 중심선, 치수보조선

13 측정값에 편차를 주는 것과 같은 어떠한 원인에 의해 생기는 오차는?

① 과실오차 ② 이론오차
③ 계통 오차 ④ 우연오차

14 3D프린터의 종류와 사용소재의 연결이 옳지 않은 것은?

① FDM→열가소성 수지(고체)
② SLA→광경화성 수지(액상)
③ SLS→열가소성 수지(분말)
④ DLP→열경화성 수지(분말)

15 다음 설명에 해당하는 소재는?

- 전기 절연선, 치수안정성이 좋고 내충격성도 뛰어난 편이라 전기 부품 제작에 가장 많이 사용되는 재료이다.
- 연속적인 힘이 가해지는 부품에 부적당하지만 일회성으로 강한 충격을 받는 제품에 주로 쓰인다.

① ABS ② PLA
③ Nylon ④ PC

16 계측 장비에 대한 설명이 잘못된 것은?

① 정밀 수준기 : 제품의 수직을 측정할 때 사용된다.
② 벨트텐션미터 : 장력을 측정하여 적절한 장력값인지 확인할 수 있다.
③ 가우스미터 : 자석이나 기계 장치 내부의 자력을 측정하는 장비이다.
④ 경도계 : 제품의 경도를 측정하는 장비이다.

17 3D프린터의 주요 부품 중 다음 그림에 해당하는 부품은?

① 감속장치　　② 익스트루더
③ 스테핑 모터　④ 핫엔드 노즐

18 바인더 제팅(Binder Jetting) 공정 설명이 잘못된 것은?

① 베드 위에 놓인 분말을 이용하는 것은 분말 융접 기술과 매우 유사하다.
② 분말을 결합하여 단면을 만들기 위해서 레이저 등의 열에너지를 사용하여 분말을 소결시킨다.
③ 사용 가능한 재료는 폴리머, 금속, 세라믹 등이지만 이 중 일부만이 상용화된 장비에서 사용이 가능하다.
④ 기구 구조는 Power Bed Fusion과 비슷한 기구 구조를 가지고 있다.

19 탄소와 수소가 $CnH2n+2$ 형으로 결합된 형태로 공유 결합에 의해 결합되어 있다. 이에 기인하여 명명한 것은?

① 포화 탄화수소　② 불포화 탄화수소
③ 고분자 탄화수소　④ 다중 탄화수소

20 회로에 사용되는 정현파의 주기가 10ms일 때 주파수는 얼마인가?

① 0.1 kHz　② 10 Hz
③ 10000 Hz　④ 1 kHz

제 2 과목 : 3D프린터 장치

21 FDM과 Ultrasonic Consolidation(UC)를 이용한 하이브리드 3D프린터에 관한 설명은?

① 서포트 재료가 없을 경우에는 UC 공정으로 인해서 재료의 처짐 현상이 발생한다. 따라서 FDM 공정을 이용해서 이러한 빈 공간에 서포트 형상을 제작할 수 있다.
② FDM으로는 기계적 성질이 우수한 구조물을 제작하고, 다양한 복합재를 사용할 수 있다.
③ 광경화성 재료를 토출하고 이를 빛을 이용해서 곧바로 경화시키는 방법이 있다.
④ 실시간으로 가공 중인 형상을 CCD로 모니터링하고 오차가 발생할 경우 수정도 가능하다.

22 Direct-Print(DP) 방식의 노즐 설계에 대한 내용이 다른 것은?

① 노즐 팁의 내경은 필라멘트의 크기를 결정하며, 외경은 토출된 필라멘트와 간섭을 일으켜 형상 변화를 초래한다.
② 사용할 재료의 점도가 높을 경우에는 비교적 큰 노즐을 사용해서 막힘을 방지해야 한다.
③ 노즐 팁의 길이는 성형물과의 간섭 정도에 따라서 설계해야 한다.
④ 노즐 팁은 금속 혹은 플라스틱으로 되어 있으며 주로 단면이 타원 형상이다.

23 FDM 방식 3D프린터에서 소재의 재사용에 대한 설명으로 틀린 것은?

① 재료 공급은 연속적으로 필라멘트를 공급할 수 있는 스풀(spool)과 같은 장치가 필요하다.
② 2개 이상의 재료를 사용할 경우, 하나의 노즐은 모델 재료용으로 사용하고 다른 하나는 서포트 재료용으로 사용한다.
③ 제거된 서포트는 가소성 재료이기 때문에 열을 주면 다시 녹아서 흐르게 된다. 또한 제작된 형상도 열을 주면 녹아서 흐르기 때문에 재료 재사용이 불가능하다.
④ 사용하고 남은 재료와 사용한 재료 모두 재료 압출기를 사용하여 새로운 필라멘트 스풀을 만들 수 있다.

24 비접촉식 변위 측정 방식이 아닌 것은?

① Linear Variable Differential Transformer(LVDT)
② 자기 저항식 변위 센서
③ 정전 용량형 변위 센서
④ 초음파 변위 센서

25 오픈루프 제어 방식(Open-loop control) 설명이 잘못된 것은?

① 시스템의 출력을 입력에 피드백하지 않고 기준 입력만으로 제어 신호를 만들어서 출력을 제어하는 방식이다.
② 기본 구성은 입력값이 들어가는 제어기와 제어 대상이 되는 플랜트로 구성된다.
③ 스테핑 모터는 회전 제어가 약 15° 까지 제어가 가능하다.
④ 영구 자석이 구동축을 중심으로 배치되어 있는데 외부 제어 회로로부터 전류를 받아 영구 자석이 작동한다.

26 3D프린터 방식 중 구동 장치의 XY축 개별 제어가 필요한 것은?

① 제팅 방식　② FDM
③ SLA　　　④ SLS

27 광학 모듈 설계시 전사 방식에서의 광원 및 광학계의 구조에 대한 설명이 틀린 것은?

① 레이어를 형성하기 위해서 광 패턴을 형성하고 이를 광경화성 수지 표면에 초점을 맞춰서 한꺼번에 한 층을 형성한다.
② 광원의 파장대는 사용한 재료의 광 개시제의 반응파장대 내에 있어야 한다.
③ 광의 파장대가 작을수록 광의 오차, 즉 색수차가 발생한다
④ 특정 영역의 파장대만 추출하기 위해서 필터를 많이 사용한다.

28 3D프린터 방식 중 필라멘트를 녹인 후 노즐을 거쳐 압출되는 재료를 적층해 가는 방식은?

① FDM　② DLP
③ SLA　④ 3DP

29 광학렌즈의 초점거리가 50mm이고, 렌즈로부터 물체까지의 거리가 1m 일 때, 렌즈로부터 이미지가 맺히는 거리는 약 얼마인가?

① 47.6mm　② 50mm
③ 52.6mm　④ 100mm

30 빔의 직진 방향에서 초점이 생성되는 구간을 무엇이라고 하는가?

① 초점 거리　② 초점 심도
③ 초점 구간　④ 초점 넓이

31 SLA 방식 3D프린터 광학계 설명 중 잘못된 것은?

① 레이저 빔의 단면이 작으면 작을수록 최소 성형 가능한 크기, 즉 가공 해상도는 높아져서 결과적으로 정밀한 성형품을 제작할 수 있다.
② 아주 작은 빔 사이즈는 많은 주사 경로를 만들어 가공 시간이 짧게 걸린다.
③ 해상도와 가공 시간을 고려해서 광학계를 설계해야 한다.
④ 넓은 면적을 주사해야 할 경우에는 가공 영역의 가장자리에서도 초점이 맺힐 수 있게 특수한 광학계를 사용하여 전 영역에서 초점이 잡히도록 설계해야 한다.

32 하이브리드형 빌드 장치 평가에 대한 설명으로 잘못된 것은?

① 가공품의 표면 거칠기를 측정함으로써 품질을 평가할 수 있다. 이는 각 축의 이송 정밀도, 반복 정밀도 등을 동시에 평가할 수 있는 방법이다.
② 최대 가공 속도를 측정함으로써 생산성을 평가할 수 있다.
③ 최종 성형품의 표면을 현미경, SEM, 표면 조도기로 표면 거칠기를 측정하여 평가한다.
④ 최소 가공 속도로 가공된 성형물에 대해서 표면 거칠기를 측정함으로써, 최소 가공 속도를 평가한다.

33 유동성을 가진 액상 혹은 페이스트 재료를 사용하기 때문에 재료가 토출됨과 동시에 경화를 시켜야 한다. 이를 위해서 광경화성 재료를 토출하고 이를 광을 이용해서 곧바로 경화시킬 수 있는 하이브리드 3D 프린터는?

① DMLS와 CNC 머시닝을 이용한 하이브리드 공정
② DP와 광조형 공정을 이용한 하이브리드
③ FDM과 DP를 이용한 하이브리드
④ FDM과 Ultrasonic Consolidation (UC)를 이용한 하이브리드

34. 주사 방식 공정에서 광학계 평가 항목 설명 중 잘못된 것은?

① 재료 표면에서 레이저 빔의 직경은 광학계 평가 항목 중 제일 중요한 부분이다.
② 재료 표면에서의 레이저 빔의 모양 역시 평가해야 한다.
③ 재료 표면에서 레이저 빔의 파워 역시 평가 항목 중 하나이다.
④ 빌드 전 영역을 한꺼번에 측정할 수 있

는 빔 프로파일러는 존재하지 않기 때문에 빔을 직접 측정하기 보다는 표준 시편을 만들어서 측정할 수가 있다.

35 정렬된 광을 원하는 재료 표면 위에 도달하게끔 위치 제어를 수행하며, 동시에 속도 및 가속도를 제어하는 것은?

① 빔 익스펜더　② 반사경
③ 주사 장치　　④ 초점 렌

36 직접 노즐을 측정하는 것이 아니라 액적 혹은 필라멘트를 측정하는 방식이다. 즉, 특정 재료를 이용해서 재료를 토출시키고 난 다음 그 액적 혹은 필라멘트의 모양을 광학식으로 측정하는 방식은?

① 직접식 측정　② 간접식 측정
③ 비교식 측정　④ 유추식 측정

37 노즐 설계 규격서 항목 중 성능에 대한 설명이 잘못된 것은?

① 성형물의 품질이 우선시 되는 경우에는 비교적 작은 직경의 노즐을 사용해야 한다.
② 성형물의 최종 외관은 이들 액적 혹은 필라멘트로 만들어진 마지막 층 및 각 층에서의 최외각 윤곽에 의해서 결정이 되며, 액적이나 필라멘트의 사이즈가 작으면 작을수록 표면 거칠기는 나아진다.
③ 성형물의 가공 속도는 노즐의 사이즈가 작으면 작을수록 더 오래 걸린다.
④ FDM 방식에서는 10마이크론 정도가 일반적인 최소 크기이다.

38 폐루프 제어 방식으로 위치 피드백이 가능한 모터는?

① 서보 모터
② BLDC 모터
③ 스테핑 모터
④ 리니어 펄스 모터

39 FDM 방식 3D프린터에서 설계된 노즐을 평가하기 위한 항목이 아닌 것은?

① 노즐 온도
② 노즐의 치수
③ 재료의 토출 속도
④ 노즐의 동작 주파수

40 기본적으로 재료를 공급할 수 있는 호퍼, 재료를 녹여서 잘 교반할 수 있는 스크류와 이를 구동할 모터, 그리고 모터 및 온도 제어기로 구성되어 있는 FDM 공정에서 소재 재사용을 위한 핵심 부품은?

① 필라멘트 압출기
② 필라멘트 수집 장치
③ 진공 펌프 및 집진 장치
④ 교반 장치 및 필터

제 3 과목 : 3D프린터 프로그램

41 G코드 명령어 설명 예시 중 잘못된 것은?

① G1 X80.5 Y12.3 E12.5 → 현재 위치에서 X=80.5, Y=12.3 으로, 필라멘트를 현재 길이에서 12.5mm까지 압출하면서 이송
② G92 Y15 E120 → 3D프린터의 현재 Y 값을 Y=15mm로, 압출 필라멘트의 현재 길이를 120 mm 로 설정한다.
③ G1 F1200 → 이송속도를 1200 mm/sec 으로 설정한다.
④ G4 P100 → 3D프린터의 동작을 100 msec 동안 멈춘다.

42 M 코드의 명령어 설명 중 맞는 것은?

① M1 : 모든 스테핑모터에 전원 공급
② M17 : 모든 스테핑모터에 전원 차단
③ M18 : 휴면
④ M104 : 압출기 온도 설정

43 펄스폭 변조를 발생시켜 디지털 출력으로 0과 1 출력을 아날로그인 것처럼 출력할 수 있는 포트는?

① I/O 포트   ② A/D 포트
③ TXD 포트 ④ PWM 포트

44 기계어가 인간이 사용하기엔 힘들고 난해하여 오류가 발생하기 쉬웠으므로 프로그래머들이 개발하였으며, CPU 명령어들을 기호로 표기할 수 있기 때문에 기호 언어라고도 불린 언어는?

① 어셈블리어   ② 인터프리티
③ 프리프로세서 ④ 크로스 컴파일러

45 4세대 언어의 특징이 아닌 것은?

① 컴파일러 언어와 같이 습득이 어렵지 않은 간이 언어이다.
② 처리 절차가 간단하다
③ 일반인이 사용하기에도 다소 어려운 언어이다.
④ 복잡한 EPDPS를 용이하게 개발할 수 있는 고급 언어이다.

46 특수 목적의 시스템으로 하나 혹은 다수의 결정된 작업을 수행하거나 제품 내 특별한 작업을 수행하는 솔루션을 뜻하는 것은?

① 임베디드 시스템
② 알고리즘
③ 목적 시스템
④ 하드웨어 시스템

47 소스 프로그램 수정 후 다시 '컴파일 → 링크 → 실행' 단계를 거쳐 오류를 수정하는 작업을 무엇이라고 하는가?

① 디버깅(Debugging)
② 컴파일러(Compiler)
③ 실행(Execution)
④ 에디터(Editer)

48 G코드와 M코드에 대한 설명으로 틀린 것은?

① 프로그램 제어 및 NC 기계의 보조 장치 On/Off 작동을 수행하는 보조 기능을 M기능이라 한다.
② G코드는 기능에 따라서 연속 유효 G코드와 1회 유효 G코드로 분류할 수 있다.
③ 공구의 이동이나 가공, 기계의 움직임 등의 제어를 위해 준비하는 중요한 기능을 G기능이라고 한다.
④ G코드의 지령 숫자는 1에서 99까지이며, 지령 숫자에 따라서 의미가 다르다.

49 시스템 초기화에 대한 과정이다. 초기화에 필요한 사항이 아닌 것은?

① 시리얼이나 외부 통신을 위한 통신 초기화 함수
② 각 port와 연결된 요소에 대한 사전 정의 부
③ 재료 장착 센서 확인
④ 히팅 베드의 유무

50 움직이고자 하는 좌표를 지정해 주면 현재 설정된 좌표계의 원점을 기준으로 해서 지정된 좌표로 헤드 혹은 플랫폼이 이송된다. 이를 무슨 좌표 방식이라 하는가?

① 절대 좌표 방식
② 증분 좌표 방식
③ 상대 좌표 방식
④ 원점 좌표 방식

51 펄스의 반복주파수 600Hz이고 펄스 폭이 1.5ms인 펄스의 Duty Cycle은?

① 15.667ms   ② 16.667ms
③ 26.667ms   ④ 36.667ms

52 G코드에 대한 설명이 틀린 것은?

① 준비기능(G :preparation function)은 로마자 G 다음에 2자리 숫자(G00~G99)를 붙여 지령한다.
② 준비 기능들은 17개의 모달그룹으로 분류되어 있다.
③ 0번으로 분류된 명령들은 한번만 유효한 원샷 명령이며 이후의 코드에 영향을 준다.
④ 좌표 지령의 방법에는 절대지령과 증분지령이 있다.

53 Java 언어의 특성이 아닌 것은?

① 단순성   ② 객체 지향 언어
③ 보안성   ④ 반복적 언어

54 3D프린터 소재에 대한 설명이 잘못된 것은?

① ABS는 가장 대중적인 소재이다. 가전 제품이나 잡화에서 쓰이는 플라스틱 재료로 제작되었으며, 필라멘트 형태로 구성되어 있다.
② ABS Like는 후처리를 따로 할 필요가 없을 정도로 표면 조도가 우수한 것이 가장 큰 특징이자 장점이다. 하지만 재료 단가가 비싸다.
③ PLA는 Heating bed가 아니더라도 bed에 접착이 잘되며 수축에 강하다. 하지만 단단하고 부러지기 쉬우며 수분에 민감하다.
④ 아크릴은 FDM 에서 적합한 재료로서, 0.025~0.05mm의 우수한 정밀도가 큰 장점이지만 강도가 약한 것이 단점이다.

55 하드웨어 및 소프트웨어를 개발한 개발자의 권리를 지키면서 원시 코드를 누구나 열람하여 사용 가능할 수 있도록 한 소스를 뜻하며 일반적으로 자유롭게 사용, 복사, 배포, 수정이 가능한 애플리케이션으로 자유 소프트웨어를 포함한 넓은 개념을 의미한다. 무엇인가?

① 오픈소스   ② 알파소스
③ 베타소스   ④ 클로우즈 소스

56 마이크로소프트사가 개발한 컴퓨터 운영체제로서 애플 컴퓨터에서 처음으로 상용화한 그래픽 사용자 인터페이스(GUI) Max OS에 대항하기 위해 개발하였다. 무엇에 대한 설명인가?

① Windows   ② 리눅스
③ MS-DOS   ④ OS X

57 중앙 처리 장치, 주 기억 장치, 입출력 장치 등의 컴퓨터 자원 관리 및 하드웨어와 응용 프로그램 간의 인터페이스 역할을 하는 것을 무엇이라고 하는가?

① OS : Operating System
② OA : office automation
③ FA : Factory Automation
④ DA : document against acceptance

58 프로그래밍 언어를 이용하여 알고리즘의 각 단계를 작성하는 것으로, (   )이라고 부른다. (   )안에 들어갈 단어는 무엇인가?

① 코딩   ② 모델링
③ 슬라이싱   ④ 렌더링

59 COBOL은 4가지 부분으로 구성되어진다. 아닌 것은?

① 식별부   ② 표지부
③ 데이터부   ④ 마감부

60 컴퓨터 언어의 설명이 잘못된 것은?

① 컴퓨터 언어는 어셈블리어로부터 시작해왔다.
② 기계어만 사용하였는데 이를 제1세대 언어라고 정의한다.
③ 기계어에 대응되어 기호로 표시된 어셈블리어를 제 2세대 언어라 한다.
④ 기호로 표시된 언어를 사용하지 않고 기능을 향상시켜 사용하기 쉽게 만든 언어를 제3세대 언어라고 정의한다.

제 3 과목 : 3D프린터 교정 및 유지보수

61 정기 공장 심사 내용이 아닌 것은?

① 전기용품 제조업자 및 제조 공장 변경 여부 확인
② 안전 인증서에 기재된 제조 공장에서 전기용품을 생산하는지 여부
③ 품질 시스템 확인
④ 안전 인증을 받은 전기용품의 안전 기준 및 안전 인증 내용의 준수 여부

62 전선, 케이블 및 코드류에 대한 시험 규격에 따른 계측 장비 및 설비가 아닌 것은?

① 마이크로미터, 버어니어캘리퍼스
② 내전압 시험기, 절연 저항 시험기, 난연성 시험기
③ 인장 시험기, 저울, 항온조
④ 온도 기록계, 열전대 온도계

63 고장의 이해에 대한 설명 중 잘못된 것은?

① Where : 고장 발생 부위를 파악한다.
② When : 고장 발생 시점을 파악한다.
③ Why : 고장이 왜 발생하였는지에 대한 이유를 분석한다.
④ How : 고장 결과가 제품에 끼치는 영향에 대해 분석한다.

64 무재해운동의 기본이념 3원칙 중 다음 설명으로 옳은 것은?

> 직장내에 모든 잠재위험요인을 적극적으로 사전에 발견, 파악, 해결함으로써 뿌리에서부터 산업재해를 제거하는 것

① 무의 원칙   ② 선취의 원칙
③ 참가의 원칙   ④ 확인의 원칙

65 3D프린터의 신뢰성 시험이 필요한 이유는?

① 제품의 기능이 날로 단순해진다.
② 인증서를 요구하는 기관이 많아지고 있다.
③ 예상되는 불량을 조기에 검출할 필요는 없다.
④ 새로운 소재가 출현하고 기술 개발 속도가 빨라짐에 따라 기존의 품질 관리 기법으로는 제품의 품질을 보장하는 데 한계가 있다.

66 얇은 선이 생길 때의 오류를 해결할 방법이 아닌 것은?

① 속도를 빠르게 조절해 준다.
② 리트랙션 속도를 조절해 준다.
③ 온도 설정을 변경해 준다.
④ 압출 헤드가 긴 거리를 이송하도록 해 준다.

67 제품이 주어진 조건 하에서 일정 기간 동안 요구되는 기능을 만족스럽게 수행하는지 여부를 평가하는 시험은?

① 신뢰성 시험 ② 내구성 시험
③ 충격시험   ④ 인장시험

68 습도 관련 신뢰성 시험에 해당하는 것은?

① 고온 시험
② 저온 시험
③ 온습도 사이클 시험
④ 온도 사이클(열충격) 시험

69 전자파 적합성(EMC) 시험 항목 중 전자파 내성(EMS) 시험에 해당하지 않는 것은?

① 전압강하   ② 전자파 방사
③ 정전기 방전 ④ 전도 잡음(CE)

70 필라멘트 공급 장치가 이상이 있을 때 발생하는 사항은?

① 소재가 원활히 압출되지 않거나 노즐이 막히는 경우도 발생한다.
② 출력물이 똑바로 출력되지 않는다.
③ 기어가 헛돌거나 간헐적으로 회전하며 불연속적인 기계음을 발생시키게 되고, 결과적으로 3D프린팅 출력 시 중간에 끊기는 현상이 발생하게 된다.
④ 출력물이 베드에 안착되지 않고 들뜨는 현상이 발생 한다.

71 다음 중 화재 예방에 있어 화재의 확대방지를 위한 방법으로 적절하지 않은 것은?

① 가연물량의 제한
② 난연화 및 불연화
③ 화재의 조기발견 및 초기 소화
④ 공간의 통합과 대형화

72 다음 중 재해예방의 4원칙에 관한 설명으로 틀린 것은?

① 재해의 발생에는 반드시 원인이 존재한다.
② 재해의 발생과 손실의 발생은 우연적이다.
③ 재해예방을 위한 가능한 안전대책은 반드시 존재한다.
④ 재해는 원인 제거가 불가능하므로 예방만이 최우선이다.

73 산업안전보건법상 안전인증대상 기계·기구 등의 안전 인증 표시에 해당하는 것은?

①    ②

③   ④

74 프린터의 유지보수 시 틀린 사항은?

① 발열 부위(노즐히터, 베드히터, 스텝모터, 보드 방열판) 에서는 고온이 발생하니 반드시 전원을 끄고 냉각 후 작업한다.
② 프린터의 각부에는 DC 12V 가 흐르고 있으며 감전의 위험은 없으나 10A 이상의 대전류가 흐르고 있으므로 합선 발생시 화재 및 부상 가능성이 있으므로 주의한다.
③ 노즐이 가열되는 상태로 출력없이 계속 유지하면 노즐 내부의 수지가 경화되어 막히게 됩니다. 사용하지 않을 때는 전원을 끄거나 히터를 OFF 해준다.
④ 비 일상적 작업, 위험한 작업을 시작하기 전에 굳이 동료에게 알리고 시작할 필요가 없다.

75 성능개선 보고서 작성 요소 중 가장 거리가 먼 것은?

① 성능 시험 문제점 현상 기술
② 성능 시험 문제점 원인 분석
③ 성능 시험 문제점 개선 방안 도출 및 검증
④ 성능 시험 문제점 개선결과 적용 보고서 작성

76 통전작업 시 조치사항으로 부적합한 것은?

① 작업 전 전기설비의 잔류 전하를 확실히 방전한다.
② 개로된 전로의 충전여부를 검전 기구에 의하여 확인한다.
③ 개폐기에 시건 장치를 하고 통전금지에 관한 표지판은 제거한다.
④ 단락접지 기구를 사용하여 단락 접지를 한다.

77 안전점검의 종류 중 태풍, 폭우 등에 의한 침수, 지진 등의 천재지변이 발생한 경우나 이상사태 발생 시 관리자나 감독자가 기계·기구, 설비 등의 기능상 이상 유무에 대하여 점검하는 것은?

① 일상점검　② 정기점검
③ 특별점검　④ 수시점검

78 출력물 회수 시 주의할 사항이 아닌 것은?

① 반드시 마스크, 장갑 및 보안경을 착용한다.
② 장비 내부가 뜨거울 수 있으므로 화상을 입지 않도록 주의해야 한다.
③ 일반용 공구를 사용하도록 한다.
④ 다쳤을 때는 즉시 응급 처치를 하고 필요시 병원을 찾아가야 한다.

79 전원용 커패시터 및 전원 필터에 대한 시험 규격에 따른 계측 장비 및 설비가 아닌 것은?

① 마이크로미터, 버어니어캘리퍼스
② 전압계, 전류계
③ 내전압 시험기
④ 인장 시험기, 저울, 항온조

80 EMI의 시험 항목으로는 전원선을 통해 전파되는 잡음을 무엇이라고 하는가?

① 전도 잡음   ② 방사 잡음
③ 인공 잡음   ④ 자연 잡음

1	2	3	4	5	6	7	8	9	10
③	①	④	①	④	①	③	①	④	④
11	12	13	14	15	16	17	18	19	20
②	①	③	④	④	①	③	②	①	①
21	22	23	24	25	26	27	28	29	30
①	④	③	①	③	①	③	①	③	②
31	32	33	34	35	36	37	38	39	40
②	④	②	④	③	②	④	①	④	①
41	42	43	44	45	46	47	48	49	50
③	④	④	①	③	①	①	④	④	①
51	52	53	54	55	56	57	58	59	60
②	③	④	④	①	①	②	①	④	①
61	62	63	64	65	66	67	68	69	70
③	④	④	①	④	④	①	③	④	③
71	72	73	74	75	76	77	78	79	80
④	④	①	④	④	③	③	③	④	①

기출문제 및 풀이

- 2018년 3D프린터개발산업기사 -
- 2019년 3D프린터개발산업기사 -

국가기술자격검정 필기시험문제

2018년 산업기사 제4회 필기시험

자격종목 및 등급(선택분야)	종목코드	시험시간	문제지형별	수험번호	성명
3D프린터개발산업기사		2시간			

※ 답안카드 작성시 시험문제지 형별누락, 마킹착오로 인한 이익은 전적으로 수검자의 귀책사유임을 알려드립니다.

제 1 과목 : 3D프린터 회로 및 기구

01 멀티미터의 사용법에 대한 설명으로 틀린 것은?

① 전압 측정을 위해서는 대상과 병렬로 프로브를 연결한다.
② 전류 측정을 위해서는 대상과 직렬로 프로브를 연결한다.
③ 전류 측정 시 프로브를 병렬로 연결하면 쇼트현상이 발생할 수 있다.
④ 저항 측정을 위해서는 회로에 연결된 상태에서 측정한다.

[해설]
멀티미터(멀티테스터, 볼트/옴 미터 혹은 VOM)는 여러 가지의 측정 기능을 결합한 전자계측기이다.
저항을 측정할 때는 회로에서 분리하여 저항 단독으로 연결해야 한다. 회로에서 연결된 상태로 저항에 전압이 걸려 전류가 흐르고 있을 때, 멀티미터의 프로브를 연결하면 멀티미터의 전압 인가와 외부 회로 전압 인가가 중복되어 정확한 측정이 불가능하다.

02 트랜지스터의 설명으로 틀린 것은?

① 바이폴라 트랜지스터(BJT)는 NPN 형만 존재한다.
② 트랜지스터를 증폭기로 사용할 때의 동작영역은 활성영역이다.
③ 전계효과 트랜지스터 (FET)는 BJT보다 열영향이 적고 잡음에 강하다.
④ 트랜지스터를 스위치로 사용할 때는 포화영역과 차단영역을 사용한다.

[해설]
NPN 또는 PNP

03 부품을 실장하기 위해 사용하는 납땜에 대한 설명으로 틀린 것은?

① 기판과 와이어 사이에 공간이 없게 납땜한다.
② 기판과 소자 사이의 공간이 최소화 되게 납땜한다.
③ 동기판에 비해 은기판과 금기판이 전기전도율이 높다.
④ 무연납의 경우 녹는점이 낮아서 초보자가 사용하기 쉽다.

[해설]
온도에 따라 녹는점이 다른 납들이 있다. 또한 무연납, 유연납이 있다. 무연납의 경우 녹는 점이 높아 전용 인두기를 사용하지 않으면 납땜이 쉽지않고 납땜하고 난 뒤에도 깨끗하지 못하므로 초보자가 사용하기엔 적합하지 않다.

04 다음 기하공차의 종류는?

① 원통도 ② 진원도
③ 진직도 ④ 평면도

해설

기호	공차	기호	공차
—	직진도 공차	//	평행도 공차
▱	평면도 공차	⊥	직각도 공차
○	진원도 공차	∠	경사도 공차
⌀	원통도 공차	⊕	위치도 공차
⌒	선의 윤곽도 공차	◎	동축도 공차
⌓	면의 윤곽도 공차	═	대칭도 공차

05 신뢰성 평가에 사용하는 용어의 설명으로 틀린 것은?

① MTBR : 고장수리 후 다음 고장 수리까지의 시간
② MTBF : 고장에서 다음 고장까지의 시간으로 시스템의 평균 고장 시간 산출
③ MTTR : 제품에 고장이 발생한 경우 고장에서 수리되는 데까지 소요되는 시간
④ MTTF: 고장 평균시간으로 주어진 시간에서 고장 발생까지의 시간으로 수리 후 다음 고장까지의 시간

해설

- MTTF(Mean Time To Failure) : 주어진 시간에서 고장 발생까지의 시간으로 수리 후 다음 고장까지의 시간을 의미함. 수리 불가능한 제품의 평균 고장 시간을 산출할 때 사용
- MTBF(Mean Time Between Failure) : 고장에서 다음 고장까지의 시간을 의미함. 수리가 가능한 제품/시스템의 평균 고장 시간을 산출할 때 사용
- MTTR(Mean Time to Repair) : 제품에 고장이 발생한 경우 고장에서 수리되는 데까지 소요되는 시간을 의미함 (MTTR= MTBF – MTTF)

06 키르히호프의 법칙에 대한 설명으로 틀린 것은?

① 하나의 폐회로를 따라 모든 전압을 대수적으로 합하면 0이다.
② 노드 (Node)에 들어오는 전류는 나가는 전류의 2배가 된다.
③ 노드 (Node)에 들어오고 나가는 모든 전류의 대수적인 합은 0이다.
④ 하나의 폐회로를 따라 모든 전압강하의 합은 전체 전원전압의 합과 같다.

해설

노드는 하나의 지점에 여러 갈래의 도선이 지나가는 지점을 뜻하며, 이들 노드에 들어오거나 나가는 전류의 값을 모두 더하면 0이 되는 것이다.

07 온도가 증가하면 저항이 감소하는 음(–)의 온도계수를 갖고 있어 온도 감지 센서로 응용할 수 있는 부품은?

① 광전도 셀 (CdS Cell)
② 서미스터 (Thermistor)
③ 광 다이오드 (Photodiode)
④ 버렉터(Varactor) 다이오드

정답 | 4. ④ 5. ① 6. ② 7. ②

08 직렬 연결된 두 저항에 직류 전원이 다음 회로에서 전류가 I= 100mA 일 때 R의 전력규격으로 적절한 것은?

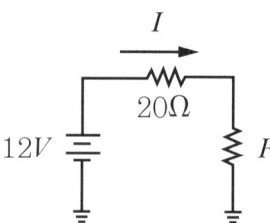

① $\frac{1}{8} W$ ② $\frac{1}{4} W$

③ $\frac{1}{2} W$ ④ $1 W$

해설

$\frac{V1 - V2}{R1} = I$, $\frac{12 - V2}{20} = 0.1$ $V2 = 10$

$P = VI = 10 \times 0.1 = 1$

09 다음 달링턴(Darlington)회로에서 전류 의 값은?

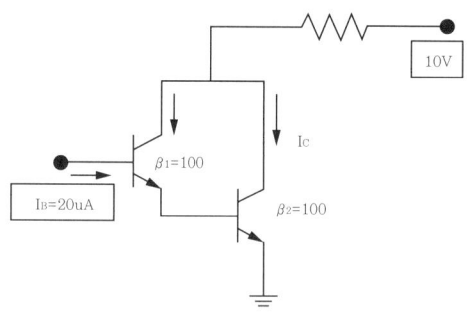

① 10mA   ② 20mA
③ 100mA   ④ 200mA

해설

$100 \times 100 = 10000$, $10000 \times 0.02 = 200$

10 스테핑 모터의 회전 속도를 나타내는 단위는?

① pps   ② lps
③ cpm   ④ spm

해설

제어를 위한 회로 설계 구성이 비교적 간단하여 프린터에 주로 사용되며, 3D프린터 헤드를 움직이기 위한 작동기이다.

11 3D프린터로 출력하고자 하는 대상 제품에 따른 소재 선정 시 검토해야 할 항목으로 거리가 먼 것은?

① 출력물의 강도   ② 출력물의 연성
③ 출력물의 체결성   ④ 출력물의 해상도

해설

검토해야할 항목
- 금속 소재의 필요성 여부를 확인한다.
- 출력물의 해상도를 확인한다.
- 고강도 필요 여부를 확인한다.
- 높은 연성 필요성을 확인한다.

12 전기기구/ 전자 제품 안정성 테스트(UL 인증 기준)에서 플라스틱 소재의 필수적인 평가 항목이 아닌 것은?

① 난연성
② 착화온도
③ 전기적 특성
④ 장기적 내열 특성

해설

UL(Underwriter's Laboratory) 테스트는 미국 보험 회사들이 전기 기구나 전자 제품의 안전도를 평가하기 위한 목적으로 시작한 테스트

13 회전운동을 직선운동으로 바꾸어 주는 3D 프린터 구동 부품은?

① 레이저
② 익스트루더
③ 리니어 모터
④ 마이크로프로세서

14 3D프린터 구성에서 토출부에 해당하는 부품이 아닌 것은?

① 레이저
② 익스트루더
③ 리니어모터
④ 마이크로프로세서

> **해설**
> - 구동부 부품 : 모터, 이송 방식, 이송 가이드
> - 토출부 부품 : Laser, Lamp(LED), 압출 방식 헤드, Jetting 헤드

15 SLS 방식 3D프린터 가공 시 공기와 반응하여 폭발 가능성이 높아 단일 금속으로 사용하기 어려운 것은?

① 철　　　② 구리
③ 백금　　④ 마그네슘

16 3D프린터 방식중 Material Jetting에 포함되는 적층 기술이 아닌 것은?

① Polyjet　　② SLS
③ Inkjet　　④ Thermojet

> **해설**
> SLS-Powder Bed Fusion

17 열가소성 수지의 특징으로 틀린 것은?

① 열안정성이 우수하여 강성이 필요한 곳에 많이 사용된다.
② 여러 번 재가열에 의해 성형이 가능한 수지이다.
③ 용융점이 존재하며 용융점에 이르면 급격한 부피변화가 나타난다.
④ 결정구조에 따라 결정성 수지와 비결정성 수지로 구분된다.

> **해설**
> 열가소성 플라스틱은 성형성이 우수하고 가공이 용이하여 압출 성형, 사출 성형 등의 공정에 주로 사용되며, 재료 압출형 3D프린터용 소재로 사용된다. 재활용이 가능한 장점이 있어 전체 수지 사용량의 약90% 를 차지하나 열 안정성이 떨어져 고온에서는 사용이 제한적이다.

18 플라스틱 소재의 변형 거동에 관한 설명이 틀린 것은?

① 탄성변형은 하중을 제거하면 원래 상태로 되돌아오는 변형이다.
② 소성변형은 하중을 제거해도 원래 상태로 되돌아 오지 않고 연구 변형된다.
③ 연성재료는 소성변형이 큰 재료로 항복응력 이후 특정 부위가 얇아진다.
④ 취성재료는 탄성 변형이 거의 없고 소성변형을 천천히 지속하다 파단이 발생한다.

> **해설**
> 취성 재료(Brittle deformation) : 소성 변형이 거의 없고 탄성 변형을 지속하다 바로 파단이 발생한다. 역시 파단이 발생하는 지점의 응력이 인장 강도(파단 강도)로는 정의되나, 항복 응력이 정의되지 않는다.

정답 | 13. 전부정답　14. ④　15. ④　16. ②　17. ①　18. ④

19 동일 측정자가 해당 측정 제품을 동일한 방법과 장치, 장소에서 동작을 하여 측정하였을 때 차이가 나는 정도를 시험하는 것은?

① 반복 정밀도 시험
② 위치 정밀도 시험
③ 넘어짐 안정성 시험
④ 사용환경 안정성 시험

해설
- 넘어짐에 대한 안정성 시험 : 제품에 대해 수직력과 수평력을 가하여 넘어짐의 힘을 측정하는 시험이다
- 계측에 대한 안정성 시험 : 제품에 대한 물리적 상태를 양적으로 측정하기도 하고, 제품을 제어하기 위한 방법, 장치를 측정하는 시험 방식이다.
- 반복 정밀도에 대한 안정성 시험 : 동일 측정자가 해당 측정 제품을 동일한 방법과 장치, 장소에서 동작을 하여 측정하였을 때 차이가 나는 정도를 시험하는 방식이다.
- 위치 정밀도에 대한 안정성 시험 : 제품에 대한 모터의 위치, 베드의 높이, 나사의 구멍 등 위치 정밀도가 일정한지 측정하는 시험이다.
- 재질의 재료에 대한 안정성 시험 : 제품 제작에 이용된 재질의 안정성 시험을 실시할 수도 있다. 재질의 충격 시험 및 비파괴 초음파 탐사 장비 등을 이용하여 제품의 강도나 내부 결함 등을 시험한다.
- 사용 환경에 대한 안정성 시험 : 사용되는 환경에 대한 시험으로서, 고온/저온에 대한 온도 시험이나 열 충격 등에 대해서 실시되는 안정성 시험이다.

20 다음 그림과 같이 정교하게 가공된 직선형 레일을 접촉점이 한점으로 된 볼이 구르면서 블록을 직선으로 이송시키는 장치는?

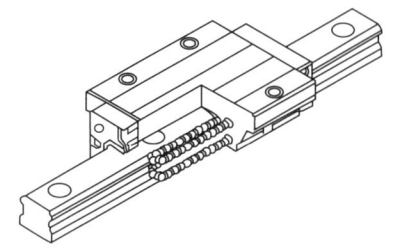

① 서포터　　　② 커플링
③ LM 가이드　　④ 타이밍 벨트

해설
3D프린터의 모터 구동을 위해서는 이송 가이드가 있어야 한다. 이송 방식에 따른 모터의 구동에 의해 구동축이 이송되는데, 이송 가이드는 원형 이송 가이드와 LM 이송 가이드가 있다.

제 2 과목 : 3D프린터 장치

21 다음 도면에서 A의 치수는?

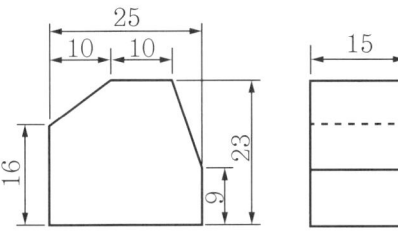

① 15   ② 18
③ 21   ④ 25

22 FDM과 DP(Direct Print)를 이용한 하이브리드 3D프린터에 관한 설명으로 틀린 것은?

① 복합화할 때 각 헤드를 1개 이상씩 다수 설치할 수 있다.
② 복합화된 FDM은 ABS 등 기존의 FDM 소재를 이용할 수 없다.
③ 복합화된 DP 공정에 바이오 잉크를 사용할 경우 조직공학 등 의료분야에 응용할 수 있다.
④ 복합화된 DP 공정에 전도성 잉크를 사용할 경우 PCB등의 기판 대용품을 제조할 수 있다.

해설
FDM 공정은 열가소성 재료만 사용할 수 있고, DP 공정은 주로 열경화성이면서 유동성이 있는 재료를 사용한다. FDM에서 사용 가능한 재료는 ABS와 같이 비교적 기계적 강도가 우수하며 DP 방식에 비해서 가공 성능이 우수하다.

23 SLA 방식 3D프린터에서 광 전달 순서가 올바르게 나열된 것은?

| ㄱ. 광원 |
| ㄴ. 주사장치 |
| ㄷ. 수지표면 |
| ㄹ. 광학계/집광장치 |

① ㄱ - ㄴ - ㄷ - ㄹ
② ㄱ - ㄴ - ㄹ - ㄷ
③ ㄱ - ㄹ - ㄴ - ㄷ
④ ㄱ - ㄹ - ㄷ - ㄴ

24 3D프린터 노즐에 대한 설명으로 틀린 것은?

① 노즐은 단면적 크기가 변화하면서 유체 유속을 증가하게 하는 장치로 보통 파이프나 튜브 형상이다.
② 노즐 팁의 길이가 길어지면 상대적으로 균일하지 않은 온도분포가 발생해서 온도제어가 쉽지 않다.
③ 노즐은 유체의 속도가 감소하여 압력이 증가하는데 사용하는 장치로 고속의 유체를 저속으로 바꾸면서 다양한 목적으로 사용된다.
④ 노즐 팁의 직경이 작을수록 정밀한 필라멘트를 토출할 수 있으나, 단위면적을 가공하는데 있어서는 상대적으로 성형시간이 길어진다.

정답 | 21. ① 22. ② 23. ③ 24. ④

25 SLA 방식 3D프린터에서 소재의 재사용에 대한 설명으로 틀린 것은?

① 일반적으로 가공시 경화되지 않은 재료는 특별한 절차없이 재사용이 가능하다.
② 이미 사용하여 경화된 재료도 액화시켜 다시 사용 가능하다.
③ 점도가 상승된 경우에는 새로운 수지를 혼합하여 활용이 가능하다.
④ 수지가 오랜 시간 외부 공기와 빛에 노출될 경우 서서히 경화되므로 보관상 주의하여 사용한다.

해설

한 번 제작된 형상은 다시 액상으로 전환이 되지 않고, 사용한 재료는 재활용이 불가능하다.

26 다음 측정방식에서 사용되는 변위 센서는?

- 삼각 측량법
- 공초점 측정법
- 모아레 측정법

① 광학식 변위 센서
② 초음파 변위 센서
③ 인덕턴스 변위센서
④ 정전용량 변위 센서

해설

단파장 광과 수광부를 이용하는 삼각 측량법, 단파장 광의 간섭을 이용하는 광위상 간섭법, 다파장 광의 간섭을 이용하는 백색광 주사 간섭법, 초점의 세기를 측정하는 공초점 측정법, 격자 간섭을 이용하는 모아레 측정법 등이 있다.

27 SLA 방식 3D프린터 광학계 중 재료 표면에서 레이저 빔의 직경을 작게 하는 것들로 올바르게 묶인 것은?

a. 마스크
b. 초점렌즈
c. 반사경
d. 빔 익스팬더

① a, b
② b, c
③ b, d
④ c, d

해설

- 빔 익스펜더 : 주사 방식의 3차원 프린터를 개발할 때, 가장 기본적으로 고려해야 할 부분은 재료 표면에서 레이저 빔의 직경을 작게 하는 것이다.
- 반사경 : 좁은 영역에서 긴 광경로를 생성할 때 필요하다. 또한 광의 방향을 전환하여 렌즈와 렌즈 사이 혹은 다른 광학계로 광이 입사되게 한다.
- 주사 장치 : 정렬된 광을 원하는 재료 표면 위에 도달하게끔 위치 제어를 수행하며 동시에 속도 및 가속도를 제어한다.
- 초점 렌즈 : 가공 전 영역에서 재료 표면이 초점면과 일치되게 하기 위해서 특수 렌즈를 사용한다.

28 다음 하이브리드 3D프린터에 관한 설명 중 (   )안에 들어갈 용어로 알맞은 것은?

> (A)은(는) 금속 박판을 초음파 에너지를 이용하여 기판과 접합시키고 가공을 거쳐 3차원으로 성형하는 공정이다. 이 공정은 접합된 박판 아래층에 가공된 재료가 없을 경우 처짐 현상이 발생한다. 따라서 (B)공정을 이용하여 빈 공간에 서포터 형상을 제작하여 상호 보완한 하이브리드 3D프린터가 있다.

① A : DLMS, B : CNC
② A : FDM , B : DP(Direct Print)
③ A : DP(Direct Print), B : 광경화
④ A : UC(Ultrasonic Consolidation), B : FDM

해설

FDM과 Ultrasonic Consolidation(UC)를 이용한 하이브리드 UC는 금속 박판을 초음파 에너지를 이용해서 기판 혹은 이전의 층과 접합시키고 CNC를 이용해서 필요없는 부분을 잘라내면서 3차원으로 성형하는 공정이다. 이 공정은 얇은 금속 박판 사용하여 상하로 초음파 진동하는 로터에 의해서 아래층과 접합이 되는데, 바로 아래층에 가공된 재료가 없을 경우, 즉 서포트 재료가 없을 경우에는 UC공정으로 인해서 재료의 처짐 현상이 발생한다. 따라서 FDM 공정을 이용해서 이러한 빈 공간에 서포트 형상을 제작할 수 있다. 이렇게 사용된 서포트 재료는 가공이 끝난 다음 제거할 수 있으며, 최종적으로 내부가 빈 3차원 금속 성형품을 얻을 수 있다.

29 폐루프 제어(closed loop control)방식으로 위치 피드백이 가능한 모터는?

① 서보 모터
② BLDC모터
③ 스테핑 모터
④ 리니어 펄스 모터

해설

- 서보 모터 : 클로즈드 루프 제어방식으로 위치 피드백을 통하여 정밀한 위치, 속도, 가속도 제어가 가능하다. 따라서 정확한 위치 측정이 가능한 엔코더가 필요하며, 동력 전달 장치와 직선 이송 가이드(linear motion guide, LM가이드)를 이용하여 회전 운동을 직선 운동으로 변환한다. 주로, 로봇이나 공작 기계 등에서 많이 사용되며, 큰 이송력이 필요할 경우에 많이 사용이 된다.
- 스테핑 모터 : 오픈 루프 제어 방식으로 위치 피드백이 없으며, 대신 한 번의 전기 신호로 매우 작은 각도로 회전하는 스텝운동을 하며, 연속적으로 전기 신호를 여러 번 보냄으로써 원하는 만큼의 회전량을 만들어 낸다.
- 선형 모터: 정자와 회전자를 서로 평행한 평면으로 구성을 하고 전류를 흘러 보냄으로써 구동을 하게 된다. 따라서 일반적인 원형 모터와는 달리 전기 신호를 통해서 곧바로 직선 운동이 가능하며 LM 가이드만을 필요로 한다. 원형 모터에 비해서 비교적 고가이지만 대형 이송 장치에 많이 사용이 되며 백래쉬가 없기 때문에 고정밀 제어가 가능하다.

30 수평인식 장치에서 사용되는 접촉식 변위 센서는?

① 인덕턴스 변위 센서
② 자기 저항식 변위 센서
③ 정전 용량형 변위 센서
④ LVDT(Linear Variable Differential Transformer)

해설
- 접촉식 변위 측정
  · Linear Variable Differential Transformer(LVDT)
  · 마이크로미터
- 비접촉식 변위 측정
  · 자기 저항식 변위 센서
  · 정전 용량형 변위 센서
  · 초음파 변위 센서
  · 인덕턴스 변위 센서
  · 광학식 변위 센서

31 액적(droplet)을 생성하여 연속적인 분사에 의해 원하는 단면 형상을 제작하는 제팅 방식의 노즐 기술이 아닌 것은?

① 압전 제팅 ② 버블 제팅
③ 열팽창 제팅 ④ 파우더 제팅

해설
잉크 카트리지의 액추에이터에 의해서 매우 작은 잉크 방울, 즉 액적이 생성이 되고, 이의 연속적인 분사에 의해서 원하는 단면 형상을 제작할 수 있다.

32 초점면에서의 레이저 빔의 크기(W)와 레이저의 파장(a), 광학계로 입사하기 전의 레이저 빔 직경(D) 및 광학계의 초점 거리(F)간의 상관관계 식으로 옳은 것은?

① $W = (\frac{4\pi}{a} \times \frac{F}{D})^2$
② $W = (\frac{4\pi}{a} \times \frac{D}{F})^2$
③ $W = (\frac{4\pi}{a} \times \frac{F}{D}) \times \frac{1}{2}$
④ $W = (\frac{4\pi}{a} \times \frac{D}{F}) \times \frac{1}{2}$

해설

$2W_0 = (\frac{4\lambda}{\pi} \cdot \frac{F}{D})$

$DOF = (\frac{8\lambda}{\pi} \cdot \frac{F}{D})^2$

33 로봇 기반 하이브리드 3D프린터의 특징으로 틀린 것은?

① 유연성이 낮아 특정한 제품의 제조에만 활용이 가능하다.
② 로봇이 절삭 공구 등을 활용할 경우 후처리 등도 가능하다.
③ 로봇은 부품의 이송, 중간 조립 등 다양한 용도로 활용할 수 있다.
④ 툴 매거진 등을 이용하여 CNC 공작기계와 같이 헤드를 교환할 수 있다.

해설
로봇 기반 3차원 프린팅은 CNC 장비처럼 툴 매거진이 있고 이를 로봇의 그리퍼에 장착함으로써 여러 종류의 헤드를 선택적으로 사용할 수도 있다. 또한 FDM 등과 같은 장비로 구조물을 제작하고 동시에 로봇으로 전자 부품 등을 가공 중에 pick-and-place 방식으로 실장할 수도 있다.

34 3D프린터 방식 중 구동 장치의 XY축을 동시에 이송제어가 필요한 것은?

① DLP ② FDM
③ SLA ④ SLS

35 광학 모듈 설계시 고려해야할 사항으로 틀린 것은?

① 주사방식에서는 전 영역에 고르게 초점이 생성될 수 있도록 초점렌즈를 사용한다.
② 가공전체 영역에서 초점면의 재료 표면과 일치시키기 위해서 특수 렌즈를 사용한다.
③ 액상소재 성형을 위한 광학 모듈 설계에서 광원의 파장대는 액상 소재의 광 개시제의 파장보다 커야 한다.
④ 전사방식의 광워은 램프광을 많이 사용하고, 광의 파장대가 넓으면 넓을수록 광의 오차가 많이 발생한다.

해설
주사 방식 광조형 공정과 마찬가지로 광원의 파장대는 사용한 재료의 광 개시제의 반응 파장대 내에 있어야 한다.

36 SLS 방식 3D프린터에 사용한 소재를 재사용하기 위해 필요한 핵심장치를 모두 고른 것은?

a. 필라멘트 압출기
b. 필라멘트 수집 장치
c. 진공 펌프 및 집진 장치
d. 교반 장치 및 필터

① a, c ② a, d
③ b, c ④ c, d

해설
- 진공 펌프 및 집진 장치 : 메인 가공 챔버에 남아 있는 소결되지 않은 재료를 수거하기 위해서 고압 진공 펌프와 재료들을 수거해서 교반기로 이송할 집진 장치가 필요하다.
- 교반 장치 및 필터 : 수집된 재료는 재료 재사용 매뉴얼에 따라서 사용한 재료와 새 재료를 적절한 배율로 섞는다. 교반 장치와 거름 장치는 보통 같이 구성되어 있으며, 이를 따로 분리해서 구성할 수도 있다.

37 다음 그림과 같이 회전축에 있는 슬릿을 이용하여 측정하는 방식의 엔코더는?

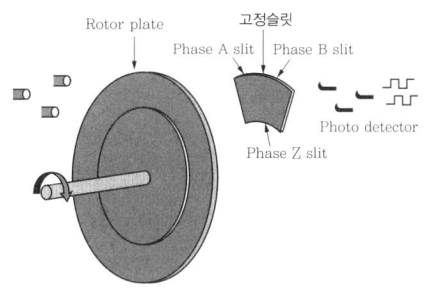

① 광학식 엔코더
② 기계식 엔코더
③ 자기식 엔코더
④ 정전용량식 엔코더

해설
엔코더는 이송 장치의 위치를 인식하기 위하여 사용이 되며 위치 검출 방식에 따라서 기계식, 광학식, 자기식, 정전 용량식 등이 있다. 현재 위치에서의 상대적인 위치 인식만이 가능한 증분형 방식과 절대 위치 방식이 있다. 또한 모터 축의 회전 운동을 검출하기 위한 로타리 엔코더와 직선 운동을 검출하기 위한 선형 엔코더가 있다.

38 PBF 및 DED의 출력물의 표면거칠기 한계를 극복하기 위해 CNC 공작기계와 결합하여 만들어진 3D프린터는?

① FDM과 DP(Direct Print)를 이용한 하이브리드 3D프린터
② DP와 CNC 공작기계를 이용한 하이브리드 3D프린터
③ SLA와 CNC 공작기계를 이용한 하이브리드 3D프린터
④ DLMS와 CNC 공작기계를 이용한 하이브리드 3D프린터

해설
- DMLS와 CNC 머시닝을 이용한 하이브리드 공정
- DP와 광조형 공정을 이용한 하이브리드
- FDM과 DP를 이용한 하이브리드
- FDM과 Ultrasonic Consolidation(UC)를 이용한 하이브리드
- 로봇 기반 3차원 프린팅

39 노즐을 통과하는 유체의 입구 유속(V_{in})과 출구 유속(V_{out})사이의 관계로 옳은 것은?

① $V_{in} = V_{out}$
② $V_{in} \geq V_{out}$
③ $V_{in} > V_{out}$
④ $V_{in} < V_{out}$

해설
노즐은 그 단면적의 크기가 변화하면서 유체의 유속이 증가하게 하는 장치이며, 출구 유속(Vout)이 입구 유속(Vin)보다 크게 설계를 한다.
디퓨저는 유체의 속도가 감소하며 압력이 증가하는 데 사용하는 장치이며, 출구 유속(Vout)이 입구 유속(Vin)보다 작게 설계한다

40 DLP 방식 3D프린터에서 광학계 평가 항목으로 가장 적절한 것은?

① 주사 장치의 정밀도
② 광 패턴의 정밀도
③ 레이저 빔의 모양
④ 광원 초점의 크기

해설
- 주사 방식 공정
 · 레이저 빔 초점의 크기
 · 레이저 빔의 모양
 · 레이저 빔의 파워
 · 주사 장치의 정밀도
 · 주사 장치의 속도
- 전사 방식 공정
 · 광 패턴의 정밀도
 · 광 패턴 파워

제 3 과목 : 3D프린터 프로그램

41 3D프린터 하드웨어에 대한 설명으로 틀린 것은?

① 제어 프로그래머 관점에서 직접적으로 연관된 하드웨어는 메인 컨트롤러와 모션 하드웨어 부분이다.
② 제어 컨트롤 보드는 명령어를 수행하여 프린팅을 주관하는 명령자의 역할을 수행한다.
③ 모션 하드웨어는 직접적인 프린팅을 수행하는 수행자의 역할을 한다.
④ 모터는 처리 속도, 프로그램 언어 및 환경 등의 전반적인 프로세스가 결정되는 핵심 하드웨어라고 할 수 있다.

해설

컨트롤 보드는 처리 속도 및 프로그램 언어 및 환경 등 여러 가지 하드웨어에 의해 정해진 환경에 따라 프린터의 운용 프로세서의 전반적인 프로세서가 결정되는 만큼 핵심 하드웨어 부분이다.

42 CAD와 CAM에 대한 설명으로 틀린 것은?

① CAD는 설계단계, CAM은 제조단계에서 주로 사용된다.
② CAD로 설계도면을 작성한 후 바로 CAM으로 연결되어 제조공정을 거치게 된다.
③ 공장에서 로봇을 작동하기 위한 소프트웨어나 데이터 등이 필요하며 이러한 작업을 실행시켜 주는 것이 CAD이다.
④ CAD는 컴퓨터를 활용함으로써 오류 범위를 줄였으며, CAM은 컴퓨터를 이용하여 제조공정을 운영하는 것으로 생산성 향상을 기대한다.

43 다음 G코드 명령어의 의미로 옳은 것은?

> G1 X100 Y100 Z100 E10

① X, Y, Z축에 100, 100, 100 위치로 직선 이동시키고 10초간 잠시 멈춤
② X, Y, Z축에 100, 100, 100 위치로 직선 이동시키고 노즐의 온도를 10℃로 조정
③ X, Y, Z축에 100, 100, 100 위치로 직선 이동시키고 오차 범위는 10%이내
④ X, Y, Z축에 100, 100, 100 위치로 직선 이동시키고 재료를 10mm 까지 직선 분사

해설

G0 : 빠른 이송, G1 : 선형 이송 (일반 속도)

44 온도, 압력, 전압 등 연속적으로 측정되는 수치를 디지털 값으로 입력 받는 포트는?

① I/O 포트　② A/D 포트
③ TXD 포트　④ PWM 포트

해설

- A/D 포트 : 온도, 압력, 음성, 영상 신호, 전압 등 연속적으로 측정되는 자연계에서의 수치를 전압의 세기로 변환시켜 기준 전압에 의해 일정 범위의 디지털 값으로 변경한 수치를 입력 받는 포트
- PWM 포트 : 펄스폭 변조를 발생시켜 디지털 출력으로 0과 1 출력을 아날로그인 것처럼 출력할 수 있다.
- I/O 포트 : 전자 회로에서 전기 신호의 기본적인 동작인 On./Off 기능을 구현하는 포트

45 I/O 포트의 구동원리로 옳은 것은?

① 전자회로에서 전기 신호의 기본적인 동작인 on/off 기능을 구현하는 포트이다.
② AVR MCU의 ADC는 기본 전압을 내부에서 사용되는 기준 전압으로 변환하여 작동되는 포트이다.
③ 펄스폭 변조를 발생시켜 0과 1의 디지털 신호를 아날로그 신호인 것처럼 출력하는 포트이다.
④ 기준 전압에 의해 일정 범위의 디지털 값으로 변경한 수치를 입력 받는 포트이다.

해설

②-A/D 포트
③-PWM 포트
④-A/D 포트

46 원시 프로그램을 다른 기계에 적합한 기계어로 번역하는 프로그래밍 언어는?

① 어셈블리어　② 인터프리티
③ 프리프로세서　④ 크로스 컴파일러

해설

① 기계어를 인간이 사용하기에 난해하여 보완한 언어
② 원시 프로그램의 의미를 직접 수행함으로써 결과를 도출하며, 개발 시스템이나 교육용 시스템에서 사용하는 것
③ 컴파일보다 먼저 실행하여 미리 처리하는 프로그램

47 자바와 자바스크립트의 차이에 대한 설명으로 옳은 것은?

① 자바스크립트는 상속성이나 클래스가 존재한다.
② 객체에 대한 참조가 자바스크립트는 실행시에만 가능하지만 자바는 컴파일 시에 객체에 대한 참조가 이루어진다.
③ 두 언어 모두 안전하지만 자바스크립트의 경우 HTML 코드에 직접 연결하여 사용하기에 보안성이 있다.
④ 자바언어로 작성된 프로그램은 특정 머신(기종)에 의존적으로 실행된다.

해설

- 자바스크립트는 사용자 컴퓨터의 인터프리트되는 언어다. 하지만 자바는 먼저 서버 측으로 컴파일한 후 프로그램의 실행은 사용자가 하는 시스템으로 이루어진다.
- 두 언어 모두 객체 지향적 언어이지만, 자바스크립트는 상속성이나 클래스는 존재하지 않는다.
- 객체에 대한 참조가 자바스크립트는 실행 시에만 가능하지만 자바는 컴파일시에 객체에 대한 참조가 이루어진다.

- 두 언어 모두 안전하지만 자바스크립트의 경우 HTML 코드에 직접 연결하여 사용하기에 보안성이 없다. 하지만 자바의 경우 소스 코드를 컴파일하면 클래스파일이 생성되기에 보안성이 우수하다.

48 프로그래밍 언어를 마이크로프로세서가 인식하도록 목적 코드(Object 파일)로 변환하는 작업을 무엇이라고 하는가?

① 링크
② 빌드
③ 어셈블
④ 컴파일

해설

사람이 작성한 고급 프로그래밍 언어를 마이크로 프로세서가 인식하도록 목적 코드(일명 Object 파일)로 변환하는 작업을 의미한다. 컴파일된 모든 목적 코드 파일은 다시 하나의 나열된 일괄 프로그램으로 묶어 주는 링크(Link) 과정을 거친다. 이 때 만들어지는 것이 실행 파일이며 통상 hex 파일 형태로 만들어진다.

49 FDM 방식 3D프린터 출력을 위한 슬라이서 소프트웨어의 설정에 대한 설명으로 틀린 것은?

① 출력물의 효율적인 출력을 위해 회전, 대칭 등을 설정하여 재배치할 수 있다.
② 출력 시간을 단축하기 위해 내부 채움 속도를 별도로 지정해 줄 수 있다.
③ 출력품질을 향상시키기 위해 브림, 라프트 및 서포터에 대한 세부 설정을 할 수 있다.
④ 출력 중 오류가 생길 경우 이를 멈추기 위해 Pause 기능을 사용하고, 재시작 시 Retraction 기능을 사용할 수 있다.

50 다음 프로그램 개발과정에서 (가)에 들어갈 내용으로 적절한 것은?

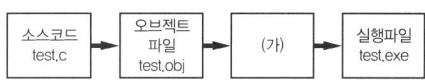

① 링커(Linker)
② 에디터(Editer)
③ 실행(Execution)
④ 컴파일러(Compiler)

51 사용자 인터페이스 디자인에 대한 설명으로 틀린 것은?

① 사용자와 컴퓨터간의 정보를 주고 받기 위하여 프로그램이 상호작용을 하는 것이다.
② 프로그램을 사용하는 데 불편함이 없도록 기존의 프로그램과 차이를 많이 두지 않는 것이 좋다.
③ 프로그램에서 우선적으로 File 메뉴를 위치 선정하는 이유는 사용자들이 가장 익숙해져 있기 때문이다.
④ 키보드 입력을 통해서 프로그램에 명령을 하달하는 것을 메뉴 방식 인터페이스라고 한다.

해설

사용자와 컴퓨터 간의 정보를 주고 받기 위하여 프로그램이 상호작용하는 것을 뜻한다. 기본적으로 키보드로 입력하여 프로그램에 명령을 하달하는 것을 커맨드라인 인터페이스라고 하며 이외에 메뉴 방식 인터페이스, 그래픽 사용자 인터페이스가 있다. 우리가 사용 할 인터페이스는 메뉴 방식의 인터페이스로 메뉴 선택으로 명령을 하달하는 방식이다.

52 아래의 프로그램(O0100)에서 보조프로그램(O2500)이 몇 번 반복되는가?

```
O0100;
G90G80G40G49G00;
T10M06;
G57G90X-5.00Y-5.00S2500M03;
G43Z50.0H10;
Z5.0M08;
M98P1111;
G80G00Z50.0;
G91G28Z0;
M30;

O2500;
M98P1111;
G91X110.0Y-10.0L0;
G90M99;
```

① 1회 ② 3회
③ 5회 ④ 8회

해설

M98P2500L5 : 프로그램 번호 2500을 6회 반복한다.

53 PWM(Pulse Width Modulation)제어는 디지털 신호(HIGH와 LOW) 상태의 지속 시간을 변화시켜 전압을 변환하며 전압 5V, 지원 포트(핀) DP 256개(0부터 255까지)의 범위 값을 출력할수 있다. 다음 analogWrite 함수에서 출력 전압(V)은?

analog Write(3, 255 * 0.15);

① 0.75 ② 15
③ 38   ④ 38.25

해설

5*0.15=0.75
analogWrite (3, 0);PWM이 0%로 설정
analogWrite (3, 255 * 0.25); PWM이 25%로 설정
analogWrite (3, 255 * 0.8); PWM이 80%로 설정
analogWrite 함수 파라미터로 255 값이 사용될 경우 5V에 대한 100%이므로 5V가 출력된다.
255 * 0.25 = 63.75의 반올림 값인 64라는 값이 사용된다면 5V에 대한 25%이므로 1.25V 출력된다.

54 베드 온도(Bed Temperature)를 60°C로 설정하고 제어권을 즉시 호스트로 넘기는 명령은?

① M109 S60   ② M140 S60
③ M141 S60   ④ M109 S60 R100

해설

M140 : 베이스 플레이트 온도 설정
M109 : 익스트루더 온도 설정
M141 : 챔버 온도 설정

55 출력물이 베드에 잘 안착하기 위해 조정이 필요한 설정 값은?

① Wall Speed
② Infill Speed
③ Travel Speed
④ Initial Layer Speed

56 다음 중 필라멘트를 가장 많이 사용하게 될 품질 설정은?

```
Infill: 80;
Support Type: ㉠;
Build Plate Type: ㉡;
Shell: ㉢;
```

① ㉠ Grid, ㉡ Raft, ㉢ 0.8
② ㉠ line, ㉡ Brim, ㉢ 0.8
③ ㉠ Grid, ㉡ Skirt, ㉢ 0.7
④ ㉠ line, ㉡ Brim, ㉢ 0.7

57 스태핑 모터의 구동성능이 100pulse/1reverse이며, 구동축 Z의 pitch가 2mm일 경우 구동 정밀도는?

① 0.01 mm/pulse
② 0.02 mm/pulse
③ 0.1 mm/pulse
④ 0.2 mm/pulse

해설

구동 정밀도 계산 과정
X,Y 축 풀리
2 mm pitch × 16 teeth, 1 회전당 32mm 이송.
구동 정밀도 : 32mm/200pulse = 0.16mm/pulse
Z축 스크루
2mm pitch × 1회전당 2mm 이송
구동 정밀도 : 2mm/200pulse = 0.01mm/pulse

58 분말 기반 방식의 3D프린터가 아닌 것은?

① Binder Jetting
② Power Bed Fusion
③ Photopolymerization
④ Direct Energy Deposition

해설

ASTM 기술 명칭	기술 정의	기술 방식
광중합 방식 [PP] (Photo Poly-merization)	액상의 광경화성수지에 빛을 조사하여 소재와 중합반응을 일으켜 선택적으로 고형시켜 적층조형하는 기술	SLA, DLP, LCD
재료분사 방식[MJ] (Material Jetting)	액상의 광경화성수지나 열가소성수지, 왁스 등 용액형태의 소재를 미세한 노즐을 통해 분사시키고 자외선 등으로 경화시키는 방식	Poly JET, MJM, MJP
재료압출 방식[ME] (Meterial Extrusion)	고온 가열한 소재를 노즐을 통해 연속적으로 압출시켜가며 형상을 조형하는 기술	FDM, FFF
분말적층용융 결합 방식 [PBF] (Powder Bed Fusion)	분말 형태의 소재에 레이저빔이나 고에너지 빔을 조사해서 선택적으로 소재를 결합시키는 기술	SLS, DMLS, EBM
접착제 분사 방식 (Binder Jetting)	석고나 수지, 세라믹 등 파우더 형태의 분말 재료에 바인더(결합제)를 선택적으로 분사하여 경화시키는 기술	3DP, CJP, Ink-jetting
고에너지 직접조사 방식[DED] (Direct Energy Deposition)	고에너지원(레이저빔, 전자빔, 플라즈마 아크 등)을 이용하여 입체 모델을 조형하는 기술	DMT, LMD, LENS
시트 적층 (Sheet lamination)	얇은 필름이나 판재 형태의 소재를 단면형상으로 절단하고 열, 접착제 등으로 접착시켜가면서 적층시키는 기술	LCM, VLM, UC

정답 | 56. ① 57. ② 58. ③

59 3D프린터의 제어 프로세스에 대한 설명으로 틀린 것은?

① 노즐의 온도나 프로세서의 진행 상태 등 시스템 상태를 독립적으로 모니터링할 수 없다.
② 제어 프로그램 수행 시 제어코드 저장 및 시스템 초기화 → 제어코드 라인별 명령어 수행 → 시스템 상태 모니터링 및 업데이트 단계를 거친다.
③ 툴 패스를 따라 노즐이 이동할 수 있도록 3D프린터의 각축 모터부가 추종할 명령어 생성 과정이 제어코드 생성과정이다.
④ 전송받은 제어 명령어 코드를 전달받으면 프린터는 노즐 및 프린팅 베드의 가열 등 여러 가지 초기화 동작을 수행하게 된다.

[해설]
하드웨어에 독립적인 상태에서도 LCD나 기타 데이터 표시 장치를 통해 노즐의 온도나 프로세서의 진행 상태 등 시스템 상태를 모니터링할 수 있다.

60 다음 G코드 내용의 의미가 틀린 것은?

```
M98 ┌ P□□□□ ○○○○ F△△△△;
    └ P□□□□ L○○○○;
```

① P○○○○ : 보조 프로그램 번호
② M98 : 보조 프로그램 호출코드
③ F△△△△ : 이송속도
④ P□□□□ : Fanuc 1 시리즈 호출 방식

[해설]
P□□□□ : Fanuc 0 시리즈 호출 방식

제 4 과목 : 3D프린터 교정 및 유지보수

61 다음 설명에 해당하는 고장 형태는?

> 시험 조건 및 운용상 발생할 수 없는 외부 조건에 기인한 것이라고 판단되는 조장으로 시험대상의 성능에 직접적으로 영향을 주지 않는 고장이다.

① 간헐고장　　② 무관고장
③ 유관고장　　④ 중복고장

[해설]
- 유관 고장 : 결정된 시험 조건과 환경 조건상 발생할 수 있는 외부 조건에 기인한 시험 대상의 성능에 직접적으로 영향을 주는 주 관심 고장이다.
- 간헐 고장 : 짧은 기간 동안 일부의 기능이 상실되었다가 즉시 정상으로 복구되는 고장이며, 동일 아이템에서 동일한 고장이 간헐적으로 발생하는 경우에는 처음 발생하였을 때에만 유관 고장으로 계산하고, 그 후 발생된 고장은 무관 고장으로 취급한다.
- BIT 중 발생한 고장 : 장비나 측정 장비가 구성되어 제품의 자체 진단 기능으로 고장을 관측할 수 있음을 의미한다.
- 입증된 고장 : 하드웨어 설계 및 제조 결함에 기인한 고장, 또는 소프트웨어의 잘못에 기인한 고장이다. 단, 시험 중에 시정 및 확인이 가능하면 무관 고장으로 처리한다.
- 소모성 부품에 기인한 고장 : 수명이 한정된 소모성 부품(예: 배터리)을 사용한 경우, 부품의 수명이 다하기 전에 고장이 발생하면 유관 고장으로 처리하지만, 수명이 다한 후에 발생한 고장은 무관 고장으로 처리한다.
- 중복 고장 : 2개 이상의 고장이 독립적으로 동시에 발생하는 것으로서, 고장이 동시에 여러 개 발생하였을 경우 어느 한 부품의 고장으로 인하여 다른 부품이 고장 난 경우의 종속 고장은 유관 고장 수에 포함하지 않고 독립 고장의 개수만 고장으로 포함한다.
- 입증되지 않은 고장 : 조사 중이거나 중복되지 않는 고장으로서, 아직 그 원인을 알 수 없는 고장이다.
- 무관 고장(non-relevant failure)
· 시험 조건 및 운용상 발생될 수 없는 외부 조건에 기인

한 것이라고 판단되는 고장으로, 시험 대상의 성능에 직접적으로 영향을 주지 않는 고장이다.
· 시험실 내의 부적당한 시설에 기인한 고장이다.
· 시험 장비나 모니터 장비의 고장에 기인한 고장이다.
· 장비를 시험하거나 조정할 때, 시험자의 잘못된 조작에 기인한 고장이다.
· 규정된 교체 기간이 지난 후 사용 중에 발생한 고장이다.
· 타 장비의 운용, 정비 또는 수리 절차의 잘못에 기인한 고장이다.
· 시험 절차의 잘못에 기인한 고장이다.
· 동일한 유닛 내에서 간헐적으로 나타나는 2번 이상의 고장이다.
· 고장 발견 수리 중, 초기 고장 배제 시험 중, 셋업 중 발생한 고장이다.
· 시험 규격을 초과하는 과부하로 인하여 발생한 고장이다.
· 잘못 교체된 부품에 의한 고장이다.

62 3D프린터 작업 중 감전 사고 방지를 위한 기본적인 대책이 아닌 것은?

① 보전, 수리, 점검 등은 관련 전문가에게 맡긴다.
② 전류가 흐르는 부분 등으로부터 인체와의 접촉을 방지한다.
③ 전선 등을 배선해야 될 경우 손에 물기를 제거한 후 한다.
④ 사용전류에 상관없이 절연 피복이 얇은 것을 사용한다.

63 FDM 방식 3D프린터에서 필라멘트가 압출되지 않는 문제 발생 시 해결방법으로 가장 거리가 먼 것은?

① 노즐 온도가 소재의 용융 온도보다 높기 때문에 발생하므로 노즐 온도를 소재의 용융 온도보다 낮게 설정한다.
② 노즐/베드 간 간격의 문제이므로 노즐/베드 간 간격이 조금 더 벌어지도록 조정한다.
③ 모터의 토크가 부족한 경우에 발생하므로 모터에 인가되는 전류를 증가시켜 토크를 증가시킨다.
④ 필라멘트에 걸리는 장력이 부족한 경우에 발생하므로 해당 부위의 체결을 강화하여 장력을 증가시켜 준다.

64 3D프린터 사용 중 전기화재가 발생했을 때 원인으로 가장 거리가 먼 것은?

① 합선 ② 누전
③ 과전류 ④ 페라이트 코어

해설

페라이트 코어는 0kHz~200MHz 이상의 고주파에 이르기까지 투자율이 좋으며, 이 특성을 이용하여 제품 사이의 배선에 통과시키면 그 선에 흐르는 유효한 신호는 잘 통과시키며, 해로운 고주파 및 잡음 성분을 차단하는 역할을 한다. 페라이트 코어를 넣어 주게 되면 전선의 L이 증가하게 되고, 이로 인해 고주파 성분의 신호 전류는 잘 흐르지 못하고 저주파는 잘 통과하게 됨으로써 마치 콘덴서와 같이 동작한다.

65 ABS 소재의 필라멘트를 사용하여 장시간 작업할 경우 주의해야할 사항으로 옳은 것은?

① 융점이 기타 재질에 비해 높으므로 냉방기를 가동하여 작업한다.
② 작업시 냄새가 심하므로 작업장의 환기를 적절히 실시한다.
③ 옥수수 전분 기반 생분해성 재질이므로 특별히 주의해야 할 사항은 없다.
④ 물에 용해되는 재질이므로 수분이 닿지 않도록 주의해야 한다.

정답 | 62. ④ 63. ① 64. ④ 65. ②

66 FDM 방식 3D프린터에서 필라멘트에 걸리는 장력이 약할 경우, 익스트루더 모터가 회전하더라도 기어가 헛돌거나 출력물이 중간에 끊기는 현상이 발생할 때 점검해야 할 부분은?

① 노즐 온도
② 베드 수평도
③ XYZ축 구동부
④ 필라멘트 공급장치

67 3D프린터 장비의 안전 인증테스트에 대한 설명으로 틀린 것은?

① 절연저항 테스트는 제품에 사용된 전기 절연특성을 측정하는 것이다.
② 내전압시험 테스트는 제품의 회로와 접지사이에 고전압을 인가해서 제품이 견디는 능력을 측정하는 것이다.
③ 접지 도통 테스트는 절연된 제품표면과 Power시스템 접지 사이의 경로를 점검하는 것이다.
④ 누설 전류 테스트는 AC전원과 접지 사이에 흐르는 전류가 안전규격을 넘지 않는지를 점검하는 것이다.

[해설]
절연된-〉노출된

68 전자파 적합성(EMC) 시험 항목 중 전자파 내성(EMS) 시험에 해당하지 않는 것은?

① 전압강하
② 전자파 방사
③ 정전기 방전
④ 전도 잡음(CE)

[해설]
EMS는 전자 기기가 외부 전자파로부터 견디는 능력을 평가하기 위해 시험되며, 시험 항목으로는 전자파 방사, 정전기 방전, 전기적 빠른 과도 현상, 서지, 전압 강하, 순간 정전 등의 시험이 있음.
④-EMI

69 시험기간을 단축하기 위하여 기준 조건보다 가혹한 스트레스를 인가하는 신뢰성 시험은?

① 가속시험
② 통계시험
③ 정형시험
④ 현장시험

[해설]
- 시험 목적에 따른 종류
  적합시험과 결정시험으로 구분할 수 있으며, 아래와 같은 차이를 갖는다.
 · 적합시험 : 품목의 특성(성질)이 규정된 요구 사항에 적합한지를 판정하기 위한 시험. 통계적으로 검정에 해당됨
 · 결정시험 : 품목의 특성(성질)을 확인하기 위한 시험. 통계적으로 추정에 해당됨
- 개발 단계에 따른 종류
  개발 단계에 따라서 개발·성장 시험, 보증 시험, 양산 신뢰성 보증 시험, 번인(또는 ESS)등이 있다.
- 시험 장소에 따른 종류
 · 실험실 시험 : 제어되는 규정된 조건에서 수행되는 시험
 · 현장 시험 : 운용, 환경, 보전 및 측정 조건이 기록되는 현장에서 수행되는 시험
- 가속 여부에 따른 종류
 · 가속 시험 : 시험 기간을 단축하기 위하여 기준 조건보다 가혹한 스트레스를 인가하는 시험

- 정상 시험 : 실 사용 조건에서 인가되는 스트레스에서 수행되는 시험
- 정형과 비정형 여부에 따른 종류
  - 정형 시험 : IEC, ISO, KS 등에 규정된 표준화된 시험
  - 비정형 시험 : 신규성이 높고 고장 메커니즘이 불분명하며, 필드 정보가 충분하지 않은 시험

70 3D프린터 신뢰성시험 검사 중 온도 변화가 주기적으로 반복될 경우 제품의 기능상의 내성을 평가하는 시험은?

① 고온 시험
② 저온 시험
③ 온습도 사이클 시험
④ 온도 사이클(열충격) 시험

해설

- 고온 시험
  고온 상태에서 기능상의 내성을 평가하는 시험(절연 불량, 기계적 고장, 열 변형에 의한 구동 불량 등)
- 저온 시험
  저온 상태에서 기능상의 내성을 평가하는 시험(취약화, 결빙, 기계적 고장, 열 변형에 의한 구동 불량 등)
- 온도 사이클(열 충격) 시험
  온도변화가 주기적으로 반복될 경우 제품의 기능상의 내성을 평가하는 시험(기계적 고정, 누설 발생 등)

71 스텝모터의 공진형상에 대한 대책방법으로 옳지 않은 것은?

① 진동방지 댐퍼를 설치한다.
② 스텝 모터 드라이버를 교체한다.
③ 스텝 모터 드라이버의 전압을 조절한다.
④ 스텝 모터와 연결된 벨트 장력을 올려준다.

72 3D프린터의 내전압 시험 수행 시 유의사항으로 틀린 것은?

① 테스트가 완전히 끝나면 고전압 출력을 정지시킨다.
② 테스트를 시작하기 전에 장비와 결선 등의 설치 상태를 확인하고 케이블의 피복 상태를 검사한다.
③ 테스트 중에는 피측정체나 연결 부위, 고전압 프로브의 금속 부분을 상시 확인하여야 하며, 프로브를 잡을 때에는 전원이 연결된 부분만 잡는다.
④ 고전압이 Off 되었다는 것을 확인하기 전에는 피측정체에 어떠한 결선이라도 해서는 안되며, 피측정체에 테스트 케이블을 연결할 때에는 항상 접지(-) 클립을 먼저 연결한다.

해설

테스트 중에는 절대로 피측정체나 연결 부위, 고전압 프로브의 금속 부분을 만지지 않도록 유의하며, 프로브를 잡을 때에는 절연된 부분만 잡는다.

73 전기제품을 안정적으로 사용하기 위해서는 접지를 하여야 한다. 접지에 관한 설명으로 틀린 것은?

① 접지저항이 크면 클수록 좋다.
② 접지공사의 접지선은 과전류차단기를 시설하여서는 안된다.
③ 접지극의 시설은 부식될 우려가 없는 장소를 선정하여 설치한다.
④ 직접 접지 방식은 계통에 접속된 변압기의 중성점을 금속선으로 직접 접지하는 방식이다.

74 3D프린터 장비의 위해요소를 파악하기 위한 시험방법 중 절연저항 시험에 관한 설명이 아닌 것은?

① 충전, 유지, 측정, 방전의 4단계를 거친다.
② 전기적으로 결합되어 있는 한 지점의 절연저항을 측정하는 것이다.
③ 제품이 생산된 직후뿐만 아니라 일정 기간 사용한 후 절연의 상태를 검사하는데 유용하다.
④ 정기적으로 절연저항 시험을 실시하면 절연 파괴가 일어나기 전에 절연 불량을 판별해 낼 수 있다.

해설

절연 저항 시험은 전기적으로 절연되어 있는 어느 두 지점 사이의 절연 저항을 측정하는 테스트로 전류의 흐름을 방해하기 위한 전기적 절연이 얼마나 효과적으로 되어 있는가를 판정한다.

75 다음 로고가 의미하는 것?

① 유럽공동체 안전 인증
② 미국 연방정부 전파 인증
③ 중국 안전 및 품질 인증
④ 일본 전기용품 안전 인증 기준

해설

대한민국	전기용품안전인증 (KC)	KC
미국	미국 연방정부 안전기준 (UL)	UL
미국	미국 연방정부 전파인증 (FCC)	FCC
유럽	유럽공동체 안전 인증(CE)	CE
일본	일본 전기용품 안정인증기준 (PSE)	PSE
중국	중국 안전 및 품질인증 (CCC)	CCC

76 3D프린터 출력 품질 및 성능을 높이기 위해 고려해야할 사항으로 거리가 먼 것은?

① 출력물의 형상과 규모, 사용하는 소프트웨어 종류에 따라 다양한 설정이 존재할 수 있다.
② 출력속도에 따라 압출구멍이 막힐 수도 있기 때문에 재료와 관계없이 속도를 느리게 설정해 주어야 한다.
③ 노즐과 베드의 간격이 너무 가까우면 베드면에 노즐이 막힐 수 있기 때문에 노즐과 베드 사이에 적정한 간격 유지가 필요하다.
④ 3D프린터에서 비용, 시간, 품질 등은 서로 Trade Off 관계이며 모든 요구를 만족시키는 세팅은 존재하지 않는다.

77 외부로부터 전자파 간섭 또는 교란에 의해 전자 회로의 기능이 약화되거나 동작의 불량 여부를 평가하는 시험은?

① EMA 시험　② EMI 시험
③ EMR 시험　④ EMS 시험

> **해설**
> EMC 시험의 하부 개념으로 전자파 장애(Electro Magnetic Interference; EMI) 시험과전자파 내성(Electro Magnetic Susceptibility; EMS) 시험

78 파레토 차트(Pareto Chart)의 활용에 대한 설명으로 틀린 것은?

① 문제의 원인을 파악하고 개선효과를 확인하기 위하여 사용된다.
② 조사 대상 결정, 점유율 계산, 그래프 작성 및 필요사항 기재로 이루어진다.
③ 어느 항목이 가장 문제가 되는지 찾아낼 수 있고, 문제 항목의 크기, 순위를 한눈에 알 수 있다.
④ 제품 및 프로세스의 발생 가능한 문제점 및 원인들을 사전에 예측하고 위험도를 평가하여 사전 예방이 가능하도록 한다.

> **해설**
> 개선 항목의 우선순위를 결정하고, 문제점의 원인을 파악하고, 개선 효과를 확인하기 위하여 사용된다.

79 3D프린터 성능검사항목 체크리스트 작성 시 포함되어야 할 사항과 거리가 먼 것은?

① 실외 온도　② 적층 두께
③ 프린팅 속도　④ 사용 필라멘트

80 일종의 가혹 조건 시험법으로 3D프린터 출력시 불량이 발생하기 쉬운 다양한 형상을 정의하여 출력하고 그 품질을 평가하는 성능검사 방법은?

① Best test
② Torture test
③ Support test
④ Extrusion test

> **해설**
> 출력물의 품질을 평가함으로써 3D프린터의 성능을 검사하는 방법이다.

정답 | 76. ② 77. ② 78. ④ 79. ① 80. ②

국가기술자격검정 필기시험문제

2019년 산업기사 제4회 필기시험

자격종목 및 등급(선택분야)	종목코드	시험시간	문제지형별	수험번호	성명
3D프린터개발산업기사		2시간			

※ 답안카드 작성시 시험문제지 형별누락, 마킹착오로 인한 이익은 전적으로 수검자의 귀책사유임을 알려드립니다.

제 1 과목 : 3D프린터 회로 및 기구

01 서보모터 시스템의 제어방식은?

① 아날로그 제어(Analog control)
② 시퀀스 제어(Sequence control)
③ 개루프 제어(Open-loop control)
④ 폐루프 제어(Closed-loop control)

[해설]
모터만 의미하는 것이 아니라 지령을 받고 이를 수행하는 시스템을 서보모터 시스템이라 칭한다.

02 회로 도면에서 수정 발진기(Crystal Oscillator)를 나타내는 부품 기호는?

[해설]

LED	
스위치	
저항	
가변저항	
콘덴서/축전기	
Cds	
트랜지스터	

03 다음 회로에 대한 설명으로 틀린 것은?

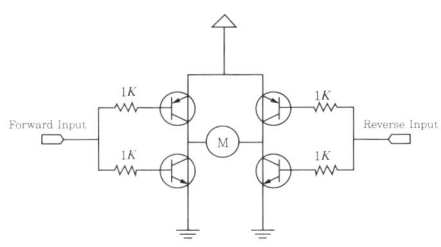

① B-bridge 회로이다.
② DC 모터와 스테핑 모터 모두 사용할 수 있다.
③ 정회전, 역회전, 정지 기능을 수행할 수 있다.
④ 작은 전압으로 트랜지스터를 스위칭할 수 있다.

해설

H-bridge는 4개의 스위칭 소자로 구성되어 있고, 외형상 2개의 스위칭 소자가 붙어 있는 모습이 알파벳 H와 유사하여 통상 H- bridge회로로 통해지며, 작은 전압으로 큰 전압이나 전류로 증폭할 수 있는 증폭 기능과 전류 방향을 전환할 수 있는 방향 전환이 있어서 보통 DC 모터나 Stepper 모터 등 모터의 드라이버로 활용

04 초음파 센서에서 초음파의 특징으로 적합하지 않은 것은?

① 초음파의 속도는 전파보다 빠르다.
② 초음파의 파장이 짧다.
③ 매질이 다양하다.
④ 사용이 용이하다.

해설

초음파의 속도는 전파보다 느리다.

05 검사용 지그제작 시 유의 사항으로 옳은 것은?

① 모터와 드라이버는 고전압, 고전류에 노출되므로 주의해야 한다.
② 센서는 외부 노이즈에 강하므로 극성만 주의하여 연결한다.
③ 결손의 오류는 전원을 인가하여 동작 상태를 확인한 후 수정하면 된다.
④ 온도센서는 모터의 과열을 측정하기 위해 사용하므로 모터에 부착하여 결선한다.

해설

- 결선의 오류 시 심각한 파손 및 화재의 위험이 있으니 안전에 유의해야 한다.
- 센서류는 외부 노이즈나 충격에 약하므로 취급에 주의를 기울여야 한다.

06 그림과 같은 회로에서 a, b 양단의 전압 Vab는 몇 V인가?

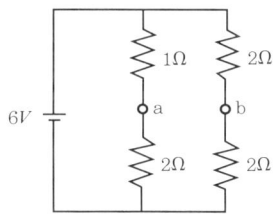

① 1   ② 2
③ 3   ④ 6

해설

$Va = \frac{1}{1+2} \times 6 = 2$, $Vb = \frac{1}{2+2} \times 6 = 3$,
3-2=1

07 다음 중 도면에서 선이 겹칠 경우 표시하는 우선 순위가 가장 높은 선은?

① 숨은선　　② 중심선
③ 무게중심선　④ 치수보조선

해설

• 선의 우선 순위
외형선 → 숨은선 → 절단선 → 중심선 → 무게 중심선 → 치수 보조선

08 회로에 사용되는 정현파의 주기가 10ms일 때 주파수는 얼마인가?

① 1 Hz　　② 10 Hz
③ 100 Hz　④ 1 kHz

해설

$$f = \frac{1}{T} = \frac{1}{10*10^{-3}} = 0.1[kHz] = 100[Hz]$$

09 소자의 연결에 대한 설명으로 옳은 것은?

① 두 개의 저항을 직렬 연결하면 전체 저항은 감소한다.
② 두 개의 저항을 직렬 연결하면 각 저항의 전압은 같다.
③ 두 개의 커패시터를 직렬 연결하면 전체 용량은 감소한다.
④ 두 개의 인덕터를 직렬 연결하면 전체 인덕턴스는 감소한다.

10 측정자가 눈금을 잘못 읽었거나 기록자가 잘못 기록하여 일어나는 경우 등 측정자의 부주의에 의해 발생하는 오차는?

① 과실오차　② 이론오차
③ 기기오차　④ 우연오차

11 3D프린터용 플라스틱 소재 중 PLA(Polylacticacid)에 대한 설명으로 틀린 것은?

① 옥수수 전분을 기반으로 한 바이오 플라스틱(생분해성)으로 인체에 무해하다.
② 3D프린터 소재 중 융점이 가장 낮다.
③ 열 수축 현상이 적어 큰 사이즈 출력물에도 적합하다.
④ 인장 강도, 내마모성, 내열성이 우수하다.

해설

인장 강도, 내마모성, 내열성 우수 (Engineering plastic)-)PA (Polyamide, Nylon)

12 다음 검사용 장비 중 자석이나 기계장치 내부의 자력을 측정하는 장비는?

① 가우스미터　② 암페어미터
③ 벨트 텐션미터　④ 마이크로미터

해설

- 정밀 수준기
　제품의 수평을 측정할 때 사용된다. 주로 건축용에서 사용되지만 정밀 수준기는 수평에 대한 정밀도가 건축용에 비해 더 높으며 기계 설치 및 기계 내부의 평면 상태를 측정할 때 사용된다.
- 벨트 텐션미터
　벨트 장력 측정, 자동차, 와이어, 케이블 등 산업에서 텐션 측정이 필요한 곳에 사용된다. 벨트텐션미터를 이용해 벨트의 텐션, 즉 장력을 측정하여 적절한 장력값인지 확인할 수 있다.
- 가우스미터
　자석이나 기계 장치 내부의 자력을 측정하는 장비이다. 자기력 선속밀도 측정 기구라고도 하며 자기력 선속밀도의 단위가 가우스(G)이기 때문에 가우스미터라고 칭한다. 보통 2~3만 가우스까지 자기력 선속밀도를 측정할 수 있다.
- 경도계
　제품의 경도를 측정하는 장비로서, 강하게 눌러 표면의

영구 변형을 확인하거나, 반발력을 측정하는 방법을 이용하여 재료의 기계적 굳기를 측정하는 장비이다. 경도계의 종류는 로크웰 경도기, 브리넬 경도기, 비커스 경도기, 쇼어 경도기 등 다양한 종류를 가지고 있다. 경도계별로 시험하는 재료의 종류나 시험 방법이 다르므로 시험할 재료와 시험 방법을 확인한 후 적합한 경도계를 선택하여 시험한다.

- 베어링 진단기
베어링 진단기는 베어링 마모 상태와 같은 작동 상태를 진단하거나 베어링 내부의 윤활유 상태를 진단할 수 있는 장비이다. 이 장비를 이용하게 되면 베어링의 예방 진단이 가능하여 교체 시기를 확인하고 베어링의 유지 보수에 도움을 준다.

- 코팅 두께 측정기
코팅 두께 측정기는 장비 이름 그대로 제품에 코팅된 코팅의 두께를 측정하는 장비이다. 도막 두께 측정기라고도 하며 페인트, 에나멜, 구리, 크롬 등의 제질이 코팅된 제품의 코팅 두께를 측정한다. 마이크론(μm) 단위로 측정이 가능하며, 대부분의 측정기가 비파괴 방식으로 두께 측정 검사를 진행한다.

- 토크 미터
동력이 사용되는 제품에 토크를 측정하는 장비이다. 동력이 발생하는 축의 토크를 측정하며 비틀림 동력계라고도 한다. 동력을 부하로 전달하는 축의 회전력에 비례한 비틀림을 측정하여 값을 구한다. 토크를 구하는 방법으로는 기계적으로 측정하는 방법, 광학을 이용한 방법, 전기 저항선 변형 게이지에 의한 방법 등이 있다.

- 진동 측정기
검사하는 제품에서 발생하는 진동을 측정하는 장비이다. 제품에서 발생하는 진동의 변위, 속도, 가속도를 측정하는 장비이며 측정 방법에 따라 기계적, 광학적, 전기적 진동계로 구분된다.

13 3D프린팅 소재의 물성시험을 결정하기 위한 주요 표준에 해당되지 않는 것은?

① DIN(독일표준규격)
② ISO(국제표준화협회)
③ IEC(국제전기기술위원회)
④ ASTM(미국재료시험협회)

14 3D프린터의 주요 부품 중 다음 그림에 해당하는 부품은?

① 감속장치   ② 익스트루더
③ 스테핑 모터 ④ 핫엔드 노즐

15 다음 중 각각의 용어의 대한 설명으로 틀린 것은?

① 수지는 초기의 고분자 재료가 식물이나 나무에서 추출된 것에 기인한 용어이다.
② 포화 탄화수소는 탄소와 수소가 결합된 형태로 공유결합에 의해 결합되어 있다.
③ 불포화 탄화수소는 포화 탄화수소에서 인접한 수소원자 중 일부가 빠져나가고 대신 탄소 원자 간에 4중 또는 5중 결합을 갖는 경우에 해당된다.
④ 고분자는 일반적으로 분자량이 10000 이상인 큰 분자를 말하며, 분자량이 낮은 단량체가 분자결합으로 수없이 많이 연결되어 이루어진 높은 분자량의 분자를 의미한다.

해설

불포화 탄화수소는 포화 탄화수소에서 인접한 수소 원자 중 일부가 빠져나가고 대신 탄소 원자 간에 2중 또는 3중 결합을 갖는 경우(C_nH_{2n} 형 혹은 C_nH_n 형)에 해당된다. 이러한 형태를 단량체(Monomer)라고 부르며 고분자를 구성하는 가장 기본적인 분자 구조에 해당한다.

16 바인더 제팅(Binder Jetting) 공정과 유사한 별도의 서포트 재료가 없는 공정은 무엇인가?

① SLA 방식 공정
② FDM 방식 공정
③ SLS 방식 공정
④ 압전 제팅 방식 공정

17 다음 설명에 해당되는 플라스틱 종류는?

> · 착색, 광택처리, UV 코팅 등이 가능
> · 열 수축 현상 때문에 정밀한 조형 모델 구현 곤란
> · 표면조도를 개선하려면 후처리가 필요하며 가열 시 냄새가 남

① PC   ② ABS
③ PVA ④ HDPE

해설

- PLA (Polylactic acid)
· 옥수수 전분 기반 바이오 플라스틱(생분해성)으로 인체에 무해
· 3D프린터 소재 중 융점이 가장 낮음(180~230℃)
· 열 수축 현상이 적어 큰 사이즈 출력물에도 적합
· 내구성이 떨어지고 표면 처리 및 도장 등 후공정이 어려움
- ABS (Acrylonitrile Butadiene Styrene)
· 융점: 210~260℃
· PLA에 비해 강도, 열에 대한 내구성, 가격 경쟁력이 우수
· 열 수축 현상이 일어나 정밀한 제품 출력이 어려움 (베드 가열 필요)
· 제품 출력 후 증착, 착색, 광택 처리, UV코팅, 도금이 가능
· 작업 시 냄새가 심해 환기 필요
- PA (Polyamide, Nylon)
· 융점: 235~270℃
· 인장 강도, 내마모성, 내열성 우수 (Engineering plastic)
· 유연성이 좋으며 표면 깔끔함
· 3D프린팅용 필라멘트에는 저융점 고분자인 PA11,12가 주로 사용
· 필라멘트 전문 생산업체인 미국 Taulman社에서 'Taulman3D618Nylon' 출시
- PC (Polycarbonate)
· 융점 270~300℃, 유리 전이 온도 150℃
· 내열성과 내구성 우수 (Engineering plastic)
· 열 수축 현상이 심해 정밀한 제품 출력이 어려움 (가열 챔버 필요)
· 개인용 프린터에서는 작업이 불가하여 산업용 프린터에서 사용 가능
- PC-ABS
· 융점 270~300℃, 유리 전이 온도 150℃
· PC의 장점인 강도와 내열성, ABS의 장점인 유연성 추구
· 충격 강도 우수
· 개인용 프린터에서는 작업이 불가하여 산업용 프린터에서 사용 가능
- PEI (Ultem9085)
· 융점 300℃ 이상, 유리 전이 온도 186℃
· PC의 장점인 강도와 내열성, ABS의 장점인 유연성 추구
· 열 수축 현상이 심해 정밀한 제품 출력이 어려움 (가열 챔버 필요)
· 개인용 프린터에서는 작업이 불가하여 산업용 프린터에서 사용 가능
- PVA (Polyvinyl alcohol)
· 융점: 200℃ 내외
· 물에 용해되는 재료로 수용성 지지대(Support) 제작 시 활용

18 제1각법과 제3각법의 설명으로 틀린 것은?

① 제1각법은 투상면의 앞쪽에 물체를 놓고 투상한다.
② 제3각법은 투상면의 뒤쪽에 물체를 놓고 투상한다.
③ 제3각법은 정면도를 기준으로 하여 평면도를 정면도의 위쪽에 배치한다.
④ 제1각법은 정면도를 기준으로 하여 우측면도를 정면도의 우측에 배치한다.

해설

제1각법 : 눈 → 물체 → 투상면
제2각법 : 눈 → 투상면 → 물체

19 제어신호의 흐름에서 신호처리 과정을 순서대로 바르게 나타낸 것은?

① 입력부-제어신호변환기-제어부-출력부
② 입력부-제어부-제어신호변환기-출력부
③ 제어부-입력부-출력부-제어신호변환기
④ 제어부-입력부-제어신호변환기-출력부

20 3D프린터 하드웨어 구성에서 Electronics Part에 속하지 않는 것은?

① Controller
② End Stops
③ Firmware
④ Heated Sensor

제 2 과목 : 3D프린터 장치

21 다음에서 설명하는 3D프린터 방식은?

( )은(는) 디지털 광학 기술을 응용하여 광경화성 수지를 사용하며, 단면을 한 번에 경화시켜서 출력속도가 상대적으로 빠른 방식으로 정밀도가 높은 제품 제작이 가능하여 보석, 보청기, 의료기기 등에 적용되는 방식이다.

① DLP
② FDM
③ MJM
④ SLS

22 이송장치의 구성 요소 중 동력전달장치와 직접적인 관련이 없는 것은?

① 볼 스크루
② 선형 엔코더
③ 기어벨트 조합
④ 직선 이송 가이드

해설

선형 엔코더는 이송 방향으로 이송축의 커버 등의 외부 구조물에 주로 부착이 되어 있는 매우 미세한 자(scale)를 광학, 자기, 정전 용량 등의 방식으로 읽어낸다.

정답 | 18. ④ 19. ① 20. ③ 21. ① 22. ②

23 광학렌즈의 초점거리가 50mm이고, 렌즈로부터 물체까지의 거리가 1m 일 때, 렌즈로부터 이미지가 맺히는 거리는 약 얼마인가?

① 47.6mm ② 50mm
③ 52.6mm ④ 100mm

해설

$$\frac{1}{1000} + \frac{1}{b} = \frac{1}{50}, b = 52.6$$

24 서로 다른 공정들을 복합화한 하이브리드 3D프린터의 구성 목적으로 가장 거리가 먼 것은?

① 여러 색상의 재료를 동시에 사용
② 절삭, 연삭 등 전혀 다른 가공 기술과의 복합화
③ 한 공정의 단점을 보완하기 위한 다른 공정을 추가
④ 기존의 3D프린팅 공정으로는 불가능한 부품을 제작

해설

하이브리드는 이종의 개체에서 새로운 개체가 생성되는 것을 나타내는 용어이다. 즉, 3차원 프린팅에서 이종 기술을 토대로 새로운 기술 혹은 이전에 없던 기능을 가진 공정을 개발하는 것이라고 할 수 있다.

25 광학모듈 설계에서 가우스 분포를 가진 레이저 빔의 초점 심도(depth of focus)에 대한 설명으로 틀린 것은?

① 레이저의 파장에 반비례한다.
② 광학계의 초점거리의 제곱에 비례한다.
③ 광학계에 입사하는 레이저 빔의 직경의 제곱에 반비례한다.
④ 초점심도는 빔의 직진방향에서 초점이 생성되는 구간을 의미한다.

해설

$$2W_0 = \left(\frac{4\lambda}{\pi} \cdot \frac{F}{D}\right)$$

$$DOF = \left(\frac{8\lambda}{\pi} \cdot \frac{F}{D}\right)^2$$

26 Photopolymerization 방식(a)과 Power Bed Fusion 방식(b) 3D프린터에 주로 사용되는 광원의 파장영역은?

① a : 자외선, b : 자외선
② a : 자외선, b : 적외선
③ a : 적외선, b : 자외선
④ a : 적외선, b : 적외선

27 FDM 방식 3D프린터에서 설계된 노즐을 평가하기 위한 항목이 아닌 것은?

① 노즐 온도
② 노즐의 치수
③ 재료의 토출 속도
④ 노즐의 동작 주파수

해설

동작 주파수는 제팅 방식의 검사 항목

28 다음 3D프린터 방식 중 빌드 장치와 조형 받침대의 직접적인 수평 맞춤 공정이 필요 없는 것들로 묶인 것은?

① CJP, FDM
② FFF, SLA
③ FDM, SLA
④ SLA, SLS

해설
광조형 방식에서는 별도의 수평 맞춤 공정이 없다.

29 FDM과 DP(Direct Print)를 결합한 하이브리드 3D프린터에 대한 설명이 아닌 것은?

① DP(Direct Print) 공정으로 PCB의 전극을 형성할 수 있다.
② 고강도 플라스틱 기판과 실버잉크로 전극을 제작할 수 있다.
③ FDM 공정으로 상하층에 성형을 하고 초음파를 이용하여 결합할 수 있다.
④ 열가소성 수지와 열경화성 수지를 동시에 성형할 수 있다.

해설
FDM과 Ultrasonic Consolidation(UC)를 이용한 하이브리드 UC는 금속 박판을 초음파 에너지를 이용해서 기판 혹은 이전의 층과 접합시키고 CNC를 이용해서 필요 없는 부분을 잘라내면서 3차원으로 성형하는 공정이다. 이 공정은 얇은 금속 박판 사용하여 상하로 초음파 진동하는 로터에 의해서 아래층과 접합이 되는데, 바로 아래층에 가공된 재료가 없을 경우, 즉 서포트 재료가 없을 경우에는 UC공정으로 인해서 재료의 처짐 현상이 발생한다.

30 다음 부품으로 구성되는 FDM 방식 3D프린터의 장치는?

· 호퍼   · 스크루
· 모터   · 온도 제어기

① 교반 장치
② 집진 장치
③ 필라멘트 압출기
④ 필라멘트 수집 장치

해설
재료를 공급할 수 있는 호퍼(hopper), 재료를 녹여서 잘 교반할 수 있는 스크류와 이를 구동할 모터, 그리고 모터 및 온도 제어기로 구성되어 있다.

31 별도의 후처리 공정을 통하여 사용한 재료의 재사용이 가능한 방식으로 묶인 것은?

① SLA, FDM
② SLA, CJP
③ SLS, FDM
④ SLA, SLS

32 이송장치에서 한 번의 단위 신호로 움직일 수 있는 최소 이송 거리를 무엇이라 하는가?

① 백래시
② 반복 정밀도
③ 이송 분해능
④ 이송 정밀도

해설
- 이송 분해능 : 한 번의 단위 신호로 움직일 수 있는 최소 이송 거리를 의미한다.
- 이송 정밀도 : 특정 거리 이동에 대한 명령, 즉 입력 신호가 들어왔을 때 실제 이동된 위치와 입력 위치 사이의 오차를 의미한다.
- 반복 정밀도 : 일정한 두 위치를 반복적으로 이동하였을 때 위치 간에 발생하는 오차의 최대치이다.

33 DMLS와 CNC 공작기계를 이용한 하이브리드 3D프린터에 관한 설명으로 틀린 것은?

① DMLS는 분말에 접착제를 분사하는 공정이다.
② CNC 공작기계 가공은 매 층 혹은 수 층마다 가공될 수 있다.
③ 담금질이나 템퍼링 등 열처리도 함께 복합화할 수 있다.
④ DMLS로 제조된 부품의 표면을 매끄럽게 가공하기 위하여 CNC 공작기계 가공이 필요하다.

34 다음 중 FDM 방식 3D프린터에 관련된 장치가 아닌 것은?

① 핫 엔드
② 노즐 팁
③ 히팅 롤러
④ 재료 공급 장치

35 FDM 방식 3D프린터 동작 중 수평맞춤이 안 되었을 때의 고장 증상으로 볼 수 없는 것은?

① 노즐이 베드와 거리가 멀어서 필라멘트가 토출이 되지 않는 증상
② 노즐 팁이 조형 받침대에 충돌하여 부러지거나 긁히는 증상
③ 필라멘트가 적층 진행 방향 대비 측면 방향으로 찌그러지는 증상
④ 일부 영역은 적층이 되지만 허용가능 적층높이를 초과하는 영역에서는 필라멘트가 조형받침대에 부착되지 않는 증상

36 전사방식 3D프린터의 광학계에서 미세한 마이크로미러가 특정 방향으로 회전하면서 빛의 반사 경로를 제어하는 패턴 생성기를 무엇이라고 하는가?

① CCD
② DMD
③ LCD
④ LMD

해설

패턴 생성기는 크게 LCD와 DMD가있다. LCD는 액정들의 배치를 제어해서 특정 셀에서 빛을 투과시키거나 막을 수 있으며, 이를 이용해서 광 패턴을 형성할 수 있다. 이와는 달리, DMD에서는 매우 미세한 마이크로미러가 특정 방향으로 회전하면서 빛의 반사 경로를 제어할 수 있다.

37 하이브리드 3D프린터의 빌드 장치 설계 시 설계 규격서에 포함될 항목으로 가장 거리가 먼 것은?

① 이송 거리
② 최대 토크
③ 예상 수명시간
④ 최대 가공 속도

해설

- 성능 : 최종 성형품에 대해서 정밀도, 속도 등에 대한 정보를 포함한다.
- 이송 거리 : CNC 장비 및 로봇의 각 축의 길이 및 이송/이동 가능 거리에 대한 정보를 포함시켜야 한다.
- 최대 가공 속도 : CNC 장비 및 로봇의 최대 가공/이송 속도를 포함시킨다.
- 최대 토크/힘 : CNC 장비의 스핀들 회전 속도와 최대 토크를 포함시킨다. 로봇의 경우에는 최대이송 하중을 기술한다.
- 툴 체인지 속도 : 툴 매거진을 이용하여 여러 개의 툴을 사용할 경우 툴 교환 속도를 포함시킨다.
- 그 외의 사양 : 윤활유, 전압, 작업 환경, 유지 관리에 대한 정보를 포함한다.

38 다음 중 빠른 위치 제어를 위한, 주사 장치의 성능을 결정하는 구성요소가 아닌 것은?

① 회전 속도
② 가감속 제어
③ 모터의 정밀도
④ 레이저 빔의 위치

해설

주사 장치는 정렬된 광을 원하는 재료 표면 위에 도달하게끔 위치 제어를 수행하며 동시에 속도 및 가속도를 제어한다. 빠른 위치 제어를 위해서 모터의 정밀도, 회전 속도 및 가감속 제어가 주사 장치의 성능을 결정하게 된다.

39 3D프린터의 이송장치 부품에 해당하지 않는 것은?

① 엔코더
② 기어, 벨트
③ 볼 스크루
④ 필라멘트 압출기

40 FDM 방식 3D프린터의 부품 중 노즐에 관한 설명으로 옳은 것은?

① 액체 상태의 재료를 사용할 수 있다.
② 재료의 액적을 형성하여 분사시킨다.
③ 토출 후 UV광선을 이용하여 경화시킨다.
④ 열가소성 수지를 용융시켜 밀어서 토출한다.

제 3 과목 : 3D프린터 프로그램

41 다음 시리얼 통신방식에서 풀 듀플렉스(Full-Duplex)의 특징으로 틀린 것은?

① 스마트 폰의 통신방식이 풀 듀플렉스이다.
② 풀 듀플렉스방식은 전이중 통신이라고 불린다.
③ 풀 듀플렉스방식은 단방향으로 순서에 따라 송신만 가능하다.
④ 반환시간이 필요 없으므로 두 통신 기기 사이에 매우 빠른 속도로 통신이 가능하다.

해설

풀 듀플렉스 방식은 전이중 통신이라고 불린다. 풀 듀플렉스 방식은 양방향으로 동시에 송수신이 가능하다. 반환시간이 필요 없으므로 두 통신 기기 사이에 매우 빠른 속도로 통신이 가능하다. 예를 들어 많이 사용하는 스마트 폰의 통신 방식이 풀 듀플렉스이다

42 슬라이스 프로그램에 대한 설명으로 틀린 것은?

① 3D모델을 물리적으로 번역한 것이다.
② 슬라이스 프로그램의 성능에 따른 출력물의 품질 차이는 없다.
③ 무료로 배포되고 있는 Cura와 같은 소프트웨어가 많이 이용되고 있다.
④ 사용되는 원료의 쌓는 경로와 속도, 압출량 등을 계산해서 G코드를 만들어낸다.

해설

슬라이서 프로그램의 종류에 따라 성능의 차이가 있어 출력물의 품질에도 차이가 발생한다.

정답 | 38. ④ 39. ④ 40. ④ 41. ③ 42. ②

43 G코드와 M코드에 대한 설명으로 틀린 것은?

① G코드의 지령 숫자는 1에서 99까지이며, 지령 숫자에 따라서 의미가 다르다.
② G코드는 기능에 따라서 연속 유효 G코드와 1회 유효 G코드로 분류할 수 있다.
③ 공구의 이동이나 가공, 기계의 움직임 등의 제어를 위해 준비하는 중요한 기능을 G기능이라고 한다.
④ 프로그램 제어 및 NC 기계의 보조 장치 On/Off 작동을 수행하는 보조 기능을 M기능이라 한다.

[해설]

지령 숫자는 0~99까지이다.

44 4세대 언어의 특징이 아닌 것은?

① EDP 전문가가 사용할 시 유지가 편리하다.
② 컴파일러 언어와 같이 습득이 어렵지 않은 간이 언어이다.
③ 복잡한 EPDPS를 용이하게 개발할 수 있는 고급 언어이다.
④ 고급 언어는 호환성이 없고 전문적인 지식이 없으면 이해하기 힘들다.

[해설]

- 컴파일러 언어와 같이 습득이 어렵지 않은 간이 언어이다.
- 처리 절차가 간단하다.(비절차형 언어)
- 일반인이 사용하기에도 쉬운 언어이다.
- 복잡한 EPDPS를 용이하게 개발할 수 있는 고급 언어이다.
- EDPS의 개발에 이용할 수 있는 범용 언어이다.
- EDP 전문가가 사용할 시 생산성을 향상시킨다.
- EDP 전문가가 사용할 시 유지가 편리하다.
- EDP 전문가가 사용할 시 환경 독립성을 지니고 있어 이익 창출에 용이하다.

45 3D프린터 제어용 마이크로프로세서에 대한 설명으로 틀린 것은?

① 마이크로프로세서에서 처리하는 프로그램 명령어는 기계코드이다.
② 명령사이클(Instruction cycle)은 페치사이클(Fetch cycle)과 실행사이클(Execution cycle)로 구성된다.
③ 페치사이클은 명령 해독 결과에 따라 명령에서 정해진 타이밍 및 제어 신호를 순차적으로 발생하여 주어진 명령을 실행하는 단계이다.
④ 3D프린터 제어 프로그래밍은 프로그램이 개발되는 환경과 실행되는 환경이 다른 크로스 플랫폼 개발 환경(cross-platform development environment)이다.

[해설]

실행 사이클에서는 명령 해독 결과에 따라 명령에서 정해진 타이밍 및 제어 신호를 순차적으로 발생하여 주어진 명령 실행 단계이다.

46 위치 P1에서 위치 P2로 이동하기 위한 G코드 이동 명령 프로그램으로 옳은 것은?

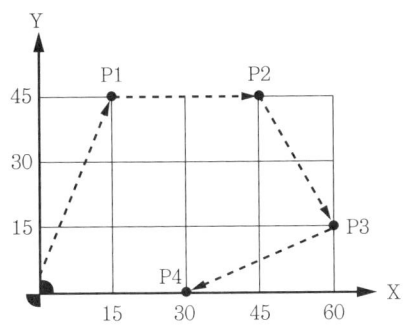

① G90 G00 X30.0 Y0.0
② G91 G00 X30.0 Y0.0
③ G90 G00 X30.0 Y45.0
④ G91 G00 X45.0 Y45.0

[해설]
G91은 직전 좌표를 기준으로 상대 위치 값으로 작동함.

47 3D프린터에 설치된 모터를 구동하여 노즐이 툴 패스를 따라 이동할 수 있도록 명령어를 생성하는 코드명은?

① C코드 ② N코드
③ G코드 ④ Z코드

48 재료 분사(Material Jetting, MJ) 방식에 대한 설명으로 옳은 것은?

① 프린터 제팅 헤드에 있는 미세 노즐에서 재료를 분사하면서 자외선으로 경화시켜 형상을 제작한다.
② 얇은 필름 형태의 재료나 얇은 두께의 종이, 롤 상태의 라미네이트 등과 같은 재료를 사용한다.
③ 특수 시트에 도포된 광경화성 수지에 프로젝터를 이용해 출력할 영상 데이터를 면(plane)단위로 조사하여 경화한다.
④ 베드에 분말을 얇고 편평하게 적층하는 방식과 잉크젯으로 접착제를 분사하는 방식이 상호 결합한 기술 방식이다.

[해설]
수백개 이상의 미세 노즐을 함유한 헤드가 원하는 단면에 해당되는 노즐에서 광경화성 수지 액적이 토출되며, 토출된 수지 액적은 헤드와 함께 이송하는 자외선 램프에서 조사된 자외선에 의해 경화되어 단면을 제작하는 방식이다. 이때 광경화성 수지는 해당 자외선 파장에서 경화되는 수지가 사용된다.

49 컴퓨터로 문제를 해결할 경우 알고리즘 형식으로 프로그램을 작성하는데 이러한 알고리즘의 조건으로 틀린 것은?

① 입력: 외부로부터 제공되는 자료이다.
② 출력: 절대적으로 한 가지 이상의 결과가 발생한다.
③ 명백성: 수행하는 명령들은 명백하고 수행 가능한 것이어야 한다.
④ 유한성: 알고리즘 수행 후 한정된 단계를 거쳐 처리된 후에 알고리즘은 종료된다.

[해설]
- 입력 : 외부로부터 제공되는 자료
- 출력 : 절대적으로 한 가지 이상의 결과가 발생한다.
- 명백성 : 명령들은 각각 명백해야 한다.
- 유한성 : 알고리즘 수행 후 한정된 단계를 거쳐 처리된 후에 알고리즘은 종료된다.
- 효과성 : 수행하는 명령들은 명백하고 수행 가능한 것이어야 한다.

정답 | 46. ② 47. ③ 48. ① 49. ③

50 인터프리터 언어의 특징이 아닌 것은?

① 프로그래밍을 대화식으로 할 수 있다.
② 고급 프로그램을 즉시 실행시킬 수 있다.
③ 프로그램의 개발단계에서 사용된다.
④ 고급 명령어들을 직접 기계어로 번역하지 않고 실행시킬 수 있다.

51 3D프린터를 이용하여 프린팅 작업을 하기 전에 가장 기초가 되는 항목은?

① 툴 패스
② 제어코드
③ 3D 캐드모델
④ 슬라이싱 파일

52 사용자와 컴퓨터 간의 정보를 주고받기 위하여 프로그램이 상호작용하는 것을 뜻하는 것은?

① 코딩
② 컨버터
③ 인터페이스
④ 인터프리터

53 3D프린터에서 원하는 값에 도달하기 위한 기초적인 자동 피드백 제어 방법은?

① PID
② PAM
③ PWM
④ SMPS

54 다음 중 3차원 모델의 형상 정보를 담고 있는 CAD 설계 데이터로 3D프린터 슬라이서 프로그램에서 주로 사용하는 파일 포맷은?

① DWG
② IGES
③ STL
④ STEP

55 송신기에서 ASCⅡ코드 1100101에 이븐(Even) 패리티를 사용하여 전송할 경우에 알맞은 데이터는?

① 11001010
② 11001011
③ 11100100
④ 11100101

해설

패리티 비트란 직렬 데이터 전송에서 데이터 라인 종류와 관계없이 에러가 발생하는데 이 에러를 검출하기 위한 방법으로, 데이터에 포함된 "1"의 수를 세어서 그 합이 짝수인지 홀수인지에 따라 패리티 비트 값을 결정하는 방법이다. 짝수일 때를 이븐 패리티, 홀수일 때를 오드 패리티라고 한다. 이븐 패리티를 사용할 때 전송되는 데이터를 포함하여 "1"개수가 짝수가 아니면, 패리티 비트를 "1"로 만들어 짝수가 되도록 개수를 맞춰 준다.

56 다음 그림에서 레지스터의 동작을 입력이나 출력으로 결정하는 것은? ①

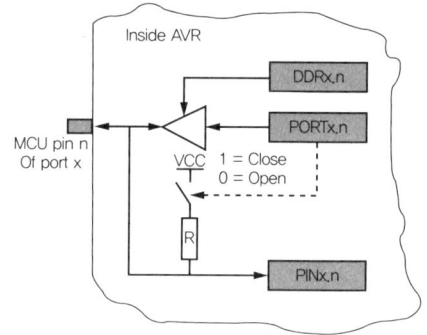

① DDRx.n
② PORTx.n
③ VCC
④ PINx.n

해설

MCU 내부에는 스위치 소자인 TR이 있고 이의 동작에 대한 설정은 레지스터가 출력으로 동작할지 입력으로 동작할지 결정한다. 출력일 경우 TR 기능을 이용하여 Vcc의 인가 혹은 단락으로 on/off를 스위칭하고, 만약 입력의 경우는 비교 기능을 이용하여 High/Low를 판별하도록 동작한다.

57 다음 중 FDM 방식 3D프린터의 경우 익스트루더에 반드시 필요한 센서는?

① 습도센서 ② 온도센서
③ 이미지센서 ④ 초음파센서

해설

온도 센서는 3D프린터 주변 장치 중 매우 중요한 장치이다. FDM 방식 3D프린터의 경우 필라멘트를 열을 이용하여 녹이기 때문에 온도가 매우 중요하기 때문이다. 베드의 온도도 필라멘트의 재료에 따라서 조절이 필요하기 때문에 온도 센서는 없어선 안될 장치이다.
온도 센서는 접촉식과 비접촉식으로 나뉜다. 접촉식은 온도 측정점의 열전도를 통해 센서가 온도를 인식하여 온도가 측정된다. 비접촉식은 온도 측정점의 열방사를 통해 센서가 온도를 인식하게 된다.

58 다음 중 리눅스 커널(Kernel)에 대한 설명으로 옳은 것은?

① 여러 가지의 내장 명령어를 가지고 있다.
② 사용자와 터미널을 통한 인터페이스를 지원한다
③ 하드웨어 제어를 위한 디바이스 드라이버를 포함한다.
④ 사용자 명령을 입력받아 시스템 기능을 수행하는 명령어 해석기이다.

59 3D프린터의 노즐과 프린팅 베드의 위치가 정확히 제어되도록 처리하는 수치 제어용 프로그램 언어의 규격은?

① RS-232
② RS-274
③ RS-485
④ IEEE-1284

해설

RS-274 규격은 대부분의 수치제어에서 사용되는 프로그래밍 언어이다.

60 노즐의 온도를 190℃로 설정하는 G코드는?

① M104 S190 ② M106 S190
③ M109 S190 ④ M140 S190

해설

M140 : 베드(플랫폼) 온도 설정

제 4 과목 : 3D프린터 교정 및 유지보수

61 3D프린팅 작업환경에 대한 설명으로 틀린 것은?

① 3D프린팅 작업장 내에서는 식사, 음료 섭취가 없어야 한다.
② 모든 표면 작업은 산도가 높은 휘발성 물질로 습식청소를 해야 한다.
③ 사용되는 자재에 따라 다양한 종류의 화학증기가 발생할 수 있다.
④ 일반적으로 PLA소재가 ABS소재보다 위험성이 적다.

해설

건식청소

정답 | 57. ② 58. ③ 59. ② 60. ① 61. ②

62 3D프린팅 회사의 장비생산 공정에서 작업자의 불안전한 행동을 유발하는 상황이 자주 발생하고 있다. 이를 해결하기 위한 개선의 ECRS가 아닌 것은?

① Combine   ② Standard
③ Eliminate ④ Rearrange

해설

ECRS란 개선활동을 위해 '배제, 결합, 재편성, 단순화'의 네 가지 관심에서 생각하는 것
E : Eliminate, C : Combine, R : Re-arrange, S : Simplify

63 무재해운동의 기본이념 3원칙 중 다음 설명으로 옳은 것은?

> 직장내에 모든 잠재위험요인을 적극적으로 사전에 발견, 파악, 해결함으로써 뿌리에서부터 산업재해를 제거하는 것

① 무의 원칙   ② 선취의 원칙
③ 참가의 원칙 ④ 확인의 원칙

64 전기용품 안전관리 제도를 설명한 내용 중 옳은 것은?

① 전기용품 안전관리법에 의거 시행되는 강제 인증 제도로서 대상 전기용품의 안전 인증을 받아야 제조,판매가 가능하도록 하는 제도이다.
② 전기용품 안전확인제도는 안전관리 절차를 차등 적용하기 위해 도입하여 2015년 1월 1일부터 시행되었다.
③ 공급자 적합성 확인제도는 안전 확인 대상 전기용품 중 A/V기기 등 고위험 품목을 우선적으로 적용하였다.
④ 공급자 적합성 확인제도는 제조업자가 공급자 적합성 시험결과서 및 공급자 적합확인서를 작성하여 최종 제조일로부터 2년간 비치해야 한다.

해설

- 2009년 1월 1일부터 시행.
- 안전 확인 대상 전기용품 중 A/V기기 등 저위험 품목(예. 3D프린터의 경우 직류42V, 교류 30V 이하)에 우선 적용하였으며, 점진적으로 대상을 늘려 갈 계획임
- 제조 업자는 공급자 적합성 확인 시험 결과서 및 공급자 적합 확인서를 작성하여 최종 제조일로부터 5년간 비치해야 함

65 신뢰성 검사 계획 수립 시 유의 사항이 아닌 것은?

① 제품의 외부 반출 여부
② 자체 검사 및 외부 의뢰 여부
③ 신뢰성 고장의 정의 및 시험 실시 항목
④ 표본 개수(제품 개수)와 시험 시간 및 비용

해설

- 신뢰성 고장의 정의, 시험 실시 항목
- 환경 스트레스의 종류, 시험 수준 수
- 표본 수(제품 개수), 시험 시간 및 비용
- 검사 방법 및 검사 장비
- 자체 검사 및 외부 의뢰 여부
- 고장 분석 결과의 피드백 방법

66 3D프린터의 신뢰성 시험이 필요한 이유는?

① 제품의 기능이 날로 단순해진다.
② 인증서를 요구하는 기관이 많아지고 있다.
③ 예상되는 불량을 조기에 검출할 필요는 없다.
④ 새로운 소재가 출현하고 기술 개발 속도가 빨라짐에 따라 기존의 품질 관리 기법으로는 제품의 품질을 보장하는 데 한계가 있다.

해설

- 제품의 기능이 날로 다양해지고 복잡해져 사용 과정에서 고장이 발생할 가능성이 높아짐(초기 품질은 우수하나 내구성이 저하되는 경우가 많음)
- 예상되는 불량은 조기에 검출하여 초기 고장 기간부터 마모 고장 단계까지 시장 불량률의 감소를 꾀하기 위하여 신뢰성 시험이 요구됨
- 새로운 소재가 출현하고 기술 개발 속도가 빨라짐에 따라 기존의 품질 관리 기법으로는 제품의 품질을 보장하는 데 한계가 있음

67 출력물 불량 발생 시 개선 방법에 대한 설명으로 틀린 것은?

① 출력물에 잔류 응력(Residual stress)이 발생되어 출력물이 휘게 된다. 이는 출력물의 형상 정밀도 저하를 초래하고 출력오류와 노즐손상까지도 발생할 수 있어 개발 시 유의해야 한다.
② 수축에 의한 휨 불량은 재료의 출력 온도가 낮을수록 더욱 심해지는데, 일반적으로 기계적 강도가 낮은 재료일수록 출력온도가 낮아야 하므로 유의해야 한다.
③ 출력물의 수축은 소재의 경우 PLA<ABS, 출력물의 경우 크기가 커질수록 많이 발생한다.
④ PC, PA 재료를 출력하기 위해서는 챔버를 사용하여 챔버 내부의 온도를 일정 온도 이상으로 제어해 주는 기능이 추가적으로 필요하다.

해설

수축에 의한 휨 불량은 재료의 출력 온도가 높을수록 더욱 심해지는데, 일반적으로 기계적 강도가 높은 재료일수록 출력 온도가 높아야 하므로 유의해야 한다.

68 전자파 장애(EMI) 시험 불합격 시 전원부의 EMI 대책으로 틀린 것은?

① 입력단에 설치하는 L과 C의 값을 적게 한다.
② 입력단자로부터 필터까지의 거리를 가능하면 짧게 유지한다.
③ 출력용 다이오드는 노이즈가 작은 것으로 교체한다.
④ 출력단 근처에 적절한 콘덴서를 추가하여 전원성 노이즈를 최소화한다.

해설

입력단에 설치하는 L과 C의 값을 크게 한다.

69 성능개선 보고서 작성 요소 중 가장 거리가 먼 것은?

① 성능 시험 문제점 현상 기술
② 성능 시험 문제점 원인 분석
③ 성능 시험 문제점 개선 방안 도출 및 검증
④ 성능 시험 문제점 개선결과 적용 보고서 작성

해설
- 성능 시험 문제점 현상 기술
- 성능 시험 문제점 원인 분석
- 성능 시험 문제점 개선 방안 도출 및 검증
- 개선 결과를 적용 계획 수립

70 3D프린터 안전점검 항목으로 거리가 먼 것은?

① 화학 물질들의 보관방법
② 신속한 작업을 위한 편안한 복장
③ 사용하는 물질 및 화학물질 안전 정보
④ 안전수칙에 의한 개인용 보호구 사용여부

71 전기용품 안전인증 신청 시 필수적으로 제출하여야 하는 서류인 것은?

① 기업 재무제표   ② 부품 사양서
③ 등기부등본   ④ 인감증명서

해설
- 사업자 등록증 사본
- 제품 설명서(사진 포함)
- 안전 확인 시험 결과서
- 대리인임을 증명하는 서류(대리인이 신청하는 경우)

72 3D프린터 장비의 유지보수 관리를 위한 기술조사 방법에 관한 설명으로 틀린 것은?

① 횡단조사는 특정한 표본이 가지고 있는 특성에 따라 집단을 분류한 표본을 활용하여 정보를 수집하는 조사방법이다.
② 인과조사는 특정 현상의 원인과 결과를 구체적으로 이해하거나 예측하고자 하는 경우에 사용하는 조사기법이다.
③ 종단조사는 조사 대상의 변화를 측정하는 것으로 일정한 간격을 두고 측정하여 동일한 표본을 일정한 시간으로 설정한 후 반복적으로 조사하는 기법이다.
④ 현장조사는 변수들 간의 인과관계를 명확하게 규명하여 변수들 간의 관계를 파악하는데 이용하는 조사기법이다.

73 3D프린터 체크리스트 항목이 아닌 것은?

① 노즐 온도를 설정
② 치수/크기를 선정
③ 베드/챔버의 가열 여부
④ 인터넷 연결 상태를 확인

해설
- 외형크기
- 출력물 크기
- 구동방식
- 사용 필라멘트
- 노즐 온도
- 베드 가열 사용 여부
- 챔버 가열 사용 여부
- 프린팅 속도
- 적층 두께
- 슬라이싱 SW
- 베드 수평 유지

74 3D프린터 관련 신뢰성 시험 항목이 아닌 것은?

① 시험시간을 단축하기 위해 사용조건보다 가혹한 조건에서 수행하는 가속수명 시험
② 운송 또는 사용 중 빈도가 적고 반복이 없는 충격에 적정한 내성을 갖는지 평가하기 위한 시험
③ 온도변화가 주기적으로 반복될 경우 제품의 기능상의 내성을 평가하는 시험
④ 고온·고습 상태에서 사용될 때 기능상의 내성을 평가하는 시험

해설

고온 시험, 저온 시험, 온도 사이클(열 충격) 시험, 고온고습 시험, 온습도 사이클 시험정현파 진동 시험, 광대역 랜덤 진동 시험, 충격 시험

75 3D프린터의 본체를 구성하는 주요 부품이 아닌 것은?

① 베드 ② 구동모듈
③ 필라멘트 ④ 익스트루더

76 3D프린터의 위해요소에 대한 설명으로 적절하지 않은 것은?

① 고열 장비: 노즐, 베드 등 프린터 장비 내 다수의 고발열 장비 주의
② 고전력 장비: UV 장비, 전기제어 장비 등 다수의 고전력 장비 주의
③ UV 복사: UV 장비 작동 중 안구에 직접 노출이 되어도 상관이 없으나 주기적인 노출 주의
④ 구동 장비: 3D프린터는 모터와 기어로 구성되어 있는 기계 장비로 장비 내 모터와 기어 사이 혹은 기어와 기어 사이에 주의

77 점진적 스트레스에 관한 설명으로 옳은 것은?

① 계단식 스트레스처럼 단계적으로 스트레스 강도를 높이는 것이 아닌, 연속적으로 스트레스 강도를 증가시키는 방식
② 스트레스 강도를 시간에 따라 그래프로 나타낼 때 사인(Sine)곡선 모양으로 나타나게 되며, 금속 피로 시험에 적용하는 방식
③ 일정 시간 내에 일정 스트레스를 부과하고, 일정 시간 내에도 고장이 발생하지 않는 표본에는 좀 더 강도가 높은 스트레스를 부과하여 시험을 반복 진행하는 방식
④ 정해 놓은 일정 수준의 스트레스를 지속적으로 부과하는 방식으로, 가장 대표적으로 사용되기 때문에 신뢰성 추정을 위한 자료 분석법으로 사용되는 방식

해설

- 일정 스트레스
  가속 수명 시험 시 가장 대표적으로 사용되는 스트레스 방법으로서, 말 그대로 정해 놓은 일정 수준의 스트레스를 지속적으로 부과하는 것이다. 일정 스트레스를 부과하는 방법은 시험 시 스트레스의 강도 유지가 편리하며, 스트레스 수준하에서의 가속화 시험 모형은 경험적인 검증도 많이 이루어져 있다. 가장 대표적으로 사용되기 때문에 신뢰성 추정을 위한 자료 분석법도 컴퓨터화로 개발되어 있다.
- 계단식 스트레스
  일정 스트레스 부과 방법과 달리, 계단식으로 일정 간격을 두어 일정 간격마다 더 높은 스트레스가 부과되는 방식이다. 일정 시간 내에서는 일정 스트레스를 부과하고, 일정 시간 내에도 고장이 발생하지 않는 표본에는 좀 더 강도가 높은 스트레스를 부과하여 시험을 반복 진행하는 방법이다. 시간의 흐름에 따라 스트레스 강도가 계단식으로 증가하여 계단 모양을 띠기 때문에 계단식 스트레스라 말한다. 계단식 스트레스의 장점은 스트레스 강도를 증가시킴으로써, 시험 표본의 고장을 쉽게 유발할 수 있다. 하지만 일정한 스트레스 수준이 아니라서 신뢰도 추정이 어렵다는 단점이 있다.
- 점진적 스트레스
  점진적 스트레스는, 계단식 스트레스처럼 단계적으로 스트레스 강도를 높이는 것이 아닌, 연속적으로 스트레스 강도를 증가시키는 방법이다. 시험에 따라 스트레스 강도를 높이는 비율을 다르게 하여 가파르게 스트레스 강도가 높아지거나 서서히 스트레스 강도가 높아지게 적용할 수 있다. 하지만 계단식 스트레스와 마찬가지로 신뢰도 추정이 어렵다는 단점이 있다.
- 주기적 스트레스
  실사용에서 제품이 받는 스트레스가 주기적인 형태를 띠는 경우도 있다. 그에 맞춰서 가속 수명 시험에서 주기적인 스트레스를 부과하는 방법으로 시험을 진행하기도 한다. 주기적인 스트레스는, 스트레스 강도를 시간에 따른 그래프로 나타낼 때 싸인(Sine) 곡선 모양으로 나타나게 된다. 보통, 금속 피로 시험에 주기적 스트레스를 부과한다.

78 안전성 검사 수행과 신뢰성 확보를 위한 시험에 관한 설명으로 틀린 것은?

① 스크리닝 시험은 재료의 열화로 인한 제품 고장이 그 대상이다.
② 고장률 시험은 제품의 안전기에 있는 고장률 또는 평균 수명을 구하는 시험이다.
③ 초기 고장을 제거하기 위해 실시하는 시험을 스크리닝 시험이라고도 한다.
④ 고장률 시험은 사용 환경 스트레스와 파국고장을 일으키기 쉬운 요인에 의해 고장 발생을 시험한다.

해설

초기 고장을 제거하기 위해 실시하는 시험, 디버깅이라고도 함. 보통 제조 품질의 편차와 설계 미숙에서 비롯되는 고장을 검출하는 시험이 주가 된다.
수명 시험(마모 고장 모드)-재료의 열화로 인한 제품 고장이 그 대상이다

79 출력 시 냄새가 거의 나지 않는 것이 특징이고, Heating bed가 아니더라도 bed에 접착이 잘 되며 수축에 강한 소재는?

① PLA   ② ABS
③ 유리   ④ 나무 소재

80 자체 진단 기능으로 고장을 관측할 수 있음을 의미하는 고장형태는?

① 중복 고장
② 무관 고장
③ 간헐 고장
④ BIT(Build-In Test) 중 발생한 고장

> **해설**
>
> - 유관 고장(Relevant failure)
>   결정된 시험 조건과 환경 조건상 발생할 수 있는 외부 조건에 기인한 시험 대상의 성능에 직접적으로 영향을 주는 주 관심 고장이다.
> - 간헐 고장
>   짧은 기간 동안 일부의 기능이 상실되었다가 즉시 정상으로 복구되는 고장이며, 동일 아이템에서 동일한 고장이 간헐적으로 발생하는 경우에는 처음 발생하였을 때에만 유관 고장으로 계산하고, 그 후 발생된 고장은 무관 고장으로 취급한다.
> - BIT(built-in test) 중 발생한 고장
>   장비나 측정 장비가 구성되어 제품의 자체 진단 기능으로 고장을 관측할 수 있음을 의미한다.
> - 입증된 고장
>   하드웨어 설계 및 제조 결함에 기인한 고장, 또는 소프트웨어의 잘못에 기인한 고장이다. 단, 시험 중에 시정 및 확인이 가능하면 무관 고장으로 처리한다.
> - 소모성 부품에 기인한 고장
>   수명이 한정된 소모성 부품(예: 배터리)을 사용한 경우, 부품의 수명이 다하기 전에 고장이 발생하면 유관 고장으로 처리하지만, 수명이 다한 후에 발생한 고장은 무관 고장으로 처리한다.
> - 중복 고장
>   2개 이상의 고장이 독립적으로 동시에 발생하는 것으로서, 고장이 동시에 여러 개 발생하였을 경우 어느 한 부품의 고장으로 인하여 다른 부품이 고장난 경우의 종속 고장은 유관 고장 수에 포함하지 않고 독립 고장의 개수만 고장으로 포함한다.
> - 입증되지 않은 고장
>   조사 중이거나 중복되지 않는 고장으로서, 아직 그 원인을 알 수 없는 고장이다.
> - 무관 고장(non-relevant failure)

최신 출제 기준에 따른
3D프린터개발산업기사 필기 문제집

발 행 일	2020년 08월 10일 초판 1쇄
저 자	김진원, 노수황 공저
발 행 처	메카피아
발 행 인	노수황
대 표 전 화	1544 - 1605
주 소	서울 금천구 서부샛길 606, 대성디폴리스지식산업센터 B동 제3층 제331호
전 자 우 편	mechapia@mechapia.com
교 육 문 의	02-861-9042
영 업 부	02-861-9044
팩 스	02-861-9040
제 작 관 리	조성준
기 획	메카피아 편집부
마 케 팅	이예진
표지 디자인	포인 기획
편집 디자인	다온 디자인
등 록 번 호	제2014-000036호
등 록 일 자	2010년 2월 1일
정 가	26,000원

I S B N   979-11-6248-097-7 13550
Copyright© 2020 MECHAPIA Co. All rights reserved.

이 도서의 국립중앙도서관 출판시도서목록(CIP)은 서지정보유통지원시스템 홈페이지(http://seoji.nl.go.kr)와 국가자료공동목록시스템(http://www.nl.go.kr/kolisnet)에서 이용하실 수 있습니다.

· 이 책은 저작권법에 의해 보호를 받는 저작물로 무단 전재나 복제를 금지하며, 이 책 내용의 전부 또는 일부를 이용하려면 반드시 저작권자나 발행인의 서면동의를 받아야 합니다.
· 파본 및 낙장은 구입하신 서점에서 교환하여 드립니다.